打开心世界·遇见新自己
HZBOOKS PSYCHOLOGY

U0337046

谣言心理学

人们为何相信谣言，以及如何控制谣言

[美]
尼古拉斯·迪方佐
Nicholas DiFonzo

[澳]
普拉桑特·波迪亚
Prashant Bordia

RUMOR
PSYCHOLOGY
Social and Organizational Approaches

著

何凌南
赖凯声

译

机械工业出版社
China Machine Press

图书在版编目（CIP）数据

谣言心理学：人们为何相信谣言，以及如何控制谣言/（美）尼古拉斯·迪方佐（Nicholas DiFonzo），（澳）普拉桑特·波迪亚（Prashant Bordia）著；何凌南，赖凯声译 . -- 北京：机械工业出版社，2021.7（2021.12重印）

书名原文：Rumor Psychology: Social and Organizational Approaches

ISBN 978-7-111-68387-2

I. ① 谣… II.① 尼… ② 普… ③ 何… ④ 赖 III. ① 谣言 - 社会心理学 - 研究 IV. ① C912.69

中国版本图书馆 CIP 数据核字（2021）第 117936 号

本书版权登记号：图字 01-2021-2000

谣言心理学

人们为何相信谣言，以及如何控制谣言

出版发行：机械工业出版社（北京市西城区百万庄大街 22 号　邮政编码：100037）

责任编辑：朱婧婉　向睿洋　　　　　　　　　责任校对：殷　虹

印　　刷：北京建宏印刷有限公司　　　　　　版　　次：2021 年 12 月第 1 版第 2 次印刷

开　　本：170mm×240mm　1/16　　　　　　印　　张：17.25

书　　号：ISBN 978-7-111-68387-2　　　　　定　　价：89.00 元

客服电话：（010）88361066　88379833　68326294　　　投稿热线：（010）88379007

华章网站：www.hzbook.com　　　　　　　　　读者信箱：hzjg@hzbook.com

谣言无处不在。

　　　　　　——一位面临大规模裁员的小型公司的经理

"热带幻想"（Tropical Fantasy）饮料含有让黑人男性不育的成分。

　　　　　　——这则流传在纽约的虚假谣言让该款饮料的销售量
　　　　　　下降了 70%（Freedman，1991）

以色列曾警告 4000 名犹太人不要在 2001 年 9 月 11 日去世界
贸易中心工作。

　　　　　　——在反犹太复国主义者团体中流传的虚假谣言
　　　　　　（Hari，2002；美国国务院，2005）

　　谣言是一种存在于社会和组织环境中的常见现象。它们引人
注意、唤起情感、煽动参与、影响态度和行为，并且它们无处不
在。有毫无根据的谣言称麦当劳在亚特兰大销售的汉堡中使用蠕虫
肉作馅（Goggins，1979）。也有人造谣说甲壳虫乐队成员保罗·麦
卡特尼（Paul McCartney）因车祸去世的，立刻引发了讨论和巨大

的悲伤，这种讨论在保罗活生生的访谈照片刊登在《生活》（*LIFE*）杂志上之后仍愈演愈烈（Rosnow，1991）。办公室闲话往往会侵蚀组织成员之间的信任，并在不信任中继续滋长（DiFonzo，Bordia，& Rosnow，1994）。"海地政变领导人被释放"的虚假谣言引发了众怒和骚乱，造成 10 人死亡（"10 Die in Haiti"，1991）。有超过 700 万人听说过"可口可乐含致癌物"这样的虚假传闻（Kapferer，1989）。有两则离奇荒谬的谣言在非洲广泛流传（Lynch，1989）：艾滋病病毒是由西方实验室研发的；由于世界卫生组织下的某个团队为 10 万非洲人接种了未经检验的疫苗，艾滋病开始在非洲大陆流行。大型企业公关团队的高层几乎每周都会收到一则有害或潜在有害的谣言（DiFonzo & Bordia，2000）。刚用互联网的新手经常会收到一些通过电子邮件发送的关于电脑的恶作剧谣言，警告你计算机病毒是如何可怕，譬如"好时光"（Good Times）病毒会让所有硬盘数据丢失，"泰迪熊"（teddy bear）图标会破坏你的操作系统（Bordia & DiFonzo，2004；"JDBGMGR.EXE"，2002）。谣言的类别越来越丰富，谣言在不断发展，令人着迷又使人沮丧。

　　学术界对于谣言心理学的关注由来已久，心理学和社会学领域的社会和组织研究者已经研究谣言 70 年有余[①]，取得了杰出的成果。我们注意到谣言研究历史中的一些主要成果，包括亚穆纳·普拉萨德（Jamuna Prasad，1935）早期的一些重要工作，他研究了印度一次大地震后的谣言流传。在第二次世界大战（以下简称"二战"）期间，关于谣言心理学的研究达到了一个高点。对谣言或谣言心理学主题感兴趣的研究者包括许多著名的社会心理学家，比如弗劳德·奥尔波特（Floyd H. Allport）、库尔特·巴克（Kurt Back）、多文·卡特赖特（Dorwin Cartwright）、利昂·费斯廷格（Leon Festinger）、斯坦利·沙赫特（Stanley Schachter）和约翰·蒂鲍特（John Thibaut）（如 F. H. Allport & Lepkin，1945；Back et al.，1950；Festinger et al.，1948；Schachter & Burdick，1955）。这期间的代表作是 G. W. 奥尔波特（G. W.

　　[①] 本书英文版出版于 2007 年。——译者注

Allport）和利奥·波兹曼（Leo J. Postman）在 1947 年出版的《谣言心理学》（*The Psychology of Rumor*）。还有杰出的社会学家涩谷保（Tamotsu Shibutani）在 1966 年发表了具有里程碑意义的社会学论文《即兴新闻：谣言的社会学研究》（*Improvised News: A Sociological Study of Rumor*）。20 世纪的最后几十年，拉尔夫·罗斯诺（Ralph L. Rosnow）和他的同事完善了对谣言的概念性理解，并系统地研究了谣言传播的机制（如 Jaeger，Anthony & Rosnow，1980；Rosnow，1974，1980，1988，1991；Rosnow，Esposito，& Gibney，1988；Rosnow & Fine，1976；Rosnow & Georgoudi，1985；Rosnow，Yost，& Esposito，1986）。在这段时期，其他社会和组织心理学家、社会学家也对构建关于谣言的知识体系做出了重大贡献（如 K. Davis，1972；Fine，1992；Kapferer，1987/1990；Knopf，1975；Koenig，1985；Morin，1971；Pratkanis & Aronson，1991；P. A. Turner，1993；R. H.Turner & Killian，1972）。近年来，社会和组织心理学家越来越多地关注谣言这一话题（如 R. S. Baron，David，Brunsman，& Inman，1997；Bordia & DiFonzo，2002，2004，2005；Bordia，DiFonzo，& Schulz，2000；Bordia & Rosnow，1998；DiFonzo & Bordia，1997，2002b，2006，出版中；DiFonzo，Bordia，& Winterkorn，2003；DiFonzo et al.，1994；Fine，Heath，& Campion-Vincent，2005；Fiske，2004；Heath，Bell，& Sternberg，2001；Houmanfar & Johnson，2003；Kimmel，2004a，2004b；Michelson & Mouly，2004；Pendleton，1998；Pratkanis & Aronson，2001；Rosnow，2001；Rosnow & Foster，2005）。一些对谣言和流言研究感兴趣的学者在 2003 年组成了一个在线讨论小组（Rumor-GossipResearch@listserver.rit.edu）⊖。

我们对谣言的理解既有相当厚重的历史沉淀，又有新的发展，所以谣言理论需要得到整合以及总体的更新。这是我们写作本书的第一个原因。我们

⊖ 想要订阅此列表的研究人员可以发送电子邮件给 listserver@listserver.rit.edu，并在邮件的第一行注明：SUBscribe Rumor-Gossip Research，加上你的名字（请输入真名（例如 Gordon Allport））。

整合并更新了在长期的谣言研究历史中所有阶段的发现，这样的工作非常必要。在社会心理学家最近的在线讨论中，关于"9·11"事件发生后的谣言话题浮出水面。这些讨论体现出敏锐的洞察力，但仍是奥尔波特和波兹曼开创性但已经过时的《谣言心理学》的延续。另一种整合也是必要的，现在学者和从业者掌握的关于谣言的知识大部分是和最新的社会心理学理论相分离的。谣言已经成为主流中的非主流。流行的社会心理学教科书不再包含谣言主题（尽管这一趋势在逐渐改变，如 Fiske，2004，p.517）。这种遗漏是不幸的，作为社会心理学中极具吸引力的话题之一，谣言与一系列的社会和组织现象紧密相关，包括社会认知、态度的形成和维持、偏见和刻板印象、群体动力、人际和群际关系、社会影响以及组织信任和沟通。但这种联系还没有被明确和系统地提出，这是我们撰写本书的第二个原因。

在本书中，我们将讨论一系列与谣言相关的问题，有些是老问题，有些是新问题。我们以当前社会和组织心理学理论为背景来探讨和分析这些问题，方法上则强调实证科学性。以下是我们要解决的问题。

什么是谣言

虽然有关谣言的研究历史悠久，但是谣言的概念仍不清晰。在第 1 章，我们将试图通过提出一种新的定义以明确谣言的概念，这种定义考虑到谣言、流言和都市传说的内容、背景以及功能。我们拓展了这些维度，并提供实证证据支持我们的论点，即谣言、流言和都市传说分别表现出不同的信息维度模式。

谣言的类别有哪些，出现频率如何，影响有多大

第 2 章针对这些描述性问题，综述了谣言的分类方法，呈现了有关各种

形式的谣言发生频率的证据。此外，本章还讨论了一个很少被系统研究的基本问题，即谣言是否会引发或导致一系列我们关注的后果。本章回顾了一系列已发表和未发表的研究，探索谣言活动产生的相关因素和后果。在这一章中，我们还重点分析了组织环境中谣言的影响。

人们为什么传播谣言

谣言传播可能是谣言研究中最受关注的方面，并且研究者已经发现了谣言传播的一些影响因素（Rosnow，1991）。在第 3 章，我们回顾这些影响因素，并用一个较新的社会心理学动机框架对这些因素进行概念整合，这一框架曾被研究人员用以研究态度的形成和维持。运用这一框架，我们能更好地理解谣言传播的外在原因（外部诱因）和内在原因（内部动机）。我们呈现了探究谣言动机模式如何随社会情境的改变而改变的研究。这一章将把罗斯诺（Rosnow，1991）和他的同事所做的谣言传播研究整合进社会心理学家熟悉的动机推理框架（motivational reasoning framework）中。

人们为什么相信谣言

这确实是一个令人困惑的问题，特别是当人们相信的谣言是荒诞的故事时。在第 4 章，我们将用埃贡·布伦斯维克（Egon Brunswik）的"判断的透镜模型"（lens model of judgment）来考虑这个问题。透镜模型是一种从近端线索（proximal cue）来推断远端属性（distal attribute）的模型。我们对关于这个问题的研究进行了回顾，然后结合元分析来确定人们用以推断谣言真实性的线索。我们也报告了对股票经纪人的现场研究，该研究表明确实存在这样的谣言相信线索（当然也还有其他线索）。据我们所知，这个话题至今还没有被系统地研究过。

谣言如何帮助人们在不确定性中建构意义

谣言通常会帮助人们在模糊的情境中建构意义。第 5 章探讨了个体与人际层面的心理机制在这一过程中的作用。在个人层面上，我们使用社会认知的框架阐释谣言的意义建构，这个框架包括：解释理论（explanation theory）、虚假相关（illusory correlation）、因果归因（causal attribution）和反回归预测（antiregressive prediction）。在人际层面上，我们通过观察互联网上谣言讨论的内容、功能和谣言的传播过程，探讨谣言的集体意义建构。谣言经常被认为是一个意义建构的过程，本章极大地促进了这一学术领域对意义建构过程的理解。本章对谣言理论和社会认知进行了整合，这种整合是谣言研究中十分需要的；同时，本章也推进了由社会学家涩谷保（Shibutani，1966）以及特纳和基利安（Turner & Killian，1972）提出的集体意义建构理论（collective sense-making theories）的发展。

谣言有多准确，谣言如何变得更准确或者更不准确

谣言因为往往是虚假的而声名狼藉，这是罪有应得吗？我们将在第 6、7 章回应这个问题以及其他关于谣言内容真实性方面的变化的问题。在第 6 章，我们首先介绍了几十年来学者们对谣言内容改变的研究，并且尝试解释两个相互矛盾的研究结果：在谣言的整个生命周期内，有些谣言似乎逐渐扩展（变得更详细），而有些谣言似乎慢慢缩减（变得更简单）。然后我们提出了一个迫切需要概念化的术语——"准确性"（accuracy），并讨论如何测量准确性。接着，我们提出了一个很少被提及但是在认识论上至关重要的问题：总体而言，谣言有多准确？我们回顾了谣言准确性研究并报告了三个对组织中谣言准确性的调查的结果。在第 7 章，我们回顾了有关谣言变得更准确或更不准确的过程的文献，并提出了此过程背后的认知、动机、情境、群体和网络机制。我们呈现了我们为探索这些过程而进行的准确性研究的数据。本章极大地推进了关于准确性的

理论的发展，并重现了社会学家 H. 泰勒·巴克纳（H. Taylor Buckner，1965）在此问题上鲜为人知的工作。

信任如何影响谣言传播

我们经常在对谣言的研究中观察到，滋生不信任的地方也容易滋生谣言，但谣言研究者还没有系统地研究过信任和谣言传播之间的联系。在第 8 章中，我们报告了一项关于一个经历大规模裁员的组织中谣言和信任之间关系的追踪研究。我们用组织信任研究者库尔特·德克斯和唐纳德·费林（Kurt Dirks & Donald Ferrin，2001）提出的框架进行研究。根据这个框架，信任对谣言传播同时具有直接效应和调节效应。这一章将从人际信任的角度提供一个理解谣言传播的新途径。

如何控制有害谣言

关于如何处理谣言，我们可以接触到非常多的通俗常识，但它们几乎都是非实证性的，来自直觉和个人经验。在第 9 章中，我们对关于谣言控制策略的实证研究进行了总结和整合。我们检验了可能对辟谣效果具有调节效应的影响因素。在此过程中，我们也回应了一些经常被提及的问题：是否应该使用"不回应"策略？在辟谣时应该重复该谣言吗？我们应用说服和因果归因的相关研究以处理这些问题。

谣言研究的下一步是什么

最后，在第 10 章中，我们总结了前几章的主要内容，提出了一个谣言传播过程的整合模型，并为未来研究提出了一个全面的路线图。我们希望我们的努力将鼓励社会和组织心理学领域研究者对谣言研究产生新兴趣。

目 录

谣言的定义

2001 年"9·11"恐怖袭击后的数周内，任何一个居住在美国的人都会记得两件事：试图解释恐怖袭击这一毫无意义的行为，以及时刻感受到威胁。当人们聚在一起交谈时，谣言四起：9 月 22 日千万不要去波士顿！因为一家酒吧里喝醉了的阿拉伯人说那天会有第二次恐怖袭击。

——马克斯（Marks, 2001）

一架被劫持的飞机正冲向芝加哥的西尔斯大厦！

——迪奈尔（Deener, 2001）

奥萨马·本·拉登实际拥有斯奈普饮料公司和花旗银行（Cantera, 2002），有人目击拉登曾在犹他州现身。

——迈科尔森（Mikkelson, 2001a）

联邦紧急事务管理署的雇员在"9·11"的前一天就被派到了纽约，说明政府提前知道会有恐怖袭击。

——"Monday, Monday", 2002

上述谣言都是虚假的。

在得知我们对谣言的研究兴趣后，一些朋友问本书作者之一（迪方佐）："关于本和洛佩兹的最新消息是谣言吗？"他们指的是当红电影明星本·阿弗莱克（Ben Affleck）和珍妮弗·洛佩兹（Jennifer Lopez）分手的事。我说事实上那是流言（gossip）[⊖]，不是谣言（rumor）。我的回答逗乐了朋友们，我知道他们觉得好笑的原因：大家觉得谣言是一个非常神秘又充满幽默气息的话题，而我们居然在用一种严谨的学术方法研究它，这太无稽了。不过，这段对话在保持聊天的愉快氛围的同时，出现了一个朝教育意义的转向：我用了苏格拉底的方法帮助他们"回想"起来，谣言更多关乎意义建构，流言则与评价性的社交交谈有更多关联。我们将在这一章中做更多这类学术性的探讨（同时也保持我们的幽默感）。

我能理解朋友们的反应，谣言通常与其他非正式的传播类型混为一谈，如流言、讽刺（innuendo）、都市传说（urban legend）以及闲谈（idle chitchat）。如果问普通百姓"你最近听到什么谣言了吗"，你可能会得到各种回答，如有趣的办公室闲话、被认为是错误的观点、轻蔑的刻板印象、有关道德的故事或者令人不安的裁员预兆。无法从流言中辨别区分谣言也是心理学界亟待解决的难题。事实上，在美国心理学会心理学文摘数据库（PsycINFO）的标准化词库中，目前也将"谣言"归入"流言"条目下。此外，研究这些传播形式的学者对谣言的构成问题也存在争议。这种概念模糊的问题早就存在了。印度心理学家欧嘉（A. B. Ojha）曾指出，"谣言"这个

⊖ "gossip"也可以理解为"绯闻"，本书为了保持一致性，统一翻译为"流言"。——译者注

词的学术定义（在不同的语境中）变化非常大，易使读者"陷入困境"（1973，p.61）。其定义的界定有过一些发展（如 Rosnow & Georgoudi，1985），但在某些方面依然含糊不清：社会心理学家在最近的一次会议聚餐上为谣言和流言到底是不是两个不同的事物争论了一整晚。在最近的一次关于谣言和传说的跨学科会议上，谣言和都市传说的研究者也在聚餐中就二者的基本特征是否不同展开了争论。尽管我们在聚餐中仍能消化食物，但概念模糊性的问题真的有这么严重吗？

有。概念上的模糊已经在谣言理论、研究方法和谣言控制等方面给研究者带来了困扰。例如，在研究中要求受试者回想一则谣言，实际上他可能列出一系列流言，此时的研究结果就不能推广到谣言上。又如，一则都市传说称澳大利亚游客为被车撞晕了的袋鼠披上自己的外套，结果袋鼠醒来后带着衣服和钱包一溜烟地跑了。显然，这一都市传说会与即将裁员的谣言发挥不同的社会功能。同样，用来应对诸如朋友婚外恋的普通流言的方法，可能并不适用于应对广泛流传的关于汽水里发现异物的谣言。因此，粉饰这些非正式传播类别之间的差异会导致概念化不足，使我们不能充分理解它们各自如何运作，如何有效对它们进行研究，以及如何有效地进行预防和控制。

谣言与其他非正式传播形式之间有意义的区分方式的确存在（Rosnow & Georgoudi，1985；Rosnow & Kimmel，2000），不过很少有实证研究对这些区分方式进行检验。在本章中，我们将进一步明确谣言的概念，对谣言进行定义，将谣言、流言与都市传说进行比较，并报告探究这些信息传播类型背后的维度的实证证据。我们重点聚焦于每种传播形式的背景、内容和功能要素。首先，我们从谣言的定义开始。

谣言

我们将谣言定义为正在传播中的未经证实且具有工具性意义（instrumentally relevant）的信息陈述，这些信息出现在模糊、危险或有潜在威胁的环境中，其功能是帮助人们理解和管理风险。在这个定义中，我们关注谣言产生的背景、谣言陈述的内容和谣言的群体性功能，所有这些内容（以及流言和都市传说的背景、内容和功能）都总结在表 1-1 中。

表 1-1　谣言、流言和都市传说的背景、内容和功能

	背　景	内　容	群体功能
谣言	模糊性或威胁性的事件或情境	未经证实且具有工具性意义的信息陈述	在模糊性中建构意义管理威胁或者潜在的威胁
流言	社交网络的形成、变化和维护	对个人私生活的评价性陈述	娱乐提供社会信息确定、改变和维护群体成员、群体结构和群体规范
都市传说	讲故事	娱乐性叙事	建立、形成或赋予文化道德观念或价值观念

注：这里列举了三种传播形式的典型背景、内容和功能，但可能存在交叠的情况，即每一种传播都有可能呈现出表中列举的所有背景、内容和功能（比如谣言也可能有传播文化道德观念的作用、流言也可能有助于群体在模糊性中建构意义）。

谣言的背景和功能

谣言在模糊性或存在威胁的情境下出现（G. W. Allport & Postman，1947b；Rosnow，1991；Shibutani，1966）。模糊性是指事件的意义或重要性还不清晰，或者事件的影响还不确定。模糊性让人们感到困惑。为什么呢？因为在任何情况下，理解情境和有效行动都是人们的核心社会动机（Fiske，2004），其实现通常依靠所处文化对概念类别的定义（R. H. Turner，1964）。然而，有时一些事件不能很好地结合在一起，或者不能传达意义。在这些情况下，个人将依赖群体以理解情境并做出行动（Asch，1955；Sherif，1936）。这种依赖群体或者群体思维（group thinking）的做法就是谣言讨论（rumor discussion）。因此当一个群体尝试弄清楚模糊的、不确定的和令人疑惑的情况时，谣言就产生了。社会学家涩谷保（Tamotsu Shibutani，1966）认为，

当缺乏正式信息时，人们就会通过非正式地解释情境以进行补偿（Bauer & Gleicher，1953；R. H. Turner & Killian，1972）。谣言讨论是一个群体阐释的过程，而谣言就是这个过程的产物（Rosnow，1974）。

因此，模糊情境中的谣言活动的功能是建构意义，它是人类寻求理解的核心社会动机的表现（Fiske，2004）。对群体或社群中的部分成员而言，有些事情意义不明，消除模糊性的方法便是对这些不清楚的事情进行意义建构性的解释（sense-making explanation）。奥尔波特和波兹曼在他们的开创性著作《谣言心理学》中提到："在普通谣言中，我们发现了一个明显的趋势，即人们试图弄清事件的起因、人物的动机和问题存在的原因。"（G.W. Allport & Postman，1947b，p.121）解释的主要目的是让现实可感知且有意义（Antaki，1988）。当一个群体或群体的部分成员面临不确定性的时候，谣言就是对不确定性做出解释的集体努力（DiFonzo & Bordia，1998）。某种程度上，这些解释必须符合一些判定合理性的群体规范。当这种群体规范要求很高时，谣言讨论看起来就很像事实寻求。当群体规范的要求偏低时，谣言讨论的影响就像是传染或群体恐慌。因此，谣言是"正常的集体信息搜寻"的一部分（R. H. Turner，1994，p.247），在这种信息搜寻中，群体试图定义一个模糊的情况，这种定义行为的"许多组成部分的规范化程度较低"（Shibutani，1966，p.23）。尽管在求证、信源以及事实寻求的其他方面，规范性通常很难保证，但谣言讨论仍然是一个群体意义建构的活动。

谣言也有管理威胁的功能，这是人类控制环境或者保护自我形象的核心动机的体现（Fiske，2004）。威胁情境是指人们感到自己的利益或自我意识受到威胁。具有威胁性的情况确实可能危及人的利益，如公司裁员。它们也可能威胁到一个人的健康或生命，如地震、洪水和核事故等灾难情况。普拉萨德（Prasad，1935）记录下了在 1934 年尼泊尔 - 比哈尔大地震后爆发的灾难性谣言的情况。1986 年切尔诺贝利核事故发生后，同样谣言四起（Peters，Albrecht，Hennen，& Stegelmann，1990）。面对这种对利益的威胁，谣言有助于群体弄清情况，从而为抵御威胁做好准备或采取有效的行动。抵御威胁的准备可能采取"次级控制"[⊖]的方式，在人们构建意义的框架内对事件进行简单解释，有助于人们重新获得控制感（Walker，1996）。威胁性情境也可能是指一个人在情感上受到威胁的情景，在这种情境中，一个人的自我意识或他所珍惜的任何一种东西似乎受到了威胁。"埃莉诺俱乐部"（Eleanor Club）的谣言曾于美国种族动荡的历史时期（在白人之间）流传，说黑人仆人被发现使用"女主人房间"里的梳子（这些谣言以埃莉诺·罗斯福（Eleanor Roosevelt）的名字命名；G. W. Allport & Postman，1947b）。这些谣言的背景是白人感到自己的身份受到了冲击。与此相似，敌意性谣言（wedge-driving rumor，一种贬损其他群体和阶层的谣言）的核心是一种防御性情绪，源自一个人感受到了威胁。为了应对这种情绪，敌意性谣言的制造者通过贬低他人来增强他的自我意识。因此，当一个人的自我意识受到威胁时，用负面的方式描绘其他群体的谣言会帮助人们以更愉悦的方式看待自己。

谣言还可以实现其他功能，如娱乐，实现愿望，建立、维护联盟以及加强公共规范，但这些都是次要的。比如，猜测谁谋杀了保姆的谣言（Peterson & Gist，1951）可能对某些人是娱乐性的，但这个功能是次要的，更重要的是试图确定"是谁干的"，这件事怎么可能发生在社区里，以及对未来社区安全的启示，等等。简而言之，谣言的本质是对不确定性进行的意义建构和威胁管理。

谣言内容

谣言的内容指谣言的实质——怎样的信息陈述构成了谣言？谣言是在人群中流传的、有工具意义且未经证实的信息陈述。

⊖ "次级控制"（secondary control）指通过改变自己来适应当前环境，与"初级控制"（primary control）对应，后者指通过改变环境来适应自己的需要。——译者注

有工具性意义和传播性的信息陈述

第一，谣言是信息陈述。它们讲述信息而不是提问或命令（尽管一个谣言陈述确实会引发问题或者引导行为）。谣言的核心是通过一个或者一系列有意义的陈述所传达的观念。"卡特霍利连锁店破产了"（Lev，1991）、"海地政变领导人被释放"（"10 Die in Haiti"，1991）、"甲壳虫乐队成员保罗·麦卡特尼去世了"（Rosnow，1991）本质上只包含主语和动词。

第二，谣言是信息传播。谣言不会停在某一个人身边静止不动，它会在人与人之间流动和传播。谣言绝不仅仅是个人的想法，而是社会交换中复杂的纺线，是信息交易者之间交换的信息商品（Rosnow，2001）。从这个意义上讲，谣言是模因（meme）的子集，是通过类似于生物的自然选择后生存下来的想法。"不合适"的谣言会消亡——它们停止流传，而"合适"的谣言会留存下来（Heath，Bell，& Sternberg，2001）。

第三，谣言之所以能成为流传下来的信息，是因为它对谣言参与者而言有工具性意义。这些信息在某些方面与他们有关联，能影响、吸引或威胁他们。我们说的工具性（instrumental）与杜威（Dewey，1925）所指的具有相同的含义：有某种重要的目的，而不是娱乐性、社交性或漫无目的的。也就是说，谣言往往与对参与者有重要意义的话题相关（Rosnow & Kimmel，2000）。这种工具性意义一定程度上具有时效性特点，也就是说，它与当下的事件有关。在这一意义上，谣言和新闻类似，它往往是指新的信息。工具性意义通常源于其为人们带来的潜在后果（Rosnow & Fine，1976），罗斯诺（1991）称之为结果意义（outcome relevance）。例如，迪方佐等人（1994）研究中的组织谣言来源于对某些事情的集体关注，比如工作职责和晋升机会（人事变动谣言）、工作的稳定性与补偿（裁员谣言）以及健康威胁（污染谣言）。然而，这种工具性意义也可能是长期稳定的。谣言可能与人们长期感兴趣的话题相关，例如宗教谋杀和飞碟（Rosnow & Kimmel，2000）。只要参与者认为信息陈述的话题与他们相关、影响他们或者会以某种方式威胁到他们，这样的陈述就可被视为谣言。换句话说，尽管谣言有时令人大笑，但是谣言根本上并不是笑话；尽管谣言可能会使人们更具社交性，但是谣言的主要功能不是消磨时间。谣言关注的是人们认为相对紧急的、有意义的、有目的的或重要的话题。

未被证实的陈述

第四，谣言是未被证实的（unverified）重要传播信息，这也是最重要的一点。证实是指"由论证、证据等证明为真"（Agnes，1996，p.683）。因此未被证实的陈述没有被证明正确或真实，并且没有"可靠的证据标准"（G. W. Allport & Postman，1947b，p.ix）。正如罗斯诺提出的，谣言"建立在未经验证的信息之上"（Rosnow，1974，p.27）。注意这不是说谣言绝对没有基础，它们常常有一些基础。但是，其基础十分薄弱或毫无凭据——绝非可靠的证据。可靠或可信的证据通常是实证性的或有可靠来源的。这类证据即使经过审查、测试和质疑，也依然成立、有效。在这里新闻和谣言的区别很明显：新闻是被证实的，而谣言总是未被证实的（Shibutani，1966）。

对一些人而言，有些陈述似乎拥有可靠的证据，但是它们经不起进一步推敲。例如，1981年的一则虚假谣言说宝洁公司的董事长在一个访谈节目中正式宣布宝洁资助了撒旦教会，这则谣言通过纸片传单的方式传播（Koenig，1985）。传单宣称这件事证据确凿，让人们打电话给访谈节目以获得一份价值3美元的该节目录像的拷贝。当然，任何拨打电话的人都会发现不可能获得这份拷贝。事实上，宝洁的董事长从未在访谈节目中出现过。因此，谣言包括了误传（misinformation）或被有些人认为是真实的虚假陈述。这值得我们反思，启示我们对听到内容持普遍的谨慎：最初看似坚不可摧的证据，实际上可能很容易瓦解。

未经核实这一特征说明一些谣言在事实检验面前，比其他信息更加容易崩塌⊖。杰出的科学哲学家波普尔（Karl R. Popper，1962）认为，科学理论可被证伪，非科学理论则不然。这就是可证伪原理。像科学理论一样，有些谣言是可观察的或具体的。例如，"亚特兰大总部的山姆·迪克森要求纽约所有分公司裁员 20%"的谣言可能被辟谣。它是一个有风险的谣言，迪克森先生可以亲自出面辟谣，文员记录可以被整理出来辟谣，人力资源管理人员也可以出面否认接到过裁员指令。相反，"公司管理层都是外星人"就是一种很难证伪的说法。低风险的谣言（如一些非科学理论）可能对证伪更有免疫力，因为它们断言的是一些不可观察的现象。谣言的这种特点有助于解释为什么有些谣言可以长久存在。

传播和结构模式

已经有研究者尝试以传播机制为基础定义谣言。奥尔波特和波兹曼（G. W. Allport & Postman，1947b）认为谣言是"在人与人之间传递的，通常是口口相传"（p.ix）。罗斯诺（Rosnow，1980，2001）指出这个定义已经过时了。如今，印刷媒体、电子媒体和互联网都成为新的谣言传播渠道。

也有研究者尝试根据谣言的结构来定义谣言。例如，谣言往往以一个警示性的声明开头以表明其缺乏证实，比如"我不知道这是否是真的……"或者"我听说……"。然而，只有当传播者感觉到其传播的陈述是谣言时，他们才会加上这些声明。因此，这些开头只是构成谣言的陈述的一小部分，仅仅表明了人们对陈述感到不确定。此外，一些研究者提出，谣言是简短的表达，其结构是非叙事性的，即它们往往没有情节序列，只是一些小话。相反，较长的故事分为传说、故事、寓言或神话。这样的区分有一些好处，不过其实谣言的故事性丰富程度差别很大。例如，我们收集了很多可以用一句话概括的谣言（参见表 4-3、表 4-4、表 6-3 和表 6-4），但是卡普洛

⊖　我们向查尔斯·沃克（Charles Walker）表示感谢，他在这一观点上给予了我们启发，并提供了本段的第一个例子。

（Caplow，1947）观察发现，军事谣言往往由三个陈述组成，而不是一个。此外，彼得森和吉斯特（Peterson & Gist，1951）报道了关于一个保姆被谋杀的谣言，这些谣言迅速散播并且变得非常复杂——本质上非常有故事性。结构上的差别来源于这些陈述的不同功能。谣言涉及的信息往往与模糊性情境或者某些已知的事件有关，并且牵涉到事实发掘的过程；而传说和神话往往提供一整套的背景、情节和解释。这样看来，谣言就像不时挤出来一点的连载故事而不是预先打包成套的完整故事。在对谣言和传说的比较中我们还会谈到这个区别。现在我们把目光转到谣言的"兄弟"——流言。

流言

流言通常是关于不在场个体的评价性社交对话，出现在社交网络的形成、变化和维护的背景下，也就是建立群体团结的背景下。流言实现了多种基本的社会网络功能，包括娱乐，维护群体凝聚力，确定、改变和维护群体规范、群体权力结构和群体成员身份。

背景和功能

流言产生于社会网络的形成、变化和维护的背景下（L. C. Smith，Lucas，& Latkin，1999），也就是建立群体团结的情境下（Foster，2004）。人类的一个核心动机是归属于、融入一个群体，成为群体中的一员（Fiske，2004）。流言就是帮助人们实现这一目标的对话，具体方式包括提供关于群体或成员的信息、帮助一个人与社交网络中的其他人保持联系、告诉别人自己是一个潜在的朋友或伴侣、影响人们遵从群体规范、用趣闻相互取悦（Dunbar，2004；Foster & Rosnow，2006；Rosnow & Georgoudi，1985）。正如灵长类动物的梳毛行为（grooming），促进人际联结的活动对提高团队凝聚力而言必不可少，而流言是一项非常重要的活动，没有它社会将无法运转下去（Dunbar，1996，2004）。

　　流言对社交网络的形成和维护起到一些关键作用（Foster，2004）。第一，流言提供了关于复杂的社会环境的信息，它告诉人们群体的方方面面（Levin & Arluke，1987）。一个组织中的新员工能够从诸如"偷偷告诉你，老板是一个真正的暴君"[⊖]这样的流言中获益。维尔特和萨洛维（Wert & Salovey，2004）认为所有的流言都是通过与他人进行社会比较所获得的信息。例如，流言告诉人们在特定社会环境下做什么、不做什么（不要在圣诞派对上喝醉!），以及在一个群体中谁被接纳、谁被排斥（张三很酷，李四是个呆子）。人们常常认为流言是通过观察"其他人的冒险和不幸遭遇"所获得的信息，因此流言提供了二手（三手、四手、五手）文化信息（Baumeister，Zhang，& Vohs，2004，p.112）。这些文化信息的例子包括"不要喝酒""不要忘记你真正的朋友""不忠会得到报应"（Baumeister et al.，2004，p.119）。

　　第二，流言为群体提供娱乐（Litman & Pezzo，2005；Rosnow & Fine，1976）。流言是一种群体中共同的情绪强化剂——人们在一起嘲笑他人的过失。他们一起从别人的私人信息中获得乐趣（Rosnow & Georgoudi，1985），分享这些信息可以帮助他们消磨时间。"办公室情圣"周末出轨的故事总是富有趣味，因此流言可以实现娱乐功能（Gluckman，1963）。

　　第三，流言有助于界定亲密关系的边界和群体成员身份。和其他人一起"八卦"让群体成员更亲密（L. C. Smith et al.，1999）或者更有凝聚力（Horn & Haidt，2002）。流言被认为是社会联结的一种有效方式，也是朋友关系群体（friendship group）吸纳更多成员的一种有效方法（Dunbar，2004）。流言有助于人们与他人交往，帮助人们与社会网络中的人保持联系，以及帮助他们告诉他人自己愿意成为一个朋友或伴侣（Dunbar，2004）。当有人与你窃窃私语一些令人愉快的内部信息时，你就知道你已经成了群体中的"自己人"。一个人通常不会和敌人"八卦"，而只会和朋友或者他希望建立更强联

⊖　感谢埃里克·福斯特（Eric Foster）提供这一说明流言的信息功能的例子。

结的人讲述流言。因此，通过流言，人们获得友谊，结成联盟。当然，划定亲密界限的阴暗面是排斥：人们用流言排斥别人（L. C. Smith et al.，1999）。流言是背着当事人的评价性谈话（Foser，2004；Sabini & Silver，1982）。也就是说，流言经常是在对话情境中，评价一个或多个对话参与者所认识的人（在他们的社交网络中）的行为的评价性谈话，并且这种"评价性谈话针对的人士不在现场"（Eder & Enke，1991，p.494）。流言是"关系攻击"的一个重要武器（Crick et al.，2001），被排斥的痛苦经历往往是童年关于流言的经历中最难忘的一面。研究发现人们有时会在传播负面流言后感到懊悔（Horn & Haidt，2002），这也支持了流言在社会排斥中的作用。

第四，流言不仅界定谁在群体内、谁在群体外，而且界定了群体中的权力关系（Kurland & Felled，2000；L. C. Smith et al.，1999）。搬弄是非者通过流言委婉地贬损他人或者抬高自己，以维护或增强自己的地位。霍恩和海特（Horn & Haidt，2002）对与社会交往中"人们说"（people talk）情景有关的测量条目进行了因子分析，发现流言会让参与者感到更有力量、更受欢迎。当他们讲述独家重要流言时，他们会感到自己的地位上升。

第五，流言宣传和加强群体运转必不可少的群体规范。流言在监控和打击搭便车者（free riders）方面可能特别有用。搭便车者指那些接受了社会赠予却没有充分回馈的人。搭便车者过多会严重限制群体运转，因此流言实现了一个无比重要的适应性功能（Dunbar，2004；Foster & Rosnow，2006）。流言通过"非正式地传递关于社会环境中成员的主观信息"来实现这个功能（Noon & Delbridge，1993，p.24）。传播的规范可以通过评论个体熟识的人（即近端流言（proximate gossip）），或者那些个体不熟识的人，比如名人（如本·阿弗莱克和詹妮弗·洛佩兹）和政治人物（即远端流言（distal gossip））来实现。因此流言具有道德取向和价值取向。流言有助于形成、维护、加强或传播群体规范。流言用这种方式影响、控制态度和行为（Rosnow & Georgoudi，1985）。从更广泛的角度讲，流言教育人们如何在复杂的社会环境中有效地行动（Foster，2004），特别是通过与真实或想象中的他人行为进行特定的比较（Wert & Salovey，2004）。

内容

流言的内容有三个特点。第一，尽管流言很重要，但是流言的内容往往是非工具性的。也就是说，流言往往是漫无目的的或者只是为了打发时间（Rosnow & Georgoudi，1985）。尽管它可能确实有一个经过深思熟虑的意图（试图说服、交往、排斥），但那也是不外显的。类似地，流言讨论的往往不是急迫或者重要的问题。流言的内容"在交流语境中不是至关重要的"（Rosnow & Georgoudi，1985，p.62；Michelson & Mouly，2000）。有关办公室恋情、同学过失和家庭成员的人格特质的闲聊如果不带有明显的意图，那么就可以称为流言。如果一位社会心理学家在会议的论文中探讨了同样的话题，那它就不是流言了，因为其功能聚焦于交流的意图。再说一次，流言和传播流言的行为在社会生活中扮演核心和重要的角色，但参与者通常认为流言的内容不是那么重要、核心或有意义。

第二，流言是一种评论性谈话，时而正面时而负面（Foster，2004）——尽管它主要被视为负面的诽谤和贬损（Wert & Salovey，2004）。例如，对美国东北一所大学的学生听到的流言进行的内容分析发现，61%的流言旨在羞辱流言对象；相比之下，只有2%的流言是为了表示对流言对象的尊敬（Walker & Struzyk，1998）。流言是关于某人的闲话——对他们的行为或态度的赞美或批评（Michelson & Mouly，2000）。对于一个人在办公室聚会上的行为，可能有人夸，也可能有人损。

第三，流言是关于个人隐私和个人生活的评论性闲谈，与群体或事件无关（Foster，2004）。例如，中学的流言内容往往包括当前的情侣配对（"约翰尼和贾丝明是一对"）、人格特质（"杰克逊人真的很好"）、性取向（"弗兰克是同性恋"）、家庭问题（"布里塔尼的妈妈有外遇"）和个人历史（"乔治去年被查出了吸食可卡因"）。

谣言与流言

在常见的用法中，流言和谣言往往交替使用（Rosnow，1974；Rosnow & Fine，1976）。如前所述，PsycINFO 的标准化词库目前把"谣言"列在"流言"这个术语之下。流言就像谣言一样，是一场用传闻信息来交换一些有价值的事物的交易（Rosnow & Fine, 1976）。两者都被称为"非官方传播"（Kapferer, 1987/1990）、"非正式传播"（Michelson & Mouly, 2000）和"传闻"（Fine，1985）。

然而，流言和谣言不是等价的概念，它们在功能和内容上有所不同。谣言的功能是在模糊的情境中构建意义或者帮助人们适应已知或潜在的威胁；流言则服务于社交网络的形成和维护。换句话说，谣言是旨在帮助人们弄清情况的解释性假说，而流言具有娱乐、联系群体成员和对他们产生规范性影响的功能。

我们可以通过三种方式把谣言和流言区分开来（Rosnow，1974；Rosnow & Georgoudi，1985；Rosnow & Kimmel，2000）。第一，谣言不是基于确凿的证据（它未经证实），而流言有可能被证实了，也可能没有被确切地证实。第二，谣言通常是关于对参与者有重要意义的话题的，而流言通常被认为是不那么紧急的。正如萨比尼和西尔弗（Sabini & Silver，1982）提出的，"把一个故事叫作流言或者谣言都是一种轻视，但是它们轻视的方式不同。'谣言'攻击说话人的说法，'流言'则攻击说话人的闲散"（p.92）。第三，谣言可能与私人生活有关，也可能无关，但是流言总是与私人生活有关。安布罗西尼（Ambrosini，1983）说："流言主要集中在个人的私事上，谣言则聚焦于更大范围的人类事件。"（p.70）尽管流言可能会带有尊敬（Foster，2004），但主要是贬损和诽谤（Walker，2003；Walker & Struzyk，1998；Wert & Salovey，2004；然而，邓巴（Dunbar，2004）报告了一个矛盾的发现，即在公共场所偶然听到的流言中只有不超过 5% 带有贬损性。）

虽然流言和谣言可以区分，但是仍然存在难以归类的"模糊形态"（Rosnow，2001，p.211）。例如，有流言说老板挪用资金来支付他巨额的赌债，这是未经证实的、有工具性意义的和出现在有潜在威胁的情况下的传闻——挪用公款可能会影响公司生计。然而，这样的传闻也可能是评价性的闲谈，是人们为了满足在社会阶层背景下的地位或自我需要而散布的闲言碎语。流言也有可能像谣言一样传递有价值的社会信息（Rosnow & Georgoudi，1985）。例如，同事可以帮助彼此了解老板的动机："她对权力极其渴望，想接近她就得能让她在上级面前露脸。"这样一种信息是关于他人的私人信息，也具有娱乐性和服务于重要的社会网络信息的功能，但同时，它也帮助人们理解模糊的情况和管理潜在的威胁。

都市、现代或当代传说

都市传说是一些包含与现代世界相关的主题的不寻常、幽默或恐怖的事件，被描述为某件已经发生或可能已经发生的事情，在不同的时间和地点有不同的版本，同时包含道德启示（Cornwell & Hobbs，1992；Fine，1992；Kapferer，1987/1990）。术语"都市传说"其实是用词不当的——都市传说常常涉及各种地点，而不仅仅是城市。它们被称为"现代传说"或"当代传说"更恰当（P. B. Mullen，1972）。因此术语"都市传说""现代传说"和"当代传说"在讨论中可以替换使用。

背景和功能

人们通常以讲故事的形式来讲述当代传说。它们有背景、情节、高潮和结尾。例如，一群游客在澳大利亚自驾旅游时撞上一只袋鼠，似乎撞死了它。他们走下车，把外套披在袋鼠身上，然后拍照，想把照片带回去给家人看——家人一定会为这件事大笑不止！但是袋鼠笑到了最后，原来它只是被撞晕了。袋鼠醒过来后，带着外套（里面有钱包和护照）一溜烟地跳走了！故事的寓意是善待动物（改编自 1997 年在互联网上流传的版本，引自 Mikkelson，2004a）。都市传说就是适合在需要讲述趣事的情况下（比如随意的谈话、网络聊天或社交聚会中）讲述的故事。它们实现重要的功能：娱乐和传播文化中的道德价值观。

首先，都市传说具有娱乐性。现代都市传说就像童话故事一样具有夸张性（Bennett，1985）。它们听起来很有趣。想一想消失的搭车者的故事（Brunvand，1981）：一对父女在乡村公路上驱车行驶，顺便搭载了一位路上的年轻女孩。女孩坐进后座，告诉他们她住在一个距他们 8 公里远的房子里。但他们到达目的地时，那个女孩不见了！父女去敲房门，得知一个看起来像他们顺便搭载的那个女孩的女孩几年前失踪了，人们最后一次看见她时她正是在同一条乡村路上搭车。并且，这一天正好是她的生日。

其次，都市传说传播道德和价值观。所有的好故事都蕴含着一个主题或传达一定的意义。换句话说，好故事都有道德寓意。正如卡普费雷（Kapferer，1987/1990，p.123）所说，它们是"示范性的故事……比如寓言，其功能是给出有道德启示的例子"。威尔基（Wilkie）认为 20 世纪 70 年代在美国盛行的三个都市传说"批判并规范了美国人的行为"（1986，p.5）：在性行为后跳一下可以避孕（别怀孕！）；在流行电视剧《反斗小宝贝》（*Leave It to Beaver*）中扮演比弗（Beaver）的儿童演员杰瑞·马瑟斯（Jerry Mathers）在越南战争中死去（离开越南！）；六个学生在吸毒后直视太阳，结果失明了（不要吸食毒品！）。一个名为"钩"（The Hook）的故事批判了青少年滥交：夜深人静的时候，一对青年情侣坐在停于公园的车上亲热，他们在听到刺耳的"唰唰"声后停止了接吻。回到家后，他们发现车门把手上挂着一个逃脱的精神病人的钩状假手（Brunvand，1981）。都市传说就是像这样的寓言，关注"恐惧、警告、威胁和承诺"（Bennett，1985，p.223）。都市传说往往滑稽并带有恐怖色彩，但"恐怖经常'惩罚'蔑视社会习俗的人"（Van der

Linden & Chan，2003）。有这样一个关于一夜情的道德故事：一位旅行者被一个诱人的女人吸引到公寓，但醒来后发现，他的肾脏已被摘除——这是非法器官买卖操作流程中的一部分（Mikkelson，2002）。像传统传说一样，现代传说回答了长期存在的问题并构建关于世界的意义，蕴含着道理和价值观。例如，乔治·华盛顿和樱桃树的传说表达、传递了诚实的美德（G. W. Allport & Postman，1947b）。

内容

第一，就像袋鼠的故事，都市传说的内容是一个叙述性故事，通常包括背景、情节、高潮和结尾。第二，这些故事通常是不寻常、可怕或有趣的，是"那种声称'奇怪但真实'并且值得注意的事件"（Fine，1992，p.2）。一只杜宾犬咬掉窃贼的手指并因此被噎住这样的传说事件虽然很不寻常，但也有可能发生（Brunvand，1984）。第三，与传统的主题和事件相比，都市传说的内容更反映当下的现实。都市传说的主题是"在当代社会中发生的描绘人、关系、组织和机构的事件，是被叙事者和观众公认的描述现代世界的典型事件"（Fine，1992，p.2；不同观点参见 Bennett，1985）。这些主题包括汽车、旅行者、致癌物、接吻、摄影、约会、器官切除等。

谣言和都市传说

谣言和都市传说都被视为与信仰、集体加工 / 传播过程、口头表达（P.B. Mullen，1972）和非官方新闻（Kapferer，1987/1990）有关的事。此外，它们的核心都是由信念、陈述或口头表达组成（P. B. Mullen，1972）。二者在具体的细节上都出现了扭曲，让故事看起来更加可信（G. W. Allport & Postman，1947b；P. B. Mullen，1972）。

然而，谣言和都市传说在主要背景、功能和内容上有所不同，其典型结构以及传播范围也不一样。第一，虽然都市传说广义上讲有助于理解世界（P. B. Mullen，1972），但是它们往往与特定的情境无关。例如，都市传说往往不会在公司裁员的时候出现，因为它在深挖事实、预测未来方面价值有限。谣言的提出则不是为了娱乐和维护道德，预计第四季度企业盈利少的谣言既不好笑也不是道德格言。因此，谣言往往与当前的事件或讨论的话题（Rosnow，1974）以及这些事件如何影响未来有关，都市传说则往往由一系列已经发生的故事性事件组成。

第二，谣言和都市传说往往在结构上有所不同，都市传说往往长于谣言，并含有叙事元素（P. B. Mullen，1972）。谣言是"对信念简短、非叙事性的表达"（P. A. Turner，1993，p.5；Bird，1979；Caplow，1947；Fine，1985）。如前所述，这种区别源于两者不同的主要功能。都市传说具有故事性和娱乐性的功能，往往包含背景、情节、高潮和结尾；谣言则产生于深挖事实、理解和管理风险动机，因此与特定情境相关的信息会变得言简意赅。因为信息接收和意义建构是同时进行的，而非先接收信息再进行意义建构，所以谣言不能以叙事的方式呈现。

第三，都市传说是变迁后的谣言——它们"被更新"并被本地化（Kapferer，1987/1990，p.29）。因此都市传说因不同版本的细节呈现多样化而闻名。如凯玛特（K-mart）有蛇的谣言——一名女性谎称在凯玛特试衣服时被蛇咬了，在某些地方则被传为沃尔玛（Wal-Mart）有蛇。都市传说不像谣言一样有固定的时间和地点（Kapferer，1987/1990）。实际上，都市传说被认为是随着时间推移后的谣言，而谣言也可能从都市传说转化而来，因此两者"互相依存"（P. B. Mullen，1972）。"有些都市传说可能会以谣言的形式偶尔重新出现。"（Rosnow & Fine，1976，p.11）换句话说，"都市传说可以被看作一个'固化'的谣言"（D. L. Miller，1985，p.162）。那么都市传说可以说是存留了很久，经过一些变化和扭曲后的谣言（G. W. Allport & Postman，1947b）。这些都市传说在特定的地点和时间似乎是谣言，它们消失几年后，会再次出现在另一个地点，并且一些特征已经改变。

实证证据：信息维度

到目前为止，我们一直试图通过探索背景、功能和内容来定义和区分谣言、流言和都市传说。我们考虑到了探索的方法论价值和实践价值：对谣言精确的概念化将带来更有效的谣言调查和谣言应对方法。了解了这些目标和重点，我们开始探讨这个问题：人们能否区分出纯粹的谣言、流言和都市传说？如果能，他们和我们的区分是否相同？到目前为止，这两个问题的答案都是肯定的。在本章余下的部分，我们描述了为研究这些问题而进行的一系列研究。

在本章前面所讨论的知识的基础上，我们假设谣言、新闻、流言和都市传说的一般形式在六个信息维度上有所不同：证据基础、重要程度、内容与个人的相关程度、内容的诽谤程度、信息的娱乐程度以及有用程度。具体而言，我们假设，对于谣言，受试者应该在证据基础方面评定低分，而在重要程度和有用程度方面评定高分。对于新闻，除了在证据基础方面评定高分之外，其他应该与谣言完全一致。相对而言，对于流言，受试者应该会在重要程度和有用程度方面评定低分，而在诽谤程度、内容与个人的相关程度和娱乐程度方面评定高分。最后，对于都市传说，受试者应该会在证据基础、重要程度和有用程度方面评定低分，但是在娱乐程度方面评定高分。表 1-2 总结了这些假设。

表 1-2　关于谣言、新闻、流言和都市传说信息维度的假设

	证据基础	受试者感知的重要程度	内容与个人的相关程度	诽谤程度	娱乐程度	受试者感知的有用程度
谣言	低	高	低/中/高	低/中/高	低/中/高	高
新闻	高	高	低/中/高	低/中/高	低/中/高	高
流言	低/中/高	低	高	高	高	低
都市传说	低	低	低/中/高	低/中/高	高	低

为检验这些假设，我们制作了信息维度量表（Information Dimensions

Scale，IDS）以测量人们对信息维度的感知。我们为受试者呈现了每一种信息类型的典型样例，然后他们在两极 9 点评分量表上对每一个样例评分。我们请受试者评价了四个与内容相关的信息维度——对于证据基础，受试者评价"信息是已经证实的（vs 未被证实的）""你完全（vs 一点也不）确定信息是真的"以及"信息有（vs 没有）强有力的证据基础"。对于内容的重要程度，受试者评价信息的重要程度、意义重大程度以及被谈论起来的严肃程度。对于内容与个人的相关程度，受试者评价信息与个人私生活的相关程度、与个人的相关程度以及与群体或组织问题的不相关程度。最后，对于内容的诽谤程度，受试者评价信息败坏某人名声的程度、贬损性程度以及诽谤性程度。对于谣言、流言、新闻和都市传说四种信息类型，每位受试者评价每种类型的一个样例，我们为每种信息类型制作了两个版本的样例（参见展示 1-1）。我们要求 59 位罗切斯特理工学院的大学生想象他们在上班时听到同事向他们讲述样例中的陈述；对于新闻，想象陈述出自公司总裁的备忘录。之后受试者对陈述的证据基础、重要程度、内容与个人的相关程度和内容的诽谤程度进行评分。⊖

展示 1-1 谣言、流言、新闻和都市传说的陈述

谣言 1 "我听说我们部门要裁员。"你的上司还没有听到任何相关的消息，但是你知道最近经济不景气。

谣言 2 "我听说我们部门要搬到另一栋楼里面并且会和另一个部门合并。"你的上司还没有听到任何相关的消息，但是你知道因为重组的原因，另一个部门最近在转移和合并。

流言 1 "听说一个经理与他的秘书有婚外情。"你的上司还没有听到任何相关的消息，但是最近你很少看到那个经理和他的妻子一起出现。

流言 2 "我听说莎莉是一个狂野的女孩。"（莎莉在这栋楼里面工作，但是你对她并不了解。）你的上司还没有听到任何相关的消息，但是你注意到莎莉有一定的吸引力。

新闻 1 "我们公司必须应对严峻的经济形势，才能生存下去。我们对开发部门进行精简裁员。"（你在开发部门工作。）你的上司证实了这条消息，而且你知道最近经济不景气。

⊖ 标准化的 α 系数分别为：证据基础 0.91、重要程度 0.87、内容与个人的相关程度 0.70 以及诽谤程度 0.79。这项研究采用组间设计（$n = 7$ 或 8）。

（续）

新闻2 "开发部门的主管吉姆·琼斯会升职为负责客户关系的高级副总裁。"（你在开发部工作并且吉姆·琼斯是你的上司。）你的上司证实了这个消息，并且你知道他过去两年里取得了很多成果。

都市传说1 "我从我朋友的朋友那儿听说：有个小伙子开车载一个旅游团穿过澳大利亚荒野时撞倒了一只大袋鼠。他心想这是多好的一次拍照机会啊！这只动物站起来有1.8米高，回家后肯定让朋友们印象深刻。所以他们把袋鼠扶起来，并且为了增加一点幽默，其中一位游客把他的外套穿在了袋鼠身上。然而，那只袋鼠并没有死！它只是被撞晕了，醒来后它迅速蹦开很远，并且带走了外套、钱包和护照。"

都市传说2 "我从我朋友的朋友那儿听说：一对瑞士夫妇从香港逃回了家，因为他们养的贵宾犬罗莎在一家餐馆被煮熟了，并且被用调味辣椒酱和竹子装饰后呈上给他们吃。这对夫妇说他们把罗莎带到餐馆，让一个服务员给它拿点吃的。服务员没有理解这对夫妇的意思，但是他最终把狗牵走并把它带到了厨房。那对夫妇认为狗会在厨房里饱餐一顿。然而最终服务员端着一道菜回来了。这对夫妇掀开银盖子的时候发现了罗莎。"

注：都市传说1改编自1997年网上流传的一个版本，引自Mikkelson（2004a）；都市传说2来自流传于1971年8月的一篇路透社新闻报道，引自Brunvand（1984, p.95）。

　　谣言、新闻、流言和都市传说的内容信息维度平均分如图1-1所示。每种陈述两个版本样例的内容信息维度平均分相似，因此得分合并。与我们的假设一致，谣言和新闻只在证据基础方面有所不同，它们都被认为是重要的、非个人化的、不带诽谤性的。然而，流言和谣言除了在证据基础方面相同（评分都很低）外，在其他每个维度上的评分都不同。流言的样例被评为不重要的、个人化的和诽谤性的。此外，都市传说的样例在证据基础和重要性方面的评分较低。因此，我们可以通过假设的信息维度，在内容上对谣言、流言和都市传说的样例进行有意义的区分。

　　受试者也对功能性信息维度（即信息的娱乐程度和有用程度）进行了评分。谣言和新闻的主要功能是为模糊和具有威胁性的情境构建意义。因此谣言和新闻是实用性信息，它们可能有娱乐性，也可能没有娱乐性。我们更有可能在和老板或者同事的严肃对话中讨论这种信息，而不是在轻松愉悦的派对上。相比之下，流言是关于构成社交网络、娱乐和沟通社会规范的信息。类似地，都市传说也是旨在娱乐和传达道德观念的故事。因此流言和都市传说在娱乐程度方面评分高，而在有用程度方面评分低。我们更有可能在轻松愉悦的派对上讨论流言，而不是在和老板的严肃对话中。

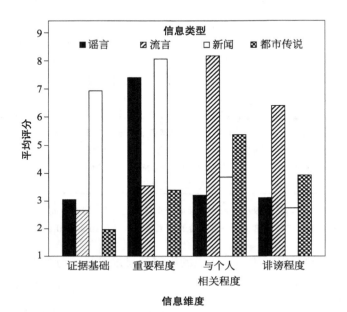

图 1-1　谣言、流言、新闻和都市传说的信息维度平均评分：
证据基础、重要程度、与个人相关程度和诽谤程度

　　为了测量这些信息维度，我们另外构建了一组测量条目。对于娱乐程度，我们请受试者评价陈述的娱乐性、趣味性以及带来乐趣的程度；对于有用程度，受试者评价陈述对其有用的程度、对其有益的程度以及知道后带来帮助的程度。另一组罗切斯特理工学院的大学生受试者对同样的八项陈述中的一项陈述的娱乐程度和有用程度进行了评分⊖。受试者还评价了他们在"与老板的严肃谈话中""与朋友聚会，玩得很开心时"以及"在听到后一小时内向其他同事"提到这个陈述的可能性。

　　娱乐程度和有用程度的平均分如图 1-2 所示，两个版本样例的信息维度

⊖　标准化的 α 系数都为 0.83。采用组间设计，$N=50$（$n=5$、6 或 8）。

平均分同样相似，因而得分合并。与我们的假设一致，谣言和新闻的样例服务于相同的功能：两者在有用程度方面的评分都较高，而在娱乐程度方面评分都较低。相反，流言和都市传说都具有较高的娱乐程度但是有用程度不高。因此，谣言在这些信息维度上和流言以及都市传说有所区别。我们可以通过假设的信息维度，在功能上对谣言、流言和都市传说的样例进行有意义的区分。

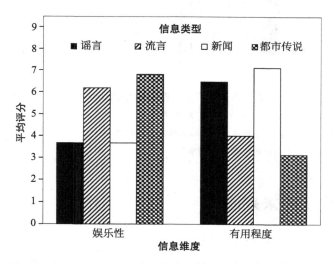

图 1-2　谣言、流言、新闻和都市传说的信息维度平均评分：娱乐性和有用程度

　　谣言、流言、新闻和都市传说的平均传播可能性也反映出假定的情况，图 1-3 表示不同情况下每种类型信息的平均传播可能性。在不同情况下，谣言和新闻的传播可能性没有差异，两者都比较可能在和老板或同事的严肃对话中被传播，而不是在欢乐愉悦的派对上或在与朋友的对话中。这些结果表明了谣言的意义建构功能。相反，人们在听到流言和都市传说后，更有可能在一小时内分享给同事，而不是在和老板的严肃对话中提起，这表明了流言和都市传说的娱乐功能。再一次，受试者在功能上有意义地区分了谣言、流言、新闻和都市传说。

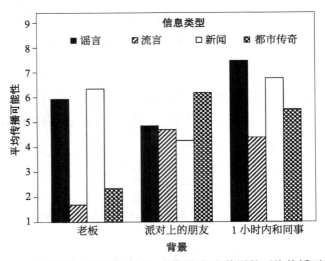

图 1-3　不同背景下谣言、流言、新闻和都市传说的平均传播可能性

注：量表评分范围从 1（非常不可能）到 9（很有可能）。"老板" = "在和老板严肃的对话中"，
"派对上的朋友"="在你玩得很开心的派对上，与朋友的对话中"，"1 小时内和同事"="在
听到谣言后 1 小时内告诉其他同事"。

结论、启示和未来研究

在这一章中，我们给出了谣言的定义——在传播中未被证实的、具有工
具性意义的信息陈述，出现在模糊、危险或者有潜在威胁的环境中，功能在于
帮助人们理解和管理风险。我们比较了谣言、流言（娱乐性的、具有重要的社
交网络功能的社会聊天）以及都市传说（具有娱乐性并强化价值观念的叙事）
的异同。我们认为这些传播类型虽然有共同之处，但也有明显的区别。对于每
种传播形式，我们探究了其背景、功能和内容方面的区别。此外，我们开发了
IDS 来调查人们对谣言、流言、新闻和都市传说的认知。这些信息类型的样例
得到了适当的区分：我们观察到了它们在内容和功能上的差异。

谣言、流言和都市传说之间的区别对我们有何启示？首先，需要明确的
是本书旨在探讨谣言。虽然书中探讨的机制可能也适用于流言和都市传说，
但主要适用于谣言。其次，对谣言研究者而言，提供谣言样例（如展示 1-1

所示）或者情节可能有助于受试者给出针对谣言而不是流言或者都市传说的回应。这一点很重要，特别是对于区分谣言和流言来说。在未发表的数据中，我们总是发现人们对"谣言"和"流言"不加区分。也就是说，人们把它们全部当作流言来评价：重要程度低、诽谤程度高、是关于个人的信息，等等。为了将谣言与流言区分开来，谣言研究者不能简单地要求受试者回忆谣言，而必须以一种方式进行定义和说明。比如我们可以给受试者几个谣言的样例，然后让他们举出更多样例⊖。信息维度量表提供的信息也可以被有效地运用到内容分析中以区分谣言、流言和都市传说。这些步骤将有助于确保研究中受试者所考虑的现象是真正的谣言。

我们注意到本章提到的研究涉及纯陈述形式⊜的使用，这些纯陈述形式在连续量表上呈现出不同的信息维度模式。连续量表的使用是一种进步，因为它允许对陈述的内容、背景和功能进行比较，而不是试图给陈述贴上分类标签。例如，谣言和流言不是截然不同的两分形式（比如谣言被认为重要，而流言被认为不重要），而是一种相对的比较（比如在重要性程度上，谣言往往比流言得分高）。实际上，我们的方法可以用来研究模糊形式（nebulous forms）——很难归类为谣言、流言或都市传说的陈述。未来的研究可以运用 IDS 测量模糊形式的信息维度，以及其在多大程度符合谣言、流言和都市传说的原型。比如"老板挪用资金"这一未被证实的陈述可能在谣言原型上得分高，而在流言原型上得分一般。事实证明，这样的方法相对于试图把所有陈述都归类到某一个形式，或者将谣言、流言和都市传说之间的区别最小化这种不可取的方法，或许更有成效。

对谣言概念有了更清晰的理解后，我们将首先对谣言现象进行描述。存在不确定性和威胁的时候，通常会出现什么类型的谣言？每种类型的谣言发生的频率如何？谣言对人类的态度或行为有影响吗？我们在下一章中讨论这些问题。

⊖ 感谢查尔斯·沃克提出的建议。
⊜ 即将谣言、新闻、流言、都市传说四种陈述形式区分为完全独立的类别。——译者注

Rumor
Psychology

第 2 章

谣言的形式、频率和影响

2005 年 8 月下旬，950 人因一则谣言而死。当时，成千上万的什叶派朝圣者聚集在伊拉克首都巴格达，参加伊玛目穆萨·卡齐姆的周年忌纪念活动。当朝圣者通过巴格达北部的一座大桥时，有谣言说队伍里有携带炸弹的自杀者，这引发了所有人的恐慌。"当时我们都在为伊玛目穆萨·卡齐姆诵唱，然后有人大喊发现了携带炸弹的自杀者。"一位目击者说，"他们开始互相推搡。没人回头看，也没有人向坠河的人伸出援手。大家都拼命跑在最前面。每个人都努力逃生。"

——沃思（Worth，2005）

我们把谣言定义为针对不确定性和威胁的集体意义建构。在我们探讨与谣言相关的社会和组织过程之前，我们先对谣言这一现象进行更充分的描述。谣言研究者关注了三个描述性问题。第一，谣言的意义建构通过什么方式呈现？不同的谣言在很多方面有明显不同，包括内容、风格、周期性和动机目标，探索谣言的分类或形式非常有意义。第二，这种集体意义建构多久发生一次？我们曾经和一位大公司公关部门的高管讨论，他说："我整天都在处理谣言。"了解谣言在人们的话语中出现的普遍程度和频率是很有价值的。第三，谣言重要吗？也就是说，谣言是否能有效地引起或者促进人们态度或行为的变化？令人惊讶的是，这个问题并没有得到广泛研究。通过逸事和直觉，人们认为谣言当然会产生影响。真的是这样吗？如果是，影响有多大？后果是什么？系统地研究谣言的影响和后果非常有意义。在上一章我们给谣言下了定义，这一章我们将对谣言进行描述。

谣言的形式

奥尔波特和波兹曼（G.W. Allport & Postman，1947b）注意到，基于分析者的不同取向，谣言有很多种分类方式："谣言的分类饼图可以用很多种方式分割。"谣言可以依据时间维度来划分，比如周期性（periodicity）：有些谣言（正如我们在第 1 章中看到的例子）是长期存在的都市传说的不同衍生版本，它们会时不时冒出来，依当时当地的情境被适当地改编。例如，一个故事讲道，有一个小偷躺在超市旁的一辆汽车下，等女司机从超市出来后，趁机割伤了她的脚踝，偷走了车内物品。这个故事作为有关当地超市的谣言，周期性地出现（Mikkelson，1999）。谣言也可以根据题材进行分类，例如，米勒（D. L. Miller，1985）在调研中使用了产品谣言（切斯特菲尔德香烟工厂中发现了一个麻风病患者）、灾难谣言（一个瑞典的核电站泄漏了放射性物质）和暴力谣言（一名战俘通过邮票向外界传递他被折磨的信息）的例子。与之类似，谣言经常根据内容和主题进行分类。按照这种方式，克诺夫（Knopf，1975）和特纳（P. A. Turner，1993）区分出与种族相关的谣言，而费恩（Fine，1992）和凯尼格（Koenig，1985）则分类出商业谣言（也参见 Bird，1979）。谣言也可以依据其集体讨论模式的不同进行分类。涩谷保（Shibutani，1966）指出，在低焦虑情境下的慎重讨论中产生的谣言和在高焦虑情境下的即时讨论中产生的谣言完全不同。即时谣言讨论类似于威尔克（Wilke，1986）提出的危机谣言，产生于当时当地，缺乏关于某个重要话题的信息或者处于模糊不清的情况中。卡普费雷（Kapferer，1987/1990）提出了一个谣言的病原矩阵（etiological matrix of rumor），包括谣言的来源（一个模糊性事件、至今无人注意的细节或者没有事件）和其诞生过程（谣言是自然发生还是有意为之的）。

谣言也可根据动机进行分类。克纳普（Knapp，1944）基于 1000 条战时谣言，把谣言分为威胁型谣言（dread rumor，对消极事件的恐惧）、希望型谣言（wish rumor，对积极事件的希望）和群体敌意谣言（wedge-driving rumor，对另一群体的敌意表达）。基于动机分类，奥尔波特和波兹曼（G.W. Allport & Postman，1947b）增加了猎奇谣言（curiosity rumor，知识性困惑）。克纳普的分类可能是最流行的，且已经运用于各种情境中，不过，在一些情境中分类会被扩展（Bordia & DiFonzo，2004；Hellweg，1987；Hershey，1956）。比如美国空军上尉斯蒂芬妮·R. 凯利（Stephanie R. Kelley）根据克纳普的分类，对流传在巴格达民众中的战时谣言进行了分类（S. R. Kelley，2004）。有趣的是，凯利发现群体敌意谣言的比例比克纳普认为的少，而威胁型谣言的比例比克纳普认为的多。然后凯利对群体敌意谣言的敌意对象进行了分类，对象包括美国联军、伊拉克的临时政府、萨达姆、库尔德人、什叶派教徒和逊尼派教徒。最后，凯利根据伊拉克人民的集体忧虑对谣言进行了分类。四分之一的谣言反映了对临时政府和政治变动的恐惧，比如伊拉克的权力转移、（通常是犹太复国主义者和美国）统治伊拉克的国际阴谋、因为教派之争可能引起的内战；其他忧虑则包括生活质量、暴动和安全等。

与拉尔夫·罗斯诺一起（DiFonzo，Bordia，& Rosnow，1994），我们首次将企业管理者口中的组织性谣言（organizational rumors）进行分类，分类依据是集体的兴趣和忧虑的内容和对象。这一分类反映了我们对谣言的意义建构功能和常常产生谣言的模糊性或威胁性的环境（参见第 1 章）的关注。人事变动谣言（turnover rumor）与离开组织的人有关，反映了员工对于人事变动对工作职责、升迁机会和工作环境等方面影响的关注。社会等级谣言（pecking order rumor）与管理层的变动有关，反映了员工对于这些变动是否会影响工作的稳定性和股价的关注。关于工作安全（job security）和工作质量（job quality）的谣言反映了员工对雇用时长、职责和报酬的关注。巨大损失谣言（costly error rumor）与失误有关，反映了员工对股价、企业名誉和工作保障的关注。最后，消费者忧虑谣言（consumer concern rumor）与顾客的恐惧有关，反映了员工对销售、环境风险和健康影响的关注。

我们也根据谣言的受众（rumor public）对组织性谣言进行分类，受众即谣言流传的人群。一些谣言主要在内部流传，"公司的员工、供货商或销售商（即与公司的产品或服务的生产、分配、销售相关的人）尤为关注这些谣言。"（DiFonzo & Bordia，2000，p.176）。人事变动谣言、社会等级谣言、工作安全和质量谣言更有可能在内部受众中流传。另一些谣言主要在外部流传，"消费者、媒体、股票经纪人或者普通民众（即那些已经或可能购买和使用该公司的产品或服务的人，以及已经购买或可能购买该公司股票的人）尤为关注这些谣言"（p.176）。巨大损失谣言、消费者忧虑谣言和股市谣言大部分可能是外部谣言。这一分类反映了谣言在不同的组织圈子中流传时，集体关注的内容和对象可能存在的差异。

在组织变化时期，组织性谣言最为盛行也最令人烦恼。在一家大医院的裁员时期，从组织变化的角度出发，我们根据集体关注的内容和对象对内部谣言进行了分类（Bordia，Jones，Gallois，Callan，& DiFonzo，出版中）。我们将组织变化谣言分为四类：第一，与工作和工作条件的变化有关的谣言，包括失业、工作流程的变化、职业发展受到冲击、设施损坏、裁员（比如"办公室成员人数从 300 减少到 100"）。第二，与组织性质变化有关的谣言，反映了对组织的性质和结构变化的关注（比如"老年医学与心理健康部门合并"）。第三，关于差劲的变化管理的谣言，关注现有的变化效果有多糟糕，比如关于浪费的谣言："为了获得办公楼建筑美感上的愉悦，他们额外花费了一百万美元！"第四，还有一些关于组织变化结果的谣言（比如"盥洗室中将没有氧气，只有氧气瓶"）。这种分类反映了谣言在组织变化的不同方面的意义建构和威胁管理功能：变化管理得如何，以及对工作、组织结构和组织绩效有什么影响。

我们可以从以上各种解析谣言的尝试中收获什么？对谣言的分类凸显了谣言的集体意义建构和威胁管理功能：它们告诉我们大家关心什么。组织成员明显害怕那种影响工作、工作条件和财政安全的变化。当这些方面存在不确定性时，人们就会传播谣言。此外，谣言的分类通常会揭露潜在的态度和信念（G. W. Allport & Postman，1947b；R. H. Knapp，1944）。例如，威胁型谣言揭露了潜在的恐惧，敌意谣言则表明团体间的冲突。凯利（S. R. Kelley，2004）观察到一系列宣称美国和犹太复国主义者密谋征服伊拉克的谣言。该谣言反映出伊拉克人对以色列深深的不信任和反感。从实用角度来讲，这些分类让管理者、公关人员和意见领袖为应对可以预期性质和类型的谣言做好了准备。

谣言的频率

　　人们经常遇到谣言吗？在过去十几年，我们运用访谈、调查和实验室实验等方法对组织谣言进行了调查。根据一些逸事性证据，经理和公关人员经常要处理谣言。一家软件开发公司正在裁员，该公司的一名经理打趣说："我们正在谣言的海洋中遨游。"（DiFonzo & Bordia，2006）另一名经理抱怨："我每一刻都在处理谣言。"针对谣言频率的研究还很少，但已取得的一点研究发现是，与逸事性证据告诉我们的信息相反，谣言出现的频率其实比其他传播形式低。霍姆和海特（Hom & Haidt）发现，在大学生的"社交谈话"中，谣言发生的频率要比流言低得多（Holly Hom，2003，私人交流）。黑尔韦格（Hellweg，1987）回顾了关于小道消息（grapevine）的研究，总结道，只有一小部分的非正式传播信息是谣言。"二战"期间，卡普洛（Caplow，1947）在军队服役了两年。在他所在的由 1700 名士兵组成的部队中，他发现谣言出现的频率很低。在卡普洛的记录中，一个月最多出现 17 则谣言。当然，谣言的发生具有典型的偶然性。我们对一个正在经历重大裁员的组织中发生的谣言进行了追踪研究（参见本章后半部分和第 8 章）。在裁员名单公示之前，也就是不确定性最高、员工最焦虑的时期，每位员工平均每月听到的谣言数量到达峰值 7 则，随后的几个月内，慢慢减少到每人每月 2 则以下。特定情境（充满不确定和焦虑的环境）和条件（比如封闭网络）下谣言的出现频率会增加。

　　管理者对谣言（特别是有害的谣言）出现的频率很敏感。我们在由 74 位经验丰富的公关公司员工组成的样本中对有害组织谣言进行了调查（DiFonzo & Bordia，2000），他们都是著名专业公关团体亚瑟·W. 佩奇协会（Arthur W. Page Society）的成员，或佛罗里达州盖恩斯维尔的公共关系研究所（Institute for Public Relations）的成员。受试者中不乏财富 500 强企业公关部门的高级副总裁和知名公关机构的顾问。这些公关领域的精英有着丰富的从业经验，平均从业时长超过 26 年，服务过多种行业。受试者报告说，他们平均每周听到一次重要的或具有潜在重要性的谣言。⊖多达90%的受试者报告至少每个月听到一次这样的谣言。由此可见，专业的公关人员经常会遇到具有危害或潜在危害的谣言。

根据我们先前讨论的内部 – 外部分类，我们也请受试者评估属于两个类别的有害谣言的比例（DiFonzo & Bordia，2000）。内部谣言比例的中位数估计值为50%，外部谣言比例的中位数估计值为30%，这表明很多专业公关人员听到的有害谣言主要在公司内部流传。在内部谣言中，与人事变动、工作保障和工作满意度有关的谣言所占比例的中位数估计值依次为30%、20%和10%。相比而言，流言性谣言（即流言）所占比例的中位数估计值为15%。⊜我们请受试者对他们听到的内部谣言进行举例，他们举出的例子大多与组织中突然的重大变化相关，比如裁员、合并、外包、职员变动、重组和工厂倒闭。裁员和重组将会引发关于利益损失和工作职责变动的谣言。在外部谣言中，与组织声誉、股市以及产品质量和服务有关的谣言所占比例的中位数估计值依次是30%、18%和10%。与内部谣言类似，细读外部谣言的内容可以发现，大多数谣言都和组织变化有关，比如即将发生的合并将会引起关于股市的谣言和产品停产的谣言。至少在组织环境下，无论是内部谣言还是外部谣言在组织变化期间都会更加频繁地出现。

最近的研究更多聚焦于有关组织变化的内部谣言的频率和倾向。在对一家正经历上文所提到的各种变化的医院进行研究时，我们评估了内部组织变化谣言的相对频率（Bordia et al.，出版中）。在过去的几年里，这家医院发生了巨变：新医院建筑修筑、病人护理技术更新、组织结构调整、部分私有化、病床缩减、多学科治疗小组的新运用和改址重建。医院的3200名员工全部收到了我们问卷调查的邮件，有1610人（50.3%）回复了邮件。我们询问回复者："请描述你最近听到的一则关于这家医院组织变化的谣言。"结果

⊖ "$M = 5.68$，$SD = 1.15$，$n = 74$，数值 5 = 每月一次，6 = 每周一次，7 = 每天一次"（DiFonzo & Bordia，2000，p.177；完整的调查工具参见附录2A）。

⊜ 一般来说，如果分布呈现正偏态，那么中位数估计值之和小于100%。

显示，776 位作答者中，有 368 人（47%）报告了关于工作和工作环境变化的谣言；147 人（19%）报告了关于组织变动的性质的谣言；89 人（11%）报告了关于变化管理的谣言；53 人（7%）报告了关于变化会怎样影响组织绩效的谣言；10 人（1%）报告了流言性的陈述；还有 109 人（14%）的回答无法编码。此外，这些谣言中隐含的最主要的动机是恐惧：在 510 则可以分类为正面或负面的谣言中，有 479 则是威胁型谣言，只有 31 则是希望型谣言。这些结果再次表明，变化是谣言的催化剂，在组织中，谣言的本质是关于组织变化可能对工作和工作环境带来怎样的不利影响的意义建构。此外，最频繁出现的谣言是关于雇员可能遭遇的消极后果（比如失业）的谣言。谣言传播参与者似乎试图通过了解因组织变化而可能发生在他们身上的坏事，从而获得对自己境况的控制感。

谣言的影响

谣言重要吗？也就是说，它们是否会引起行为和心理的改变？答案是肯定的。大众文学、商业和科技文献中的大量实例都证明谣言可以产生强有力的影响。例如，自然灾害时期的谣言会引发一系列的后果（Prasad，1935；Shibutani，1966）。地震的谣言引发了"恐慌和宿命论式的行为，比如将家畜宰杀、烹食，花光积蓄，囤积食物，努力逃离灾区，罢工和拖延基本农业活动"以及"积极的信息搜索"（R. H. Turner，1994，p.252），也带来了传统社会中寻求神秘庇佑的仪式的重新兴起。这些谣言带来的经济影响包括食物供给不足和短期的通货膨胀。种族骚乱（Horowitz，2001；Knopf，1975）和种族冲突的事件（G. W. Allport & Postman，1947b；Fine & Turner，2001；P. A. Turner，1993）里也往往牵涉谣言。例如，《美国国家民事骚乱咨询委员会报告》（Report of the American National Advisory Commission on Civil Disorders）指出，在委员会研究的动乱案例中，种族冲突恶化的原因包括谣言的案例超过了 65%（Kerner et al.，1968）。药物谣言会影响人们的健康行为（Suls & Goodkin，1994）。例如，"使用避孕药会使身体虚弱"的谣言直接导致埃及女性减少了对避孕药的使用（DeClerque，Tsui，Abul-Ata，& Barcelona，1986）。另一个例子是，"中国香港已经成为 SARS 疫区"的虚假谣言引起了当地的巨大恐慌（"Teenager Arrested"，2003）。四处传播的谣言导致电话网络全面拥塞，引起人们疯狂到银行取钱、到超市囤积货物。谣言甚至可能影响人口出生率：一个经济模型发现，一则内容为"人口老龄化导致政府出资的社会保障系统崩溃"的谣言，使得市民降低对未来的期待，不再愿意多生孩子（Van Groezen，Leers，& Meijdam，2002）。

即使人们并不相信谣言，谣言的影响也依旧存在。普拉萨德（Prasad，1935）发现，1934 年印度大地震后，尽管人们可能并不相信流传的谣言，但是他们的行动仍然会受谣言的影响。比如有一天传出谣言，说印度城市巴特那（Patna）将不复存在，于是这一天去巴特那的车票都停售了。显然，人们希望获得安全而不是感到后悔，谣言预测的结果是极不可能发生的，但也是极度负面的，因此人们想要回避这种结果。通过观察 1993 年发生的一次谣言事件，即"前灯恶作剧"（the headlights hoax），我们发现同样的情况也会出现在工作中。这则谣言通过类似安全须知的传单进行传播。借助传真机，这个通知就像恐怖病毒一样在美国疯狂传播（Mikkelson，2004b）。展示 2-1 中呈现了那份传真的副本，这是我们通过天普大学（Temple University）研究生院的邮箱收到的传真（一名员工得知里面的内容后，好心地将其转发给心理学大楼里的每一个人）。

展示 2-1　前灯恶作剧传单

安全新闻

日期：1993 年 10 月 15 日
来自：帕特·达菲（Pat Duffy），经理，安全部门
致：所有员工和他们的家人

我们从弗吉尼亚州南诺福克警察局得知下列公告，并得到特拉华州纽卡斯尔县和威尔明顿市警察局的证实，在洛杉矶、芝加哥和巴尔的摩都有类似的事件发生。请务必花时间阅读传单的内容，并告诉你的家人和朋友。这种警惕意识对司机和乘客而言很重要，无论你现在是待在家中、在旅游还是在出差途中。

（续）

公告
！！！一个新兴黑帮的入会仪式！！！！！

这种新的入会方式是这样的：一群帮会成员开车不开灯，当你向他们闪灯提醒他们没有开灯的时候，他们会把你传递的信号理解为"就寝时间到了"，接着他们会跟踪你到目的地，然后把你杀死！！！

在圣路易斯和芝加哥地区，已经有两家人成为这种入会仪式的受害者。

这个信息应该在各大地区广泛传播，并且发布在各个公告栏上。请当心，并且告知你的亲朋好友。

不要对任何人闪灯

以上信息由伊利诺伊州警察局提供。

这份传真叮嘱人们不要对任何人闪车灯，因为这会导致致命的后果。传真上宣称夜间司机对车灯关闭的来车闪灯，通常是善意地提醒来车司机打开车灯。但这个友善的行为会招致对方司机掉头，尾随闪灯司机到达目的地并将其杀害——这是一个可怕的新帮会入会仪式的一部分。传真宣称资料来自伊利诺伊州警察。当我们联系警方核实谣言的时候，一个警察不耐烦地说："近两个星期我们已经接听了无数个针对此事的电话。此事从来没有发生过，这是一个恶作剧。"我们采访了心理学大楼里的 36 个人，发现他们几乎全都避免出现各种闪灯行为，甚至在已被告知这个传真实际上是虚假谣言之后依然如此。为什么会这样？前景理论（prospect theory）可以解释这些谣言的影响。前景理论认为人们厌恶损失。相较于对收益的感受，人们对损失的感受会更强烈（Kahneman & Tversky，1979）。人们倾向于高估不大可能发生的消极事件的发生概率，这可能是因为人们对消极信息的加工要比对积极信息的加工更加深入（Baumeister，Bratslavsky，Finkenauer，& Vohs，2001），因而会采取行动来避免负面事件的发生。上述闪车前灯的后果尽管不大可能发生，但恐怖而生动，极其负面。于是，这则谣言产生了负面的效果——善意的闪灯提醒文化消失了。

谣言的影响可以分为行为影响和态度影响。在商务场景中，谣言的行为影响包括对购买行为的影响。一则虚假谣言声称软饮"热带幻想"（Tropical

Fantasy）是三 K 党生产的，而且会导致黑人不育。该谣言直接导致该饮料销售量下降了 70%，并造成了人们对运输该饮料的车辆的袭击（Freedman，1991）。昂格尔（Unger，1979）也报道了类似谣言导致销量下降的例子：百宝（Bubble Yum）泡泡糖被蜘蛛卵污染了；跳跳糖和苏打汽水一起吃，会在肚子里爆炸。谣言也会影响股票购买行为，从而影响股价（Lazar，1973；Rose，1951）。在《华尔街日报》（*Wall Street Journal*）的专栏"华尔街见闻"（Heard on the Street）公布收购谣言之前，谣言中的公司的股票价格迅速上升。这表明当谣言散布在金融界以后，收购谣言将会带来股价上升（Pound & Zeckhauser，1990）。投资者经常会"凭谣言买入"。车间生产力也会受内部谣言影响，这种影响通常是负面的（DiFonzo & Bordia，2000）。这些有形的影响往往由谣言对态度的影响所中介。声誉就是一种态度因素，谣言可能极大破坏公司的公共形象（Zingales，1998）。凯尼格（Koenig，1985）记载了大陆银行（Continental Bank）的案例，这家银行的声望因面临破产的谣言而受到损害。在组织发生重组和裁员等变化时，谣言也可能会给组织态度（比如士气和信任）带来破坏性影响（DiFonzo & Bordia，1998；DiFonzo et al.，1994；Smeltzer & Zener，1992）。这些只是谣言可能带来的众多后果中的一小部分。有几项研究对组织谣言影响的范围和性质进行了探究，本章余下的部分对这些研究进行系统性的总结。

谣言对股票交易行为的影响

我们所做的几个实验（DiFonzo & Bordia，1997，2002b）都表明，个人交易行为会受到谣言极大的影响。在实验中，"投资者"（即受试者）在电脑上玩一个股市游戏，在这个游戏中，人们可以自由买卖固特异轮胎橡胶公司的股票。在这个模拟的微观世界（DiFonzo，Hantula，& Bordia，1998）中，交易一般持续 60 "天"，每"天"20 秒。在游戏的起止，股价都是每股 35 美元，每天的价格变动都和第二天的价格变动无关。在 60 天中，股价在 30

天中呈上升状态，在其余时间有所下跌。第二天价格改变的趋势也无法客观预测，就像在实际股市中一样（Fama，Fisher，Jensen，& Roll，1969；Malkiel，1985）。在每天的交易中，受试者会被告知当天的股价和较前一天股价的变化值，以及他们的股值和持有的现金。图 2-1 是受试者看到的计算机显示的一个样例。一些受试者会收到 8 则与公司股票相关的谣言，而另一些受试者不会收到这样的信息。谣言有可能在《华尔街日报》的专栏"华尔街见闻"公布，也可能来自一些非出版物的渠道，比如你的姐夫哈利（"你从哈利那儿听说固特异轮胎的盈利在上升"）。这些谣言的传播条件是经过仔细安排的：在一项研究中，谣言的效价（正面的谣言还是负面的谣言）和当天股价随着时间变化的方向（上升或下跌）有 0、25%、50%、75% 或 100% 的概率相一致。谣言对第二天股价变化的预测效度也是多样化的：在一项研究中，第一天的谣言预测了第二天股价的变化趋势（比如一则正面的谣言将会引起第二天股价的上涨）；而在大多数研究中，谣言效价和第二天的股价变化趋势是不相关的。

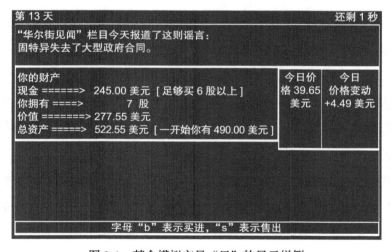

图 2-1　某个模拟交易"日"的显示样例

注：转载自 DiFonzo, N., & Bordia, P.（2002）. Rumors and stable-cause attribution in prediction and behavior. *Organizational Behavior and Human Decision Processes*, 88, p.787. Copyright 2002 by Elsevier. 经许可重印。

在所有这些研究中，受试者的交易模式都会受谣言的系统性影响：他们倾向于违背"低买高卖"的策略——在股价较低的时候买进，在股价较高的时候卖出，即所谓的追踪策略（tracking strategy；Andreassen，1987），当然，这是盈利所必需的。违背这个策略意味着受试者在股价持续上升的时候买进，在股价持续下跌的时候抛售，这种模式是低效益的。那么为什么会出现这样的情况？我们将在第 5 章对这些研究中的社会认知过程进行更详细的描述，现在我们要说的是，谣言使投资者将股价变化的原因归为稳定因素，即所谓的"稳定性归因"（stable-cause attribution）。因此，尽管接触谣言的受试者认为他们获悉的谣言不可信并具有风险，但他们依旧认为近来的股价变化趋势将会持续。最终结果是财产损失：接触谣言的受试者违背追踪策略，在股市模拟期间，他们比控制组的受试者明显盈利更少。

在我们最近的微观世界研究中（DiFonzo & Bordia，2002b），我们通过训练抵消谣言导致的稳定性归因作用。在"非稳定因素"训练条件下，受试者被告知股票价格的变动具有随机性和不可预测的特点。我们告知这些受试者，当天的股价已经反映出了谣言中的信息产生的影响，股价反映的是市场的综合意见。这种有效市场理论（efficient market theory；Fama et al.，1969）仍然是对股市的主流理解。在"稳定因素"训练条件下，受试者被告知在谣言出现后的两三天中股价将会有所变动，因此可以基于今天的谣言对明天的股价加以预测。而控制组不受任何训练。结果表明，与控制组或者接受稳定性归因训练的受试者相比，被告知股价变动受不稳定因素影响的投资者更少违背追踪策略（低买高卖）。换句话说，经过对感知随机变化的训练，投资者会较少受到谣言稳定性归因的影响。总之，这些研究启示我们，谣言对于人们对连续性事件的预测和基于这些预测的行为会产生系统性影响，这与稳定性归因机制有关。这一机制在谣言对股市的影响中尤为重要。

企业谣言的影响

在我们对于企业谣言影响的研究中（DiFonzo & Bordia，2000），我们向 74 位经验丰富的公关人员呈现了一份包含 17 项谣言影响的列表（参见附录 2A），这些谣言影响来自文献和我们自己先前的一些研究（DiFonzo et al.，1994；DiFonzo & Bordia，1998）。我们要求受试者评估他们接触过的谣言是否产生过这些影响。他们评估每一种影响的平均严重程度是"小""中等"还是"大"（之后我们将评估转录为数值 1、2、3）。最后，我们要求受试者提供一个最近发生、造成最严重影响的谣言的例子。

严重程度的评分均值，以及观察到每种影响的样本占比参见图 2-2。这些有经验的公关人员在任职期间目睹过谣言带来的各种影响，至少 78% 的受试者目睹过排名前 11 位的谣言影响。最常见的几种谣言影响是对员工士气、媒体报道、生产效率、压力水平以及员工和客户信任的不利影响（超过 90% 受试者报告目睹过）。从影响的评分来看，总体影响比较严重：17 种影响中有 13 种的平均严重程度评分在 1.50 ～ 2.50 之间（表示中等严重）。其中最严重的（平均评分在 1.75 以上）正是那些最为常见的谣言影响，并包括"公司声誉受损"。受试者提供的产生严重影响的谣言案例很能说明问题："公司正在被出售"的谣言造成士气低落，销售人员迷失方向，进而导致员工对工作保障的忧虑。"两个远方城市的工厂即将倒闭，4000 名员工将被解雇"的谣言打击了这些工厂员工的士气，使工厂的生产效率降低了 10%。"由于亚洲业务的亏损，公司将更早发布 1998 年第一季度盈利报告"的谣言，导致公司当天股价下跌两个点（股价约 135 美元），直到当天收盘时股价才扭转过来。这些例子使我们得以一瞥公关人员经历的各种谣言影响。

谣言影响还有更广泛意义上的分类吗？我们想把 17 种谣言影响缩减成更简单的集合。因此我们运用主成分分析（principal components analysis）法，对每种影响的严重程度评分进行分析。主成分分析法是一种常用的降维技术，类似于将相关条目整合成因子的因素分析。经过分析，我们选择了一种最具解释力的包含三个主成分的方案，该方案能够解释影响严重程度评分总变异的58%。表 2-1 呈现了每一种影响及其成分载荷，图 2-2 也标示了每种谣言影响所属的成分。

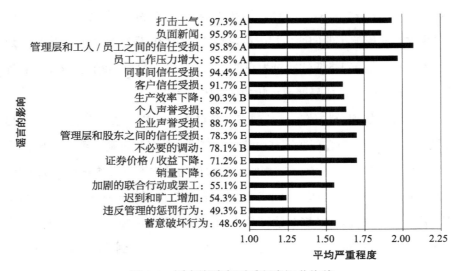

图 2-2 谣言影响和严重程度评分均值

注：各种影响根据目睹过该影响的受试者百分比按照递减顺序排列。在评估平均严重程度的量表中，评分 1、2 和 3 分别代表平均影响小、中等和大。E 代表外部后果，A 代表与内部态度相关的影响，B 代表与内部行为相关的影响。转载自 DiFonzo, N., Bordia, P.（2000）. How top PR professionals handle hearsay: corporate rumors, their effects, and strategies to manage them. *Public Relations Review*, 26, p.180. Copyright 2000 by Elsevier. 经许可重印。

表 2-1 对谣言影响条目严重程度评分的主成分分析的旋转因子模式和最终共同度估计

成分			共同度估计值	谣言影响
外部后果	内部态度	内部行为		
77*	18	32	72	违反管理的惩罚行为
76*	1	11	59	客户信任受损
73*	33	3	64	企业声誉受损

（续）

成分			共同度估计值	谣言影响
外部后果	内部态度	内部行为		
73*	15	6	55	证券价格 / 收益下降
72*	21	−9	57	管理层和股东之间的信任受损
72*	−8	15	55	负面新闻
69*	−9	48	71	销量下降
61*	22	−4	42	加剧的联合行动或罢工
57*	29	23	46	个人声誉受损
8	81*	34	78	打击士气
2	76*	9	59	同事间信任受损
23	66*	7	49	管理层和工人 / 员工之间的信任受损
19	65*	18	48	员工工作压力增大
41	44	8	37	蓄意破坏行为
17	11	85*	76	不必要的调动
8	34	74*	67	迟到和旷工增加
5	44	54*	49	生产效率下降

注：$N = 63$。表中数值均经乘以 100 并舍入到最近的整数处理。成分载荷比 0.50 大的被标记星号（*）。转载自 DiFonzo, N., Bordia, P.（2000）. How top PR professionals handle hearsay: corporate rumors, their effects, and strategies to manage them. *Public Relations Review*, 26, p.181. Copyright 2000 by Elsevier. 经许可重印。

这三个成分被命名为外部后果（external ramifications，比如负面报道、企业荣誉受损和销量下降）、内部态度（internal attitudes，比如同事间信任受损、管理层和工人 / 员工之间的信任受损、打击士气）和内部行为（internal behaviors，比如生产效率下降、迟到和旷工增加）。这些成分和之前讨论的"内部 – 外部"分类相对应，表明谣言影响的性质与可能将谣言继续传播的谣言受众有一定关系。○接下来，我们通过平均每个成分中项目的严重程度评分，为每个受试者创建了三个成分得分；由此，每个受试者都有一个外部后果成分得分、一个内部态度成分得分和一个内部行为成分得分。这些成分

○　我们对三个成分中的项目分别进行了项目分析，结果表明每个成分中的项目都具有足够的信度（九个外部后果项目的 α 系数为 0.89；四个内部态度项目的 α 系数为 0.78；三个内部行为项目的 α 系数为 0.69）。

得分的均值表明，外部后果被认为严重程度一般，内部态度影响有中等的严重程度，内部行为影响的严重程度也一般⊖。总之，从有经验的公关人员遇到的谣言来看，谣言产生的外部后果和对内部行为的影响有一定严重程度，而对内部态度的影响有中等的严重程度。

负面变化谣言对员工压力的影响

对公司公关人员的调查结果清楚地表明，他们认为谣言最严重的后果是对员工态度的负面影响。我们希望通过比较听过和没听过谣言的人感受到的压力水平，对这个观点做进一步探究。现在，我们可以看看前面提到的关于与变化相关的谣言的医院研究（Bordia et al.，出版中）。

这项研究是一项更大的关于组织变化动力和影响的研究的一部分，因此测量了与变化相关的压力。每位受试者使用特里、汤奇和卡伦（Terry，Tonge & Callan，1995）提出的四个维度以评价组织变化产生的压力有多大：①从完全没有压力到非常有压力；②从完全没有破坏性到非常有破坏性；③从一点儿都不让人沮丧到非常让人沮丧；④从一点儿都不困难到非常困难。这些评分合成为一个与变化相关的压力评分。⊜前文提到，在1610位问卷回复者中，776人报告了他们最近听说的与变化有关的谣言，834人报告没有听到谣言。在776位听到过谣言的受试者中，479人报告听到了负面（恐惧）谣言，31人报告听到了正面（希望）谣言。其余的谣言（比如"心理健康部门将和老年医学部门合并"）无法被归入上述两类，因此从分析中剔除。为了评估谣言和压力之间的关系，我们比较了负面谣言组（ $n=479$ ）、正面谣言组（ $n=31$ ）和没有报告任何谣言的组（ $n=834$ ）与变化相关的压力得分。负面谣言组与变化相关的压力得分比正面谣言组更高，这符合我们的预期，

⊖ 外部后果 $M=1.58$ ， $SD=0.54$ ， $n=73$ （其中1、2、3分别表示影响的平均严重程度小、中等、大）；内部态度 $M=1.90$ ， $SD=0.58$ ， $n=73$ ；内部行为 $M=1.45$ ， $SD=0.52$ ， $n=70$ 。

⊜ $\alpha=0.92$ 。

因为预期一件可怕的事件比预期一件充满希望的事件更令人紧张。另外，报告最近听到负面谣言的人也比报告没有听到谣言的人感受到更多压力：忽视负面谣言可能会让人更加快乐或至少能减少压力。当然，这些发现只是相关性的，也可能是那些感受到更大压力的人更容易听到或者记住负面谣言。考虑到研究者已发现不确定感和焦虑与谣言传播存在关联（参见第 3 章），这种解释似乎确实有可能成立。不过至少，这项研究的结果表明负面的组织谣言与员工压力相关。

负面谣言对员工态度、生产效率和留职意向的影响

再重复一次，对企业公关人员的调查发现，他们认为谣言最严重的后果就是对员工态度的负面影响。之前讨论过的横向调查指出了听到谣言和压力之间的联系。我们运用了更全面的追踪研究方式深入探究这些观点。在变化情境中，我们测量了一些典型的员工态度和行为随着时间的变化。例如，随着时间的推移，听到负面谣言的员工会对他们的工作更不满意吗？在这项研究中，我们和罗伯·温特科恩（Rob Winterkorn）对听到负面谣言与不确定感、焦虑、对正式组织沟通质量的认知、工作满意度、组织认同感、对企业的信任度、生产效率以及留职意向等变量之间的关系进行了测量。纽约州罗切斯特市的一家公司正在进行大规模裁员，我们对其部门进行了追踪调查。在本书的第 8 章，我们将陈述更多关于这项研究采用的方法的细节，并探讨信任对谣言传播可能性的直接影响和调节作用。这里我们将关注听到谣言与态度和行为之间的联系。

听到谣言如何影响员工的不确定感、焦虑、态度、意向和生产效率？需要注意的是，在这项研究以及在之前讨论的组织变化谣言研究中，我们都注意到谣言经常与恐惧（部门将会裁员）或者群体敌意（管理层做出了错误的预算）有关。我们从不确定感、焦虑和正式沟通开始讨论。正如我们将在第 3 章中讨论的一样，很多研究发现，焦虑和不确定感与谣言活动存在关联。

因此，我们假设不确定感和焦虑与听到谣言相关。不过，因果关系有两种可能的方向：一种是焦虑和感到不确定的人可能会更容易接受谣言，另一种是听到谣言可能维持甚至提高焦虑和不确定感，这些谣言往往是关于不可控事件的，与恐惧或者群体敌意有关。类似地，正式沟通的质量应该与听到谣言呈负相关，其中因果关系也可能是双向的，并且可能存在不确定感的中介作用。糟糕的正式沟通会导致更高的不确定感，因而人们更容易接受听到的谣言（DiFonzo & Bordia，1998），但人们也可能在听到这样的谣言（尤其是多次听到）后，得出正式沟通无效的结论。

正面的员工态度（工作满意度、对组织的承诺和对公司的信任）以及留职意向可能与听到的负面谣言呈现负相关。这种负相关可能以至少三种方式呈现：第一，在社会学习（Lott & Lott，1985）和社会信息加工（Salancik & Pfeffer，1977）机制的影响下，员工从负面谣言中获知其他人对公司未来感到消极，或者感到公司不是一个很好的安身之所。谣言可能是典型的社会学习之源。第二，公平理论（Adams，1965）假设，员工会记录自己的工作投入和所得的比率，并基于这一比率与公司中的其他员工进行比较。群体敌意谣言似乎可能导致员工对不公平的感知，从而降低其工作满意度、承诺和信任，员工进而会更有可能考虑离开组织。事实上，当员工感到组织对待他们不公平时，他们更有可能散布关于组织的负面谣言（Skarlicki & Folger，1997）。第三，认知结构激活法则（the law of cognitive structure activation）认为，模棱两可的刺激将被编码为与最为凸显的认知图式相一致，从而影响相关的判断和行为（Sedikides & Skowronski，1991；也可以在本书第 5 章看到）。负面谣言通常通过凸显负面认知图式，启动对模糊事件的负面诠释，从而导致更低的满意度、承诺和信任。同样，这些关系可能存在因果双向性，例如，负面谣言可能会降低员工对管理层的信任，而管理层的低信任也可能会使员工听到和回想起更多负面谣言。

生产效率（增加工作产出）这一正面员工行为可能受到谣言正面或负面

的影响。在我们之前的研究中，工厂裁员的谣言据称推动员工增加了工作产出（DiFonzo et al., 1994）。戴维斯（K. Davis, 1975）同样发现，"小道消息"使平均生产效率提高了 8%。然而，逸事性证据表明，参与谣言讨论既费时又分心，从而降低了生产效率（Weiss, 1982，第 16 章）。

基于这些观点，我们假设听到的负面组织谣言与不确定性、焦虑程度呈正相关，而与员工对正式沟通质量的感知、工作满意度、组织承诺、管理信任、留职意向呈负相关；我们没有对生产效率做出预测假设。研究的结果支持了上述假设。

该调查连续四个月每月施测一次，对象为所有 75 位员工，每次施测员工回复率都很高。在第一次和第二次施测之前，部门经历了怠工和重组。在这些时期，存在大量的负面谣言——通常是关于可怕的裁员。裁员结果在第二次施测后公布，部门 50% 的人在第三次和第四次施测之间被解雇。我们测量了员工的不确定感、焦虑和员工态度：对正式组织沟通质量的感知、工作满意度、组织承诺以及对管理的关怀性和可靠性的感知。此外，员工提供了他们对最近生产效率以及留职意向的自我评价。员工在 7 点李克特量表上对所有条目进行评分，见展示 2-2。此外，受试者记录了他们在过去一个月里听到的不同谣言的数量，并总体上评价这些谣言的积极和消极程度。与预期一致，员工报告谣言几乎都是负面的。[⊖]

展示 2-2　在一项包含四次施测的、对一家正经历裁员的组织的纵向研究中测量的变量

沟通质量（0.66，0.91，0.88，0.84）[①]

在过去的一个月：

1. 公司让你对即将来临的变化知情多少？ 7= 完全知情，1= 完全不知情。

2. 你觉得公司是否与你进行了足够的沟通？ 7= 完全足够，1= 完全不够。

不确定感（0.77，0.84，0.81，0.83）

在过去的一个月，平均而言：

1. 我对公司目前的事件意味着什么充满了疑问。

⊖　评分均值 $M = 2.02$，$SD = 1.19$，$n = 169$（1= 极其负面，7= 极其正面）。

（续）

---

2. 我不确定朋友和同事是否会失去他们的工作。
3. 我不确定这家公司是否是一个工作的好地方。
4. 我不确定我工作的整体质量是否会改变。
5. 我不确定我是否会被解雇。
6. 我的内心充满了对工作和公司的不确定感。

焦虑（0.87，0.96，0.88，0.84）

在过去的一个月，平均而言：
1. 我对公司将要发生的变化感到焦虑。
2. 公司即将迎来变化的想法让我担心。

听到的谣言

在过去的一个月里，你听说过多少与你所在的组织有关的谣言（请写近似数）。

传播的谣言

在以上的谣言中，你向组织中的其他人传播过多少则（请写近似数）。

工作满意度（0.86，0.84，0.88，0.89）

1. 总的来说，在过去的一个月里，你认为你的工作在多大程度符合你在接受这份工作时的预期？7=非常符合，4=有点符合，1=非常不符合。
2. 总的来说，你对过去一个月里的工作满意吗？7=非常，4=中等，1=一点儿也不。
3. 如果你的一个好朋友告诉你，他对像你一样为你的雇主工作感兴趣，根据你过去一个月中的平均想法，你会如何对他说？7=肯定推荐，1=肯定不推荐。
4. 根据你现在已了解的情况，如果你不得不重新决定是否做你现在的工作，在过去的一个月内你会怎么选择？7=绝对做相同的工作，1=绝对不做相同的工作。

组织认同感（0.82，0.82，0.84，0.93）

在过去的一个月，平均而言：
1. 我对我的组织没有强烈的归属感。（R）
2. 我觉得这个组织对我有很大的个人意义。
3. 我觉得我会乐于在这个组织中度过我余下的职业生涯。
4. 我觉得我会喜欢和组织外的人讨论我的组织。
5. 我不觉得自己在这个组织中像"大家庭的一部分"。（R）
6. 我没有感觉对这个组织有"情感上的依恋"。（R）

信任（0.86，0.87，0.94，0.93）

在过去的一个月，平均而言：
1. 我觉得公司利用了它的员工。（R）
2. 我觉得管理层关心员工的潜力和发展。
3. 我觉得公司在与员工打交道时是诚实的。
4. 我觉得公司关心员工经历了什么。
5. 我觉得公司会听取员工说的话。

留职意向（0.79，0.86，0.91，0.96）

在过去的一个月，平均而言：
1. 我经常严肃地考虑是否辞掉我的工作。（R）
2. 我经常有离开公司的打算。（R）

（续）

生产效率（0.96, 0.97, 0.95, 0.95）
在过去的一个月：
1. 与你平常的生产效率相比，你的生产效率如何？ 7= 比平常更高, 4= 与平常一样, 1= 比平常更低。
2. 与通常完成的工作量比较，你完成了多少？ 7= 更多的工作，4= 大约一样多，1= 更少的工作。

> 注：除非另有说明，一般要求受试者在 7 点量表上对他们对每一个陈述的同意程度进行评分（1 = 非常不同意；4 = 既不同意也不反对；7 = 非常同意）。对不确定感、工作满意度和留职意向的测量，来自 Schweiger & DeNisi（1991）和以前对不确定感的概念化。沟通质量、焦虑、听到的谣言、传播的谣言和生产效率等条目由研究者生成。信任使用 Meglino、DeNisi、Youngblood 和 Williams 采用的 5 个条目测量（引自 Schweiger & DeNisi，1991）。组织认同感来自情感认同感量表（Affective Commitment Scale；McGee & Ford，1987）。
>
> ① 时间段 1 到时间段 4 的标准化 α 系数依次列在变量名称后括号里（T1，T2，T3，T4）。在每一次施测中，受试者数量依次为 $n=61$、48、40 和 29。带有（R）的条目为反向计分题。

我们先分析每一个变量均值随时间变化的总体模式，图 2-3 和图 2-4 呈现了每一次施测中受试者听到谣言数量的均值，以及不确定感、焦虑、沟通质量、工作满意度、组织承诺、信任、生产效率和留职意向评分的均值。受试者听到不同谣言的数量在第一次施测和第二次施测之间达到顶峰，在第三次和第四次施测中则大大减少。随着谣言数量的增加，不确定感和焦虑评分也有所上升。相反，工作满意度、组织承诺和信任则下降了。同时，自评生产效率和留职意向也降低了。谣言的数量减少时，上述这些趋势会逆转；此外，沟通质量评分也会升高。总的来说，负面谣言的增加会伴随着不确定感和焦虑的上升，同时带来更多的员工负面态度、行为以及意向。

在个人层面也会有这样的模式吗？换句话说，听到谣言和每个结果变量之间的联系强度如何？表 2-2 ～ 表 2-5 呈现了在不同的时间段听到的谣言数量和 T1、T2、T3 和 T4 四个时间点上各个结果变量之间的相关系数。为了估计这些相关关系的整体强度，我们计算出了平均相关系数。⊖结果出现了

⊖ 这些数据不适合用于更复杂的置信区间和元分析合并，因为相关系数之间并不独立。我们只是希望计算出每 20 个相关系数的描述性集中趋势。除了生产效率（如前所述）以外，每一组相关系数都具有同质性。在这里，我们根据 J. Cohen（1988，pp.79-81）的建议区分弱（$0 < r < 0.20$）、中等（$0.20 < r < 0.40$）、强（$0.40 < r < 0.60$）相关。

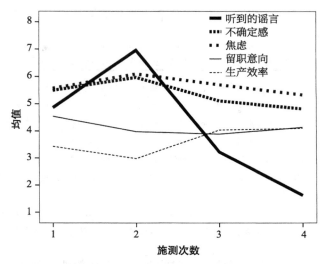

图 2-3 在组织裁员期间，员工听到的谣言数量、不确定感、焦虑、
自评生产效率和留职意向等条目的均值

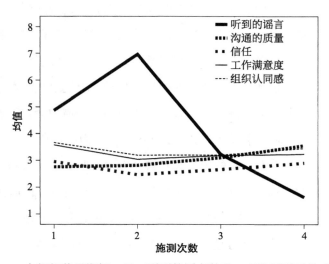

图 2-4 在组织裁员期间，员工听到的谣言数量、对沟通质量的感知、
信任、工作满意度、组织认同感等条目的平均值

表 2-2 在各个时间段听到的谣言数量与 T1 变量之间的相关性

时间段 (相关 *n*)	T1 不确定感	T1 焦虑	T1 沟通质量	T1 工作满意度	T1 组织认同感	T1 信任	T1 生产效率	T1 留职意向
T1 (60)	0.20	0.18	−0.14	−0.09	−0.14	−0.23^	0.002	−0.16

注：^*p*<0.10。

表 2-3 在各个时间段听到的谣言数量与 T2 变量之间的相关性

时间段 (相关 *n*)	T2 不确定感	T2 焦虑	T2 沟通质量	T2 工作满意度	T2 组织认同感	T2 信任	T2 生产效率	T2 留职意向
T1 (47)	0.37*	0.29*	−0.20	−0.28^	−0.36*	−0.33*	−0.35*	−0.37*
T1+T2 (48)	0.45**	0.27^	−0.18	−0.18	−0.26^	−0.33*	−0.34*	−0.34*
T2 (48)	0.43**	0.22	−0.15	−0.10	−0.17	−0.28^	−0.25^	−0.27^

注：^*p*<0.10, *p<0.05, **p<0.01。

表 2-4 在各个时间段听到的谣言数量与 T3 变量之间的相关性

时间段 (相关 *n*)	T3 不确定感	T3 焦虑	T3 沟通质量	T3 工作满意度	T3 组织认同感	T3 信任	T3 生产效率	T3 留职意向
T1 (39)	0.35*	0.32*	−0.20	−0.22	−0.32*	−0.29^	−0.08^	−0.22
T1+T2 (36)	0.46**	0.37*	−0.38*	−0.27	−0.27	−0.41*	−0.06	−0.35*
T1+T2+T3 (36)	0.50**	0.38*	−0.40*	−0.31^	−0.30^	−0.39*	−0.05	−0.37*
T2 (36)	0.40*	0.30*	−0.38*	−0.20	−0.18	−0.36*	−0.01	−0.31^
T2+T3 (36)	0.47**	0.33*	−0.40*	−0.28^	−0.25	−0.35*	−0.02	−0.34*
T3 (40)	0.36*	0.25	−0.27^	−0.24	−0.24	−0.21	−0.005	−0.23

注：^*p*<0.10, *p<0.05, **p<0.01。

与预测一致的清晰模式。第一，在任何指定时间或累积的时间段，听到的谣言数量与不确定感之间有强相关关系（20 个相关系数的平均 $r = 0.42$），与焦虑之间有中等相关关系（平均 $r = 0.35$）。由此可见，听到消极谣言与更高的不确定感和焦虑水平相关。第二，可以观察到听到的谣言数量与下列员工态度之间有中等程度的负相关：对公司的信任（平均 $r = -0.29$）、工作满意度（平均 $r = -0.26$）、日常沟通质量（平均 $r = -0.26$），以及组织认同感（平均 $r = -0.18$）。正如我们所预测的一样，听到的谣言数量与员工态度呈负相关。第三，听到谣言和留职意向呈负相关（平均 $r = -0.30$）。这也符合我们的预测，即听到消极谣言与离职意向有关。第四，听到消极谣言和生产效率之间有中等的负相关（平均 $r = -0.22$），尽管这种相关性随月份变化较大（T2 和 T4 的平均 $r = -0.32$，T1 和 T3 的平均 $r = -0.03$）。也就是说，听到消极谣言与生产效率有时候有较强负相关，有时候不相关。

必须注意的是，这里的相关关系既包括同一时期谣言数量与结果变量之间的相关关系，也包括谣言数量与其他时期结果变量之间的相关关系。也就是说，在某个月内听到的谣言数量会与未来几个月的一些结果变量有关。因此，我们想知道是否长年累月听到负面谣言会产生更强大的影响。确实，听到负面谣言似乎会产生一种累积效应（cumulative effect）。一般而言，与最近听到的谣言数量相比，在一段较长时期内听到谣言的累积数量与不确定感、焦虑呈现出更强的正相关，而与工作满意度、组织认同感、信任、生产效率、留职意向等呈现出更强的负相关。请参考表 2-4 呈现的谣言数量与 T3 结果变量之间的相关关系：与在第三个月中听到的谣言数量相比，三个月以来听到谣言的累积数量与每个变量之间的相关关系都更强（在"T1 +T2 + T3"行中列举的每一个相关系数都比"T3"行中列举的相关系数值更大）。此外，即使从 T2 开始计算，这个模式仍然存在：与在第三个月中听到的谣言数量相比，从第二个月到第三个月听到谣言的累积数量与每个变量都有更强的相关关系（在"T2+T3"行中列举的每一个相关系数都比"T3"行中列举的相关系数值更大）。我们在 T2 和 T4 的相关性结果中也可以观察到类似的模式。

为了更好地检验谣言的累积效应，我们还对这些数据进行了分层回归分析（hierarchical regressions）。在这些分析中，我们计算了一个时间段中每个结果变量的变异（R^2）：在步骤 1 中，我们纳入在同一时期听到的谣言数量；在步骤 2 中，我们纳入听到谣言的累积数量。在每一个回归中，听到谣言的累积数量几乎总是能解释额外的变异，这些额外的变异有时是显著的。例如，表 2-6 给出了 T4 结果变量的分层回归分析：步骤 1 纳入 T4 期间听到的谣言数量，而步骤 2 纳入在四个月中听到谣言的累积数量。在这一组回归分析中，对于不确定感、焦虑、沟通质量、工作满意度和生产效率，与在同一个月听到的谣言数量相比，听到谣言的累积数量显然具有更强的预测力。类似地，在对 T2 和 T3 结果变量的分析中也出现了这样的模式，并且对于组织认同感、信任和留职意向同样如此，尽管该模式并没有那么显著。

这些结果表明谣言接收的累积效应是存在的。换言之，与过去一个月听到的谣言数量相比，听到谣言的总数往往与一个人当前的不确定感和焦虑有更强烈的正相关。因为当前的不确定感和焦虑不能影响在过去几个月听到的谣言数量，所以这些结果表明负面谣言的确会增加不确定感和焦虑，受试者听到所在部门裁员的谣言会感到不安。此外，与在过去一个月听到的谣言数量相比，听到谣言的累积数量与个人目前对正式沟通质量的观点、工作满意度、组织认同感、信任、生产效率和留职意向有更强的负相关。这个结果再次表明消极谣言的确会对员工的工作满意度、留职意向和行为产生负面影响。

表 2-5 在各个时间段听到的谣言数量与 T4 变量之间的相关性

时间段（相关 n）	T4 不确定感	T4 焦虑	T4 沟通质量	T4 工作满意度	T4 组织认同感	T4 信任	T4 生产效率	T4 留职意向
T1 (29)	0.18	0.13	-0.19	-0.19	-0.07	-0.13	-0.22	-0.16
T1+T2 (25)	0.46*	0.60**	-0.36^	-0.35^	-0.10	-0.30	-0.36^	-0.30
T1+T2+T3 (20)	0.53*	0.51*	-0.40^	-0.43^	-0.14	-0.32	-0.48*	-0.40^
T1+T2+T3+T4 (20)	0.51*	0.46*	-0.33	-0.40^	-0.18	-0.34	-0.41^	-0.36
T2 (25)	0.48*	0.67**	-0.30	-0.28	-0.04	-0.29	-0.28	-0.30
T2+T3 (20)	0.51*	0.53*	-0.36	-0.38^	-0.12	-0.31	-0.43^	-0.40^
T2+T3+T4 (20)	0.48*	0.45*	-0.27	-0.35	-0.17	-0.32	-0.35	-0.34
T3 (23)	0.34	0.27	-0.12	-0.07	0.05	-0.06	-0.26	-0.24
T3+T4 (23)	0.40^	0.24	-0.09	-0.25	-0.18	-0.25	-0.22	-0.22
T4 (29)	0.42*	0.32^	-0.09	-0.32^	-0.15	-0.32^	-0.26	-0.24

注：^$p<0.10$, *$p<0.05$, **$p<0.01$。

表 2-6 基于 T4 的变量，对比同时期听到的谣言（步骤 1）和所有时期累积听到的谣言的预测力（步骤 2）的分层回归分析

时间段	T4 不确定感	T4 焦虑	T4 沟通质量	T4 工作满意度	T4 组织认同感	T4 信任	T4 生产效率	T4 留职意向
T4	0.08	0.04	0.00	0.04	0.06	0.07	0.01	0.02
T4+T1+T2+T3	0.28^	0.28^	0.23^	0.19	0.06	0.11	0.30*	0.17
R^2 变化值	0.20*	0.25*	0.23*	0.15^	0.00	0.04	0.29*	0.14

注：^$p<0.10$, *$p<0.05$。

总结

在这一章中，我们研究了谣言的形式、频率和影响。谣言分类的方式多种多样，我们介绍了主要基于谣言的核心功能（集体意义建构）的分类法：依据谣言的主题内容、集体关注对象和谣言受众（内部和外部）对谣言进行分类。我们也介绍了一种组织变化谣言的分类法。虽然文献中提到谣言出现的频率相对较低，但是我们最近的研究与组织变化密切相关，并且具有偶发性。负面谣言似乎在数量上占主导地位，平均每周大约会有一则有害的或潜在有害的谣言传到企业公关人员的耳朵里。

谣言很重要，它引起或促成了多种重要的后果。并且有证据表明，即使人们不相信谣言，谣言也会产生巨大的影响。谣言的影响包括无形的（包括态度和声誉）和有形的（包括销售、生产效率和股票价格）。我们总结了一些最近的实验研究，这些研究发现，谣言会使投资者脱离交易策略的正轨。另外，我们还报告了几项实地研究，既有横向研究也有纵向研究，它们都表明谣言会对一些重要的组织态度和行为产生负面影响，包括增加压力，降低工作满意度、组织认同感、信任、生产效率和留职意向。

正如我们在第 1 章中所说，谣言永远不会仅仅是一个人的思想；相反，它们是沟通性的。人们不仅会听到谣言，常常也会传播谣言。一些谣言比其他谣言更频繁地被传播。为什么？在下一章中，我们将研究谣言传播中的心理因素。

附录 2A　控制内部谣言和外部谣言：
一项对资深传播专业人士的调查

　　这项调查⊖针对经过挑选的传播专业和公关专业人士展开。本调查将测量存在于组织内部和外部的不同类型谣言的普遍性、谣言的影响以及用于预防和应对谣言的策略。请回答调查中的所有问题。如果你希望评论某一问题或者修饰你的回答，请自由使用页边的空白处或背面。你的评论将被阅读和仔细考虑。多谢你的帮助。

　　谣言是一些未经证实的信息，这些信息与对一个群体而言很重要的某一事物有关。除了未被证实以外，谣言在各个方面都很像新闻。它可能是真的，也可能不是真的。它可能借助口口相传、传真、电子邮件或其他传播渠道传播。人们通常用"我听说……"这个句式传播谣言。

　　1. 平均而言，你听到对你来说很重要（或有潜在重要性）的谣言（或听说它在流传）的频率如何？（选一个数字）1= 一年不超过一次，2= 每年一次，3= 半年一次，4= 一季度一次，5= 每月一次，6= 每周一次，7= 每天一次，8= 每天超过两次。

　　接下来的三个问题是关于不同种类谣言的普遍性的。

　　内部谣言是指公司员工、供应商或者经销商（即与生产、分配或者组织产品、服务的销售有关的人）主要关注的谣言。外部谣言是指客户、媒体、持股人或者普通民众（即购买、使用或者可能购买、使用组织产品、服务或股票的人）主要关注的谣言。

⊖　调查工具来自 DiFonzo & Bordia（2002b）。

2. 在你听到的所有谣言中，内部谣言、外部谣言以及两者兼有的谣言各占多大比例？（请估计每种类型谣言所占的百分比，注意这些百分比之和等于100%）：A. ____% 是内部谣言，B. ____% 是外部谣言，C. ____% 是两者兼有的谣言，D. ____% 从上三种都不是（请说明），加和等于100%。

内部谣言有很多种。有些与威胁到工作保障的变化有关（失去工作或失去工作的可能性）或者与威胁到工作满意度的变化有关。这些谣言主要是关于裁员、重组、减薪或者增加工作职责的。其他内部谣言可能与人事变化有关（因为调动、升职和降职导致人事变化），或者可能是流言（主要是对个人问题的诽谤或讽刺）。

3. 在你听到的所有内部谣言中，主要是关于工作保障、工作满意度、人事变动或其他话题的谣言，以及流言分别占多大比例？（请评估每种类型的近似百分比。注意这些百分比之和等于100%）：A.____% 主要是关于工作保障，B.____% 主要是关于工作满意度，C.____% 主要是关于人事变动，D.____% 主要是流言，E.____% 主要是其他（请说明），加和等于100%。

下一个问题（和本次调查中的一些其他问题）要求你提供一个例子。我们之所以加入这个要求，是希望保证我们准确理解了你的回答，并且希望获得一些谣言情境中常常包含的丰富细节。你可以自由选择遮盖一些细节信息，以保持调查的匿名性。

4. 请举一个你最近听到的内部谣言的例子，这则谣言对你很重要或具有潜在的重要性。谣言陈述：

同样，外部谣言也有很多种。有些主要是关于会影响股价或利润的变化的（比如潜在的收购、即将做的业绩报告或者代价高昂的管理失误）。另一些主要是关于组织生产的产品或服务的质量的（比如产品或服务可能不安全）。还有一些是关于组织声誉的（比如在某些方面组织是不值得信赖的或者是糟糕的）。

5. 在你听到的所有外部谣言中，股市谣言、产品或服务质量谣言、组织声誉谣言以及主要是关于其他话题的谣言分别占多大比例？（请评估每种谣言类型的近似百分比。注意，这些百分比之和等于100%）：A.____% 是股市谣言，B.____% 是产品或服务质量谣言，C.____% 是组织声誉谣言，D.____% 主要是其他谣言（请说明），加和等于100%。

6. 请举一个你最近听到的外部谣言的例子，这则谣言对你很重要或具有潜在的重要性。谣言陈述：

本研究的另一个重要目标是评估谣言有哪些影响，以及这些影响有多严重。

7. 基于你对于谣言的总体经验，下面每则谣言影响平均有多严重？"完全没有"表示没有影响，"小"表示影响较小，"中等"表示有中等程度的影响，"大"表示影响很大。请圈出你认为能代表每一则谣言影响严重程度的词语（如果没有影响，就请圈出"完全没有"）：7.1 管理层和工人/员工之间的信任受损，7.2 管理层和股东之间的信任受损，7.3 同事间信任受损，7.4 客户信任受损，7.5 生产效率下降，7.6 不必要的调动，7.7 销量下降，7.8 迟到和旷工增加，7.9 打击士气，7.10 个人声誉受损，7.11 公司声誉受损，7.12 蓄意破坏行为，7.13 负面新闻，7.14 证券价格/收益下降，7.15 违反管理的惩罚行为，7.16 员工工作压力增大，7.17 加剧的联合行动或罢工，7.18 其他（请说明）。

8. 对于最严重的谣言影响，请举一个最近的例子，说明谣言如何产生此种影响（如有可能，请以变化的百分比来量化谣言影响，比如在生产效率上发生了百分之多少的改变）：

本研究的进一步目标是确定人们使用什么策略以预防或者应对谣言，并评估这些策略的有效性。

9. 基于你对于谣言的总体经验，下面每种策略在预防或者应对谣言方面平均有效性如何？"完全没有"表示策略没有效果，"低"表示平均有效性低，"中等"表示平均有效性中等，"高"表示平均有效性高。请圈出你认为能代表每一种策略的有效性的词语（如果策略没有效果，就请圈出"完全没有"）：
9.1 忽视谣言，9.2 声明"不予置评"，9.3 解释为什么你不能评论或提供完整
的信息，9.4 证实谣言，9.5 公司官方辟谣，9.6 依靠可靠的外部资源辟谣，9.7
传播反向谣言（counterrumor），9.8 寻找并惩罚那些散布谣言的人，9.9 明确
地尝试加强信任，9.10 鼓励可能受到影响的当事人做出最坏的打算，9.11 为
包含完整信息的官方消息设置时间线，9.12 建立委员会以帮助可能受到即将
发生的变化影响的人探寻出路，9.13 陈述用于指引即将发生的变化的价值观，
9.14 陈述即将发生的变化的决定程序，9.15 建立一个谣言热线，9.16 解释即
将发生的变化的决定将如何做出，9.17 请一位员工告诉你正在流传的谣言，
9.18 其他（请说明）。

10. 请举一个近期的例子，说明上述策略中的某一个或多个在预防或应
对谣言方面的有效性：

下一个部分的问题与影响谣言的心理变量和情境变量有关。当你回答这
些问题的时候，想一则具体的谣言会有所帮助。请想一个你听到的有害的或
者可能有害的谣言（不是流言型的谣言）的例子。请选择一则在合理的怀疑
之后被证明为真的谣言（另一组受试者选择一则被证明为假的谣言，我们希
望获得这两种类型的均衡采样）。

11. 请陈述你选择的真实（或虚假）谣言（可能是你已经提到过的）：

12. 请描述谣言出现时的情境：

谣言可能通过不同的人群传播。对于本节中余下的问题，请站在听到或
传播谣言的人群的角度回答。当然，谣言也会随着时间的推移而改变。在回
答本节中余下的问题时，请假设你正处于谣言被证明为真之前。

第一个问题关于谣言变得多准确或扭曲。

13. 上面选择的谣言被证明有多准确或者真实（与扭曲或者虚假相对）？
1= 完全虚假，2= 大部分虚假，3= 一半虚假一半真实，4= 大部分真实，5=
完全真实。

下一个问题是关于谣言怎样随着时间推移而变化的。

14. 从谣言开始流传到被证明真实之间，谣言在多大程度上会变得更准确（与扭曲相对）？ 1= 变得更加扭曲, 2= 有一点变得更加扭曲, 3= 保持原样, 4= 有一点变得更加准确, 5= 变得更加准确。

接下来的几个问题涉及心理和情境变量。与本节所有的问题一样，请站在听到或传播谣言的人群的角度回答问题。

15. 总体而言，人们的不确定感（对当前事件意味着什么或未来可能发生什么事件充满疑问）有多强？ 1= 非常确定, 2= 有一点不确定, 3= 有几分不确定, 4= 很不确定, 5= 极其不确定。

16. 总体而言，人们对这条谣言的真实性有多大的信心？ 1= 完全没有信心, 2= 有一点信心, 3= 有几分信心, 4= 很有信心, 5= 极有信心。

17. 总体而言，在影响人们生活的事件上，人们的控制感有多大程度的降低？ 1= 完全没有降低, 2= 有一点降低, 3= 有几分降低, 4= 降低很多, 5= 降低极多。

18. 总体而言，这则谣言对人们有多重要？ 1= 一点都不重要, 2= 有一点重要, 3= 有几分重要, 4= 很重要, 5= 极其重要。

19. 总体而言，人们有多焦虑（担心）？ 1= 一点都不焦虑, 2= 有一点焦虑, 3= 有几分焦虑, 4= 很焦虑, 5= 极其焦虑。

接下来的问题与心理变量相关。请继续站在听到或传播谣言的人群的角度回答问题。

20. 总体而言，人们在多大程度上希望谣言是真实的？ 1= 很希望谣言是虚假的, 2= 有一点希望谣言是虚假的, 3= 中立, 4= 有一点希望谣言是真实的, 5= 很希望谣言是真实的。

21. 总体而言，谣言在何种程度上与人们的认知偏差（先入为主的观念、态度或偏见）相一致？ 1= 非常不一致, 2= 有一点不一致, 3= 既非不一致也非一致, 4= 有一点一致, 5= 非常一致。

22. 总体而言，你认为人们在多大程度上是轻信的（与怀疑相对）？ 1=高度怀疑，2=有一点怀疑，3=既不怀疑也不轻信，4=有一点轻信，5=高度轻信。

接下来的问题涉及传播模式。

23. 一则谣言从一个人向另一个人的传播可能涉及大量的互动（讨论和澄清），也可能涉及很少的互动。总体而言，典型的谣言讨论的互动性有多强？1=完全没有互动性，2=有一点互动性，3=有几分互动性，4=互动性很强，5. 互动性极强。

24. 总体而言，谣言有多活跃（频繁地传播）？ 1=不活跃，2=有一点活跃，3=有几分活跃，4=很活跃，5=极其活跃。

25. 一则谣言可能通过一个既定的传播网络（比如办公室的小道消息）传播，也可能在从来没有沟通过的一群人中传播。总体而言，谣言群体传播渠道的确定性如何？ 1=完全不具有确定性，2=有一点确定性，3=有几分确定性，4=很有确定性，5=极有确定性。

26. "小道消息"是一个具有确定性的非正式传播网络。你选择的这则谣言的传播网络在多大程度上可以被视为"小道消息"？ 1=绝对不是小道消息，2=有点像小道消息，3=有几分像小道消息，4=很像小道消息，5=绝对是小道消息。

最后，为了统计，请提供一些关于你自身的细节信息。

27. 你的性别是（请圈一个数字）：1 男，2 女。

28. 你目前的年龄：＿＿＿岁。

29. 你目前的职位：

30. 你是一位（请圈一个数字）：1 企业传播或者公关人员，2 传播或者公关顾问，3. 其他（请说明）：

31. 你工作或咨询的主要行业：

32. 你在传播方面的工作时长：＿＿＿年。

谣言传播中的心理因素

2004 年美国总统大选的前几个月，"硝烟"弥漫，本书作者之一迪方佐收到了一则关于竞选者参议员约翰·克里（John Kerry）的谣言。

主题：参议员约翰·克里与《约翰福音》第 16 章第 3 节。

上帝有办法告诉人们谁真正了解他，而谁并非真正了解他。让我们思考一下，参议员克里上周进行了关于"为什么信仰对我来说如此重要"的大型演讲，以此来说服美国民众选举他为总统。克里宣称他最喜欢的《圣经》章节是《约翰福音》第 16 章第 3 节。然而，撰写演讲稿的人想引用的是《约翰福音》第 3 章第 16 节（原文：神爱世人，甚至将他的独生子赐给他们，叫一切信他的，不至灭亡，反得永生），但克里团队中居然没有人熟知《圣经》，以至于犯了这样一个错误。你知道《约翰福音》第 16 章第 3 节说了什么吗？"他们会这样做，是因未曾认识上帝，也未曾认识我。"圣徒行事，出人意料。

后来，也有同样的关于乔治·布什总统的谣言在大选期间流传。

——米克尔森和米克尔森（Mikkelson and Mikkelson，2004）

在本章中，我们探究谣言传播背后的心理因素。我们关注其中涉及的个体层面的心理动机，也就是说，传播谣言时人们想达到什么目的？目前关于谣言的心理学文献认为有五个因素与谣言传播关系密切：不确定感、重要性或结果相关性涉入（outcome-relevant involvement）、缺乏控制感、焦虑以及相信（Bordia & DiFonzo，2002；Rosnow，1991；Walker & Blaine，1991）。我们回顾了与这些因素有关的研究文献，并且回应了一个问题：为什么这些因素会影响谣言传播？我们认为这些因素代表了人们社会认知和行为的基本目标，人们通过传播谣言来实现这些目标。我们应用社会行为动机方面的相关文献来理解这些推动谣言传播的目标。此外，我们将给出支持这些动机基础的实证证据。

这种动机取向的研究范式至少有三个方面的好处。第一，虽然过去的研究已经总结出一些与谣言传播有关的因素，却较少关注从理论上阐明为什么这些因素能够影响传播过程。第二，基于动机的研究取向帮助我们在谣言文献和更广泛的社会心理学文献之间建立联系。例如，通过将谣言传播视作一个自我提升（self-enhancing）行为，我们能够将其与社会认同的相关文献建立联系，思考谣言通过何种途径损害外群体利益，提高内群体自尊。第三，核心动机的取向指出了谣言传播的各种影响因素，帮助我们认识到现在的研究缺口。例如，谣言传播的关系增强（relationship enhancement）功能很大程度上被忽视了。

什么因素在推动社会互动？一般来说，人们参与社会互动是为了实现以下三个目标中的至少一个：有效行动、建立和维持人际关系、塑造良好的个人形象（Cialdini & Trost，1998；Wood，1999，2000）。在实现"有效行动"的目标方面，社会互动帮助人们积极应对周围环境，获得经过社会确认的现实感，更有效地应对环境。在实现"建立和维持人际关系"的目标方面，社会互动帮助人们建立和维持对于人类这一社会性动物而言至关重要的关系。最后，自我提升目标是一个更自私的目标，可能导致一系列信息加工偏差。也就是说，在社会互动中，人们设法肯定自我意识，以各种方法利用社会背景来提高自尊。

在谣言传播中，这些目标表现为三个动机：事实寻求（fact finding）、关系增强和自我提升。在本章接下来的部分，我们将回顾有关这些动机的谣言传播文献。在每一节中，我们首先关注这些动机对应的基本目标如何在社会互动中实现，然后将这些动机应用于谣言背景下。之后，我们讨论在谣言传播中这些动机的前因和后果。最后，在实证研究结果的帮助下，我们对这些动机在谣言传播中扮演的角色进行说明。

事实寻求动机

在社会背景下，有效行动的目标通常与事实寻求动机相伴而生。有效应对物理与社会环境是我们的生存所必需的。这一目标体现在人们的各种需要中，比如控制需要（Bandura，2001）、胜任需要（White，1959）以及理解需要（Fiske，2003；Fiske，Lin，& Neuberg，1999）。为了能够有效行动，我们需要对自己的情况具备可靠且准确的认识。这一目标激发人们搜寻、传播准确信息的行为，这是对环境做出有效应对的基础。当我们受到有效行动这一目标激发时，我们便会寻求准确的信息并采用各种策略评估信息，比如将其与已有知识做比较或评估其来源是否可靠。这些信息通常可以从我们的社会情境中获得（Fiske et al.，1999）。有时我们会直接询问他人，其他时候我们会被动地或者不自觉地接收一些信息，比如遵照他人的范例、遵从群体规范、被他人说服以及自然而然地受到社会环境或多或少的影响（Cialdini & Trost，1998）。事实上，在建构客观现实的过程中，重要他人对我们的经历的确认是一个很重要的部分（Hardin & Higgins，1996）。

事实寻求动机与谣言传播

研究已发现很多谣言传播的前兆变量，其中以下这些变量反映出较强的事实寻求动机：不确定感、重要性、缺乏控制感以及焦虑（我们将在关系增强动机中讨论人们对谣言的相信问题）。不确定感被定义为一种对当前事件意味着什么或即将发生什么事情持怀疑态度的心理状态（DiFonzo & Bordia，1998）。人们在对某件对自身而言重要的事感到不确定时，就会产生失控和焦虑的感受。例如，不清楚公司重组的准确性质、将带来的后果以及它对个人工作的影响（即对重要问题的不确定感）会使人感到对如何应对这一变化缺乏控制感，可能演变为雇员群体的严重焦虑（Blake & Mouton，1983；Hunsaker & Coombs，1988；Mirvis，1985）。人们渴望减少不确定感与焦虑，恢复对自己处境的控制感（Ashford & Black，1996；Berger，1987；Berger & Bradac，1982）。也就是说，不确定感、重要性、缺乏控制感和焦虑的混合体会引发"知道"的需要。假如从正式渠道（如公司管理部门、政府民政部门或媒体）无法获得消息，人们就转而通过非正式渠道（如办公室的小道消息、朋友、社会群体）获取信息。这种在集体过程中产生的非官方消息成为谣言。

一些早期的谣言传播理论曾指出不确定感和模糊性在谣言传播中的作用。贝尔金（Belgion）曾说"谣言源于不确定感"（1939，p.12）。普拉萨德（Prasad，1935）认为"不寻常和陌生"的环境会催生谣言。奥尔波特和波兹曼（G.W. Allport & Postman，1947b）也有类似的观点：谣言传播就是模糊性和话题重要性共同作用的结果。卡普洛（Caplow，1947）观察到，谣言往往随着不确定感的出现而增多。费斯廷格和同事（Festinger et al.，1948）指出谣言是在认知不清晰的情况下所产生的问题。沙赫特和伯迪克（Schachter & Burdick，1955）通过一项实地研究验证了不确定感的影响。他们在一所女子预科学校散播了一则谣言，然后向一部分学生呈现了旨在制造不确定感的事件。高不确定感组学生的谣言传播比没有获知不确定事件（低不确定感组）的学生多一倍。类似地，在市郊公交系统因为罢工面临着中断危机时，在公交系统用户群体中间，不确定感与谣言传播之间有正向的关联（Esposito，1986/1987）。

如第 1 章所言，对于谣言的社会学研究强调在充满不确定性的环境中的集体意义建构（Shibutani，1966）。在缺乏正式渠道的信息来解释模糊不清的事件时，群体成员们会参与一个集体的问题解决过程，也就是说，群体成员会共享并评估解释当前模糊情境的信息。为研究伴随着谣言传播的集体问题解决过程，我们分析了互联网上的谣言讨论（Bordia & DiFonzo，2004）。该研究对网上超过 280 篇谣言帖子进行内容分析后发现，很大比例的互动行为是为了寻求事实。群体成员们搜集、分享与谣言相关的信息，评估这些信息，然后判断这些谣言的可信度。总的来说，关于谣言的社会互动有降低不确定感和建构意义的功能。

谣言传播中主题的重要性（也被称为"结果相关性涉入"；Rosnow，1991）也得到了实证检验。罗斯诺、埃斯波西托和吉布尼（Rosnow，Esposito，& Gibney，1988）研究了一起大学校园谋杀案发生后的谣言传播。谋杀所在大学人群（高重要性）中的传谣者的比例是同城另一所大学人群（低重要性）中传谣者比例的两倍。与之类似，埃斯波西托（Esposito，1986/1987）的公交用户研究同样证明了重要性和谣言传播呈正相关。这些研究结果表明，对于那些参与谣言传播的人来说，结果相关性涉入很重要。人们对很多事情感到不确定，但是只会关心对自己重要或威胁到有效行动目标的实现的事件，只想减少这些事件带来的不确定感。

心理控制感也与谣言传播有多种关联。第一，正如前文所说，对重要话题的不确定感也有可能引发控制感的缺乏（Ashford & Black，1996；Bordia，

Hobman，Jones，Gallois，& Callan，2004）并引发焦虑。在一项对企业公关人员听到谣言的情况的分析中，我们发现不确定感对焦虑的影响是由控制感缺乏所中介的（DiFonzo & Bordia，2002a）。我们和同事（Bordia，Hunt，Paulsen，Tourish，& DiFonzo，2004）同样发现了在大规模的组织变化过程中，不确定感和心理性紧张（psychological strain）之间的相关关系至少由控制感缺乏部分中介。

第二，谣言被视作在低初级控制的情况下获得次级控制的尝试（Bordia & DiFonzo，2002；Walker，1996；Walker & Elaine，1991）。初级控制指聚焦行为的应对反应：朝预定方向改变所处的环境。例如，当我不了解企业如何重组的时候，我可能会通过提高生产效率来增加在岗位调动中留住的可能性。当无法实现初级控制时，人们可能采取次级控制策略——通常涉及聚焦情绪的应对反应，如降低期望、做最坏的打算以免失望、将得失归因于机会，以及试图理解事件的意义并接受事件本身（Rothbaum，Weisz，& Snyder，1982；Walker，1996；Walker & Elaine，1991）。例如，面对可能裁员的情况，我可能会热切地加入办公室谣言的讨论，试图了解裁员的原因和时间。沃克（Walker，1996）收集了 200 则大学校园中的谣言并对它们进行了内容分析，以探究其中是否包含与次级控制相关的主题。结果表明，所有的谣言都包含次级控制的主题，最常见的是解释性的次级控制（解释事件的意义，$n = 93$），其次是预测性的次级控制（预测未来事件，$n = 69$）。这些发现提供了一些证据，支持"谣言是一种对原来不确定和无法控制的环境重拾控制的方式"这一观点。不过，谣言的这一方面还需要更多的实证研究证据。

第三，特质（性格性）焦虑和状态（环境性）焦虑都与谣言传播有关（Anthony，1973，1992；Rosnow，1991）。耶格、安东尼和罗斯诺（Jaeger，Anthony & Rosnow，1980）使用泰勒显性焦虑量表（Taylor Manifest Anxiety Scale）测量了一个班级学生的特质焦虑。然后他们在班里散播了一则谣言：考试期间有一些学生因吸食大麻被抓了。结果发现，相比于低特质焦

虑的学生，谣言更易在高特质焦虑的学生中传播。沃克和贝克勒（Walker &
Beckerle，1987）在研究中操纵了状态焦虑。他们以提升考试题目质量的名
义邀请受试者进行一次模拟考试。在受试者等待进行模拟考试时，主试同谋
散布了两则谣言，说道："我听说了两则有关这里将要发生的事情的谣言。"
（p.356）其中一则谣言（焦虑增强）声称这项研究是为了抓住作弊者；另一则
谣言（焦虑缓解）声称教授想评估课堂演示的有效性。之后，高状态焦虑组
的受试者会观看一段实时事件（其实是一段录像），其中一个主试同谋遭到严
厉质问。而低状态焦虑组的受试者只是阅读一些测试题。过了一会儿，另一
个主试同谋问受试者："这里会发生什么？"实验的因变量是受试者传播谣言
所需的引导次数。高状态焦虑的受试者平均只要两次引导就会传播谣言，而
低状态焦虑的受试者需要四次引导⊖。

　　有趣的是沃克和贝克勒（Walker & Beckerle，1987）也发现高状态焦虑
组的受试者所报告的谣言准确性略低于低焦虑组的受试者。这一发现提出了
一种可能性，即虽然对于重要主题的不确定感可能激发事实寻求动机，但焦
虑很可能会降低事实寻求的准确性。这种可能性与焦虑在信息加工中的作用
的研究结果一致。焦虑会系统性地改变人们对世界的认知，让人把更多认知
资源用于搜索威胁信号（Calvo & Castillo，1997）并夸大模糊信号的威胁性
（MacLeod & I. L. Cohen，1993）。一个焦虑的人可能会发现威胁型谣言的无
望感正好与他的情绪状态相一致，并且可能愿意相信这些谣言提供的解释。
这也可以解释为什么在通常情况下，威胁型谣言比希望型谣言更容易传播
（S. R. Kelley，2004；R. H. Knapp，1944）。与对个人很重要的不确定事件相
关的焦虑会扭曲谣言内容，产生负面和威胁性解释。这些谣言也帮助焦虑的
个体合理化他们的焦虑（Festinger，1957）。我们将在第 7 章中更全面地探索
这些关于谣言准确性的观点。

⊖　解释这一结果时需要谨慎，因为焦虑操纵中的视听刺激也可能让谣言更加凸显，并增
　　加对谣言的回忆。未来研究可以使用更具可比性的刺激重复这项研究。

关系增强动机

社会关系对人类的生存而言至关重要，它服务于一些重要的目标，如选择配偶、抚养子女、采集食物、躲避掠夺，以及在资源匮乏条件下生存等（Baumeister & Leary，1995；Kenrick et al.，2002）。建立和维持关系的目标反映在各种人际交往领域的日常行为中，比如：寻求他人的陪伴、为取悦他人而遵从规范和劝说式呼告（Cialdini & Trost，1998）；印象管理和自我展示策略，比如奉承（Leary，1995）；避免讨论可能产生冲突（Knobloch & Carpenter-Theune，2004）或伤害对方（Rawlins，1983）的话题；用幽默或令人惊叹的话题来吸引他人注意（Guerin，2003）；甚至欺骗他人（DePaulo & Kashy，1998）。例如，特瑟和罗森（Tesser & Rosen，1975）的研究表明，人们不愿意传递坏消息，因为他们担心坏消息会对接收者产生负面影响，或者引发接收者对自己负面的评价。这种抑制负面消息的倾向被称为不愉快信息最小化（minimize unpleasant messages）效应。

关系情境会影响目标的表达方式。比如，在短期关系或在关系形成的早期阶段，人们热衷于在他人心目中留下好的印象以及取悦他人。在这种情况下，诚实可能会让位于让他人感到积极情感等关系导向的目标。因此，人们会尽量传递那些能够吸引他人注意、惹他人喜爱的信息，至于这些信息的真假，则没有那么重要。但是，在有更多个人投入的长期关系中，准确的信息共享可能尤为重要（Stevens & Fiske，1995）。另外，关于"讲故事"（storytelling）的人类学文献指出，人们的叙事内容会被实现人际关系（引起目标对象的注意）、群体（维持地位差异）以及群体间（通过编造只对一些人有意义的故事来排斥其他人）目标所操纵（Sugiyama，1996）。

关系增强动机与谣言传播

在现有的关于谣言的文献中，对关系增强目标的直接关注非常少（cf.

Guerin，2003）。$^{\ominus}$有一个例外，是关于正面（相对于负面）谣言传播的研究领域。根据不愉快信息最小化效应（Tesser & Rosen，1975），卡明斯、福克斯和佩纳（Kamins，Folkes & Perner，1997）预测人们会避免传递负面的谣言（相比于正面的谣言），以避免这些谣言对接收者产生负面影响——一个增强关系的目标。他们的实验结果支持了这一预测：受试者更愿意传播正面的谣言（他们所在的商学院的排名将会上升）而不是负面的谣言（商学院的排名将会下降）。然而，传播负面谣言也可能有助于维持关系，尤其是亲密、长期的关系，因为预告负面事件的谣言常常可以帮助人们做好应对的准备。例如，维尼格、格勒嫩博姆和维尔克（Weenig，Groenenboom，& Wilke，2001）发现，当人们认为负面消息有助于朋友避免不良后果时，人们更有可能把它告知朋友。亲密的朋友之间会分享有用信息，即使是负面信息。因此，关系的情况会影响正面或负面谣言的传播。

关系增强动机已用于解释谣言相信（belief）与谣言传播之间的正向关联（Rosnow et al.，1988）。信源可靠、值得信赖的声誉对所传播的信息被社交网络所接受至关重要（Caplow，1947；Guerin，2003；Stevens & Fiske，1995）。确保良好声誉的一种方法就是传播准确可信的信息。研究者在很多群体中发现了谣言相信与传播之间的紧密关联：深陷劳资纠纷的大学教师（Rosnow et al.，1986）、发生了谋杀案（Rosnow et al.，1988）或有学生死于脑膜炎（Pezzo & Beckstead，2006）的学校中的学生，以及华盛顿狙击手攻击事件案发地附近学校中的学生（Pezzo & Beckstead，2006）。基梅尔和基弗（Kimmel & Keefer，1991）指出对谣言的怀疑就是关于艾滋病的谣言未能传播的原因。另外，罗斯诺（Rosnow，1991）报告了谣言相信与传播间有中等水平的平均效应量（$r = 0.30$）。

$\ominus$　当然，在世俗的层面上，人们会遵守交流中的社会规则（Higgins，1981），不太可能与一个明显不会对所谈论的谣言感兴趣的人分享谣言（例如，人们会避免在私人晚餐时和约会对象谈论工作）。

拥有并分享有价值的信息也是在社交网络中提高地位和威望的一种方式（Brock，1968；Fromkin，1972；Lynn，1991）；一个人拥有更高的地位通常会使他人更加喜欢、重视、尊重他。在充满不确定和威胁时（比如战争或自然灾害），信息更加珍贵。出于对让自己的社会地位更进一步的渴望，人们可能会不自觉地传播谣言。奥尔波特和波兹曼（G.W. Allport & Postman，1947b）曾举过一个这样的传播案例：几个意大利裔的美国社区成员在"二战"期间拥有一些晶体管无线电收发报机，他们热切地想显摆自己"知情者"的地位，所以无意识地传播了广播中的宣传。通过传播谣言来证明自己是"知情者"是一种增加他人对自己的好感、重视和尊重的方式⊖。

自我提升动机

自我提升动机指人们对自身感觉良好的需要。人们努力维持积极的自我形象，并热衷于进行提升自尊的认知活动（Kunda，1999；Steele，1988）。自我提升对于认知和判断的偏差性影响是众所周知的（Kunda，1999）。例如，大部分人认为自己很多方面的技能和能力都高于人群的平均水平：当人们受到引导，相信某些特质（如外向性）或者能力（如驾驶技术）受到人们推崇时，人们通常会在这些方面给自己更高的评分，而且更可能回想起自己在这些方面表现出众的经历（Kunda，1990）。另一个关于自我提升偏差的例子是，人们通常认为自己的特质（相比于他人的特质）更有可能带来积极的结果（比如获得领导职位，幸福的婚姻等；Kunda，1987）。再举一个例子：当一则信息威胁到人们的自我形象时，人们通常更加排斥这一与他们持有的态度相悖的信息；但是，当人们自我感觉不错时（在一些无关的事情上），他们对于那些与自己持有的态度相悖的信息会更加宽容，而且更容易被说服（G.

⊖　被认为"知情"同时也是一种自我提升。研究者需要进行进一步研究以区分这些动机（见第 10 章）。

L. Cohen，Aronson，& Steele，2000）。

人们的这些自我提升偏差会延伸到他们所归属或认同的群体。我们的自我感知的一部分源于我们所在的群体，例如人口学群体（如种族、性别）、专业群体（如学者、工程师）或社会群体（如兴趣俱乐部、学生社团、荣誉协会）。我们通过与我们认为地位和声望很高的群体建立认同，以获得意义感以及自我感知（Hogg & Abrams，1988）。这种认同可能使我们的判断出现偏差，偏向于自身所在的群体（即内群体），而不利于与我们无关的群体（即外群体）。例如，相较于有关内群体的正面信息，我们对有关内群体的负面信息更具批判性（Dietz-Uhler，1999）。类似地，我们倾向于认为关于内群体的正面（而非负面）信息具有代表性。另外，我们会把外群体的成功归功于外部因素，而把外群体的失败归因于稳定的内部特征（Beal，Ruscher，& Schnake，2001；Pettigrew，1979）。在内群体的利益受到威胁时，对外群体的消极反应会更加强烈（Bobo & Kluegel，1993），在人们看来，灭外群体威风就是长自己志气（Fein & Spencer，1997）。例如，相较于没有感受到威胁的白人，感受到来自黑人的威胁的白人更有可能相信关于黑人的刻板印象（如"黑人的智商低"；Quist & Resendez，2002）。对外群体的消极刻板印象使人们保持对内群体的高度评价（Goodwin，Operario，& Fiske，1998），或合理化外群体获得的不利结果（Goodwin，Operario，& Fiske，1998）。

自我提升动机与谣言传播

自我提升动机既可能导致公然、有意地为私利散布谣言，也可能导致无意识地选择和传播利己谣言。在这一节，我们首先讨论有意识的、主动的、为私利而进行的谣言传播，然后谈论自我提升在谣言认知过程中的作用。

尽管这一方面的研究并未得到足够重视，但谣言文献显示，谣言可能源于具有煽动性的恶性宣传策略，并作为这种宣传策略的一部分得到传播（G. W. Allport & Postman，1947b；DiFonzo & Bordia，出版中；Kapferer，1987/1990；Rosnow，2001；Sinha，1955；P. A. Turner，1993）。在紧要关头（如议员选举或激烈的市场竞争中），谣言能起到奇效。在战争时代，人们故意传播谣言来瓦解敌军的士气（G. W. Allport & Postman，1947b；Mihanovic，Jukic，& Milas，1994）。销售代理通过散播谣言诱导消费者放弃竞争对手的产品，而选购自己的产品，由此谣言成为口碑战中的利器（Kapferer，1987/1990；P. A. Turner，1993）。在选举中，谣言（或"诽谤运动"（whispering campaigns）；G. W. Allport & Postman，1947b，p.184）能够破坏对方候选人的声誉（Kapferer，1987/1990；Sinha，1952）。在印度中央邦的选举中，国大党散播虚假指控说，属于竞争对手人民党的印度总理食用牛肉。牛被印度教徒视作神圣之物，食用牛肉简直罪大恶极。这一指控为总理制造了极大的麻烦，他不得不立即公开声明"我宁死也不会吃牛肉"（Verma，2003）。法恩（Fine，2005）指出恶毒的谣言是骗子的行径，他们以此传播谎言并无须真正面对他们行径的罪恶本质——他们将谣言的不确定性作为宽慰。

　　尽管有意识的谣言传播在很多情况下都可能出现，但它通常没有被作为一个重要变量考察（明显的例外见 Pratkanis & Aronson，1991，2001）。其中一个原因可能是有意识的恶意谣言传播揭露了人性中丑恶的部分，体现了"人际生活中丑陋的部分"（Leary，1995，p.9）。此外，造谣的恶毒意图本身不足以支撑谣言的发展（Horowitz，2001）。一则谣言要扎根下来，必须找到肥沃的土壤并吸引某些人群的想象。换句话说，谣言在传播过程中需要服务于一个或更多的动机。或许一则谣言可以从一个有恶意的主体那里产生甚至获得短期的活跃，但是要更广泛地传播，谣言需要满足人们事实寻求、关系增强或自我提升的动机。尽管如此，我们同意应该对谣言被有所图的人使用以操纵公众情绪有更高的警惕性（DiFonzo & Bordia，出版中），尤其是在关于谣言及其影响的公共教育背景下。宣传员宣传的关于谣言使用的知识可以为人们敲响警钟，防止人们落入散布谣言者的陷阱（即人们必须学会不信任那些引发信任危机的人）。

自我提升动机激发谣言传播的第二种方式是，谣言传播会通过作用于个人的社会认同来提升个人的自尊。我们之前讨论过，群体偏好抬高内群体和贬低外群体的解释。因此，贬低外群体的谣言远比负面评价内群体的谣言更加常见。例如，在"二战"期间进行的一项实验中，克纳普（R. H. Knapp，1944）向《读者文摘》（*Reader's Digest*）杂志读者征集他们听到的谣言。在收到的 1089 则谣言中，超过六成的谣言是对某个社会群体的贬损，被归为群体敌意谣言（wedge-driving rumor），因为它们扰乱了群体间的和谐关系。

当谣言传播旨在合理化自我提升态度时，自我提升动机也起着作用。在评价谣言时，人们更偏好支持他们既有偏见的谣言。未被证明的偏见这一概念让人反感，而当谣言支持偏见的时候，偏见获得了其合理性（Van Dijk，1987，p.62）。换句话说，谣言有助于对所期望的信念结构进行"合理化建构"（justification construction；Kunda，1990，p.483）。奥尔波特和波兹曼（G.W. Allport & Postman，1947b）提出"谣言慰藉人心的同时也在进行着合理化"（p.37），意指贬低外群体的谣言在表达偏见的过程中也合理化了偏见。例如，白人之中流传的关于黑人极具攻击性和暴力倾向的谣言合理化了歧视。另一个很明显的自我提升偏差的例子，是不同群体对待同一个不确定事件会产生不同的理解，每一种解释都有利于一个群体自身。谣言中暴力行凶者的种族可能被调换，取决于谣言叙述者的种族（谣言在白人群体中传播时行凶者是黑人，在黑人群体中传播时行凶者又变成了白人；Rosnow，2001）。在伊拉克战争中，巴格达一家酒店被毁，美国的消息报道称这是由于恐怖分子策划的炸弹袭击，但当地的伊拉克人却说是美国人的导弹干的（Shanker，2004）。

谣言传播动机的情境性决定因素

通常，一种目标受到威胁的情境会激发相应动机。当人们发现自己有效应对环境的能力受到威胁时，事实寻求动机就被激发了：人们开始搜寻准确的消息。例如，当员工听说公司与竞争对手公司的并购谈判时，他们很可能会积极搜寻有关并购对于组织结构的影响的信息。类似地，当个体的自我或者内群体受到威胁时，自我提升动机被激发，人们会更倾向于听取那些能使自我感觉良好的消息。在这种情境下，相比谣言是否准确，人们更关注谣言对于自我提升的价值。还有一些时候，人或者环境的特征可能使一种特定目标（以及相应的动机）更加凸显。例如，一个对感情全情投入的年轻人就有可能在关系增强动机的驱使下，去散播一些能让自己（持续）吸引意中人的谣言。

有时候，不同的动机会同时产生影响。关系增强和自我提升动机尤其容易在同一则谣言中同时起作用。散播有关内群体的正面谣言很可能既能实现自我提升（这将提升我的自尊），也能在其他内群体成员中留下好印象（这将增强我们的关系）。类似地，贬低外群体内成员的谣言同样既能实现自我提升，又有助于提升内群体的团结和凝聚力（Kakar，2005）。然而有的时候，不同动机可能相互竞争。例如，当谣言的接收者来自外群体时，散播内群体的正面谣言也许能够实现自我提升，但是多半不能实现增强关系的目标。

想象一下，一名大学生听到这样的谣言：在明年"美国新闻与世界报道"（U.S. News & World Report）的大学排名中，他所在学校的排名将会降低。这则谣言可能制造焦虑并激发证实该信息有效性的需要（即事实寻求动机），由此被传播给一位内群体成员。不过，这则谣言会给传播者带来负面影响，因此不太可能会被传播给校外人员。然而，一则正面的谣言（明年学校排名会提升）能够提升自我，所以更有可能被传播给外群体。那么如果这则谣言是关于外群体的呢（即有竞争关系的大学排名变动）？你可能会将正面

的谣言（排名提升）传播给这所外校的朋友，因为这则谣言可以增强你们的
关系。相反，你更可能将关于外校的负面谣言（排名下降）传播给内群体成
员，因为这则谣言有利于自我提升。

为了验证以上假设，我们进行了一项实验。实验中，我们操纵了谣言
的效价（正面或负面）、对象（关于内群体或外群体的谣言）以及接收者（内
群体中的熟人与外群体中的熟人）。我们改编了卡明斯等人（Kamins et al.,
1997）设计的实验步骤，在其中增加了重要的一条：明确区分谣言的接收
者属于内群体还是外群体。谣言的内容就是前面提到的下一次"美国新闻
与世界报道"中学校排名的变化，受试者是罗切斯特理工学院（RIT）的本
科生。于是，RIT 就是实验中的内群体，而外群体是同在一个城市的另一所
学校——罗切斯特大学（UofR）。该研究采用 2（谣言效价：排名的升或降）
×2（谣言对象：关于 RIT 或 UofR 的谣言）×2（接收者：来自 RIT 或 UofR
的熟人）三因素设计。实验人员会向受试者提供一个假设的场景，即一个朋
友（来自 RIT）告诉他们："听说明年 RIT（或 UofR）在'美国新闻与世界报
道'的排名将下降（或上升）四位。"

然后，受试者想象他们碰巧遇见另一个 RIT（或者 UofR）同学（熟人）
的情况。实验人员通过两个问题询问受试者是否会向这个熟人传播谣言（即
传播的可能性）："你有可能告诉同学这个'美国新闻与世界报道'的排名变
化吗"以及"你有可能会向其他类似的熟人提到这个传闻吗"。这两个问题
条目之间相关性很强（$r = 0.90$），所以我们将二者分数合并作为对传播可能
性的测量。为了探索谣言传递意向背后的动机的作用，我们还测量了事实寻
求动机（"你在多大程度上想要知道这个消息的真伪"以及"你在多大程度
上想知道熟人是否知道这个消息的真伪"，$r = 0.53$）、关系增强动机（"如果
你告诉熟人这个消息，你觉得他对你的感受如何"以及"如果你告诉熟人这
个消息，你觉得你在他心目中的正面形象会如何变化"，$r = 0.65$），以及自我
提升动机（"你被激发说一些让自己感觉良好的话"或者"你被激发让自己

心情好一点，不让自己情绪糟糕"，$r = 0.71$）。所有评分在九点量表上进行。

　　图 3-1 ～图 3-3 呈现了事实寻求、关系增强和自我提升动机的结果。总体上，动机模式的调研结果是符合预期的。在谣言是关于内群体的负面谣言，且接收者来自内群体时，事实寻求动机最强（详见图 3-1）。在谣言是关于外群体的正面谣言，且接收者来自外群体时，关系增强动机最强（详见图 3-2）。最后，在谣言是关于内群体的正面谣言，且接收者来自外群体时，自我提升动机最强（详情见图 3-3）。动机强度随谣言效价、对象、接收者变化而变化。

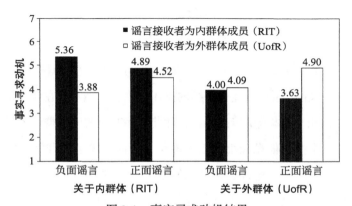

图 3-1　事实寻求动机结果

注：RIT= 罗切斯特理工学院，UofR= 罗切斯特大学。

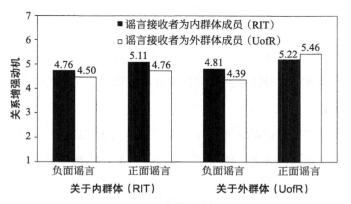

图 3-2　关系增强动机结果

注：RIT= 罗切斯特理工学院，UofR= 罗切斯特大学。

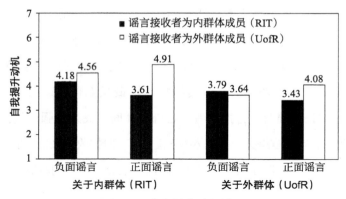

图 3-3　自我提升动机结果

注：RIT= 罗切斯特理工学院，UofR= 罗切斯特大学。

图 3-4 呈现了受试者传播谣言的可能性，其中一些数据模式很有趣。首先，关于内群体的谣言更可能传播给内群体接收者。通常，在各种条件下受试者都更倾向于向内群体成员传播谣言，除非传播的是关于外群体的正面谣言。

其次，与不愉快信息最小化效应相反，当谣言关于内群体且谣言接收者也是内群体成员时，无论谣言是正面的还是负面的，都同样可能被传播。换句话说，受试者会毫不犹豫地把负面谣言传播给内群体接收者。我们猜想这一现象背后是事实寻求动机的作用。为了检验这一猜想，我们进行了中介分析，探究在谣言是关于内群体的负面谣言时，谣言接收者（内群体或外群体）对谣言传播可能性的影响。我们预测，受试者更愿意把关于内群体的负面谣言传递给内群体接收者（相比于外群体接收者），因为他们希望了解真实情况。我们的猜想被部分证实：谣言接收者对传播谣言可能性的作用由事实寻求动机部分中介。[⊖]

再次，当谣言接收者是外群体成员时，不愉快信息最小化效应成立，也就是说，正面谣言（相比于负面谣言）更有可能被传播至外群体接收者。我

⊖　在控制了中介变量后，谣言接收者和传播可能性之间关系的标准化回归权重从 −0.57 降到了 −0.41，不过仍然显著。Sobel 检验（R. M. Baron & Kenny，1986）显示，自变量通过中介变量对因变量产生的间接效应是显著的（$Z = −0.205$；$p = 0.04$）。

们猜测这一现象背后是关系增强动机的作用：人们更多向外群体成员传播正面谣言（相比于负面谣言），希望正面谣言可以使接收者对叙述者产生好感。同样，我们检验了关系增强动机在谣言效价与向外群体成员传播可能性之间的中介效应。结果证实了我们的猜测。[⊖]

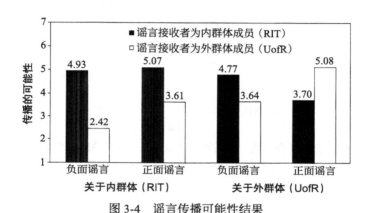

图 3-4 谣言传播可能性结果

注：RIT=罗切斯特理工学院，UofR=罗切斯特大学。

最后，我们看一看在什么情况下，动机会彼此竞争。试想这样的情境：谣言的接收者是外群体成员，这时基于自我提升动机，人们更可能传播关于内群体的正面谣言。然而，传播关于外群体的正面谣言能更好地满足关系增强动机。图 3-5 呈现了当谣言接收者是外群体成员时，传播可能性、自我提升动机和关系增强动机在这两个条件（关于外群体的正面谣言和关于内群体的正面谣言）中的均值。如图所示，自我提升和关系增强动机呈负相关。然而，传播可能性与关系增强动机呈正相关，这表明，在这一研究的背景下，关系增强动机更具影响力。为了检验这一猜想，我们进行了中介分析；关系增强动机的确中介了谣言对象（内群体或外群体）对向外群体成员传播的可

⊖ 在方程中纳入了关系增强动机之后，谣言效价对传播可能性的作用（0.31）变得不显著（0.17）。另外，Sobel 检验显示，通过中介变量产生的间接效应是显著的（$Z=2.69$；$p=0.007$）。

能性的影响作用。⊖

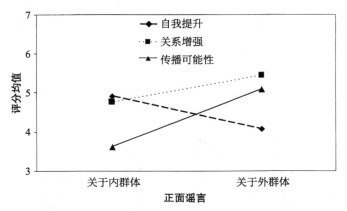

图 3-5　自我提升动机、关系增强动机以及向外群体成员传播关于内
　　　　群体或外群体的正面谣言的可能性

结论

　　谣言服务于几种目标。有时，它们是搜寻有效信息的一部分；有时，谣言互动有助于形成或增强关系；而在其他时候，谣言能够缓和自我价值的威胁感，或支撑一个贬低外群体的偏激观点。动机的强度和影响取决于一些情境性特征，包括讲述者和接收者的特点、讲述者与接收者之间的关系，以及谣言的内容，等等。在本章中，我们描述了谣言传播动机的起源，并回顾了与每种谣言动机有关的文献。我们还呈现了一些实证证据，说明这些动机在传播意图中扮演的角色。

　　我们从关于谣言的概念性和描述性问题开始探讨。在本章中，我们提供了一个理解谣言传播的动机框架。接下来，我们将转向谣言相信，探究影响人们对谣言相信程度的因素。

　　⊖　在关系增强动机被控制的情况下，谣言对象（内群体 vs 外群体）和传播可能性之间的
　　　　关系变得不显著。同时，间接效应边缘显著（Sobel 检验 $Z = 1.89$；$p = 0.057$）。

影响谣言相信的因素

2003 年，伊拉克费卢杰市（Fallujah）的两位居民阿里·卡里姆（Ali Karim）和侯赛因·阿里（Hussein Ali）十分生气。卡里姆听到一则消息："美国总统乔治·沃克·布什想让美国军队将所有当地百姓驱逐出自己的家园，让他们流离失所，强迫这些无家可归的人住帐篷。"（Slackman，2003，p.F1）不但如此，他们的家乡费卢杰市将成为一个军事基地。阿里是一家咖啡店的老板，他还听说美国计划设立一个国王来管理伊拉克。其他的费卢杰居民也听到了类似的关于美国的负面谣言，这些谣言都具有煽动性：美国士兵用夜视仪监视穆斯林妇女，还向儿童发放色情刊物。对于美国人来说，这种谣言简直荒谬，但是费卢杰居民当年对这些谣言却深信不疑。

各 种各样的谣言通常是自耳入、从口出，并且沿途在一个重要的地方停留：大脑。耳、口、大脑这三个部位非常形象地象征着谣言的"一生"经历的三个阶段（DiFonzo，Bordia，& Rosnow，1994；Rosnow，1988，1991）。在谣言产生的阶段，谣言参与者为了缓解焦虑或消除不确定感而接收谣言。在传播阶段，谣言通过社会交换而传播。这两个阶段之间是评估阶段，在这个阶段中谣言的真实性受到评估。

这个评估决定谣言的命运。如前一章所讲，人们更倾向于传播他们认为真实的信息，而非虚假的信息（Rosnow，Yost，& Esposito，1986）。从理论上讲，人们不愿分享被认为虚假的信息是源于关系增强动机：任何一个错误的信息都将给自己带来惩罚（比如别人对自己不好的印象或负面的评价）。如果谣言勾画的是一个白日梦（R. H. Knapp，1944），传播者便可能成为失望之源；如果谣言激发了人们的恐惧，传播者就成为引发过度焦虑的刺激。无论哪种方式，对提出虚假希望或发布不实警报的人来说，声誉都会受到损害。因此，关系增强动机有时候会与事实寻求动机配合，使人们渴望准确评估谣言的真实性与准确性。

尽管人们倾向于辨别真相，但众所周知，人们有时在这一方面表现得不尽如人意。人们经常相信虚假的或神话般的谣言。想想这些例子：一些伊拉克人相信美国计划在伊拉克设立国王。宝洁公司捐助撒旦教的虚假谣言导致公司每月接收到 15 000 个骚扰电话，公司被来电包围的同时还受到了抵制商品的威胁（Austin & Brumfield，1991；Blumenfeld，1991；Cato，1982；Marty，1982），很多人都相信这个谣言是真的。此外，在一个非洲裔教会成员的样本中，有超过三分之一的人相信这则谣言："艾滋病病毒是由细菌战实验室生产的，其目的是让黑人种族灭绝"；另外有三分之一的人对这则谣言表示"不确定"（"Black Beliefs"，1995，p.B1）。

概率心理模型：用线索推断真实性

　　了解人们如何相信一则貌似可信的谣言是很容易的，但是要解释为什么很多人相信那些明显难以置信的谣言就不那么容易了，这个问题值得更多探讨。从更广泛的角度说，个人如何在社会交换中判断谣言的真实性？我们在全面检索文献（如后文所述）后发现，现有文献中既没有一个明确的有关谣言相信的理论，也没有关于这个主题的综述，所以我们考察了与相信类似事物相关的文献。吉仁泽、霍夫拉格和克林布尔丁（Gigerenzer，Hoffrage & Kleinbolting，1991；cf. Day，1986）曾提出过一个相关的理论：他们提出了概率心理模型（Probabilistic Mental Models，PMM）来解释人们如何对常识性信息的置信度形成判断。置信度判断是对命题为真的概率的主观评估，在概念上类似于谣言相信的评级。

　　PMM 理论是埃贡·布伦斯维克（Egon Brunswik）提出的判断的透镜模型（lens model of judgment，1952）的一种形式。布伦斯维克的透镜模型假定人们依据线索得出判断。例如，我们判断一个人的年龄时，可以依据他脸上有无皱纹或头发的颜色这些线索。这些线索就是我们感知到事物属性（如人的年龄）的透镜。在 PMM 理论中，我们可以通过一些线索推断出语句的真实性。例如，一则关于杀虫剂效果的说服信息从一个化学家口中说出比从一个化学系学生口中说出更易令接收者信服（Rajecki，1990），这里的线索是信源的专业程度。同样，人们会对"水牛城（Buffalo）有超过一百万人口"这个说法高度确信，因为水牛城橄榄球队参与了美国国家橄榄球联盟（NFL），而 NFL 队伍所在城市人口通常超过一百万，这里的线索就是是否有一支 NFL 队伍（Gigerenzer et al.，1991）。

　　某些线索可能在一些情况下效果很好，但是在其他情况下收效甚微（Gigerenzer et al.，1991）。如果报纸的头版写着"杜威赢了"，那么人们会（错误地）推断出杜威而不是杜鲁门赢得了 1948 年美国总统选举；这里的线索是"我从报纸上读到过"。当然，报纸上写的并非都是对的；记者和民意调查专家有时也会犯错。他们出错的频率将影响使用"从报纸上读到过"这一线索得出错误推论的概率。

　　在 PMM 理论的一般框架中，如何评估谣言真实性的问题可以这样表达：接收者使用了哪些线索来判断谣言的真实性？为了回答这个问题，我们首先对与谣言相信相关的文献进行综述和元分析（meta-analyzing）。我们列出了影响谣言被人们接受程度的一些因素，然后我们解释这些因素如何成为接收者用以评估谣言真实性的线索。最后我们呈现了与经纪人访谈的结果，在访谈中我们探索了这些线索。

文献检索与元分析方法

　　我们从 20 个主要的电子学术索引中检索相关文献。由于谣言概念并无清晰界定（详见第 1 章），我们使用了如下几个搜索词来检索文献：谣言*（包括"rumor"和"rumour"两种拼法）、小道消息（grapevine）、传言（bruited about）、流言*（gossip）、传闻（hearsay）、诽谤运动*（whispering campaign）、诽谤（mudslinging）、丑闻（scanda）和闲话（scuttlebutt）（S. D. Knapp，1993，星号*表示检索该单词所有其他形式，如"rumor"还使用"rumors""rumoring"和"rumored"搜索）。所有与谣言主题有关的文章都被下载保存，每篇文章的参考文献部分也都一一做了拣选以获取更多的研究。我们检索出了超过 170 篇有关谣言的文献，其中 37 篇与谣言相信这一主题直接相关。对于报告了足够的统计信息的文章，我们通过计算积差相关系数（r）来计算人们认为影响谣言相信的因素的效应量（详见 B. Mullen，1989，第 6 章；R. Rosenthal & Rosnow，1991，第 22 章；Shadish & Haddock，1994）。从 10 项相互独立的测量了谣言相信的调查研究中，我们计算出了 18 个独立的效应量（r）[⊖]。

与态度的一致性

　　大量的描述性研究和相关性研究指出，谣言接收者会相信那些与他们当前的态度一致的谣言。这些观点对他们来说具有直观上的吸引力。如果一则谣言支持人们本来就认为正确的观点，那么人们会更加相信这则谣言。这些结论也与一系列关于态度对判断的影响的研究发现一致。例如，态度会影响与态度有关的信息的判断（Pratkanis & Greenwald，1989）。类似地，研究发现党派认同（一种态度）会影响对政治争议的评估（Lord，Lepper，& Ross，1979），一个人对克林顿－莱温斯基（Clinton-Lewinsky）丑闻事件的真实性判断能够清楚地通过其在事件发生前对克林顿的认可度预测出来（Fischle，2000）。在我们讨论这方面的研究发现之前，首先需要明确"态度"这一术语在这里的含义。

　　尽管态度这一概念被分为三个独立的部分（情感、认知和行为，详见 Rajecki，1990，第 2 章），但是态度的这几个部分并没有在谣言相关的文献中被明确区别。不过，根据语境可以看出文献中主要涉及态度的情感或认知部分。例如，第 1 章提到的"埃利诺俱乐部"谣言与反非裔美国人和反罗斯福情结以及对于地位巨变的恐惧一致，这些在本质上都是情感（G. W. Allport & Postman，1947b，p.175）。而那些认为"二战"中定量配给物资的政策

　　⊖　例如，埃格尔、安东尼和罗斯诺（Aeger，Anthony，& Rosnow，1980）曾要求受试者使用从 0（没信心）到 3（充满信心）的 4 点量表评估他们对所听到的谣言的相信程度。其他测量谣言相信的量表具有不同点数，从 2 点（如信和不信；Goggins，1979）到 11 点（如 0= 对谣言的真实性没有信心，11= 对谣言的真实性很有信心；Esposito，1986/1987；Kimmel & Keefer，1991）不等。

是不公平、不必要的人更愿意相信"二战"中关于资源浪费、特权的谣言
（F. H. Allport & Lepkin，1945）；思考是一种认知行为。情感和认知的"混
流"可能源于一致性理论（consistency theory），甚至费斯廷格（Festinger）的
认知失调（cognitive dissonance）理论的"认知"也包含了情感（Rajecki，
1990）。此外，尽管奥尔波特和波兹曼（G.W. Allport & Postman 1947b）对谣言
传播的理性背景和情绪背景做了区分，但他们仍认为这些背景无法彻底分开
（p.100）。所以，在接下来的讨论中，态度的概念主要包含认知和情感部分⊖。

描述性证据主要包括案例研究和谣言集。表 4-1 呈现了这些谣言，除此以
外，表格中还呈现了与谣言一致的态度。可能奥尔波特和波兹曼所做的对偏见
谣言的研究是最具典范性的（G.W. Allport & Postman 1947a，1947b）。他们断
言种族主义谣言盛行的背后是对种族的刻板印象和种族歧视。类似地，克纳普
推测，普遍的不方便以及政治性或偏见性的情感导致了美国二战时群体敌意谣
言（例如"美国天主教试图逃避征兵"）比例奇高（65.9%；Knapp，1944，p.24）。

表 4-1　人们相信与态度一致的谣言的描述性证据

参考文献	谣言	与谣言相一致的态度
Abalakina-Paap & Stephan（1999）	阴谋类谣言（如艾滋病是一场用来消灭少数群体的阴谋；政府储存了大量的公民个人信息；氟化饮用水对人体有害）	权威主义、失范以及无力感
G. W. Allport & Postman（1947a，1947b）	关于"黑人犯罪和不忠诚的倾向……黑人的愚蠢、易上当、懒惰……以及五花八门的黑人性侵故事"等事件的谣言	白人至上。例如"面对一个不忠诚、有犯罪倾向、愚蠢、来势汹汹并且不道德的黑人时，除了像现在这样让他们处于应在的位置，我们还能做些什么"（1947b，p.177）
G. W. Allport & Postman（1947a，1947b）	1943 年在美国南部各州盛行的"埃利诺俱乐部"①谣言。这些谣言的主题是大量非裔美国籍妇女正联合起来反对社会秩序（如"一位白人妇女离家一会儿，回家时发现她的有色女仆正坐在梳妆台上用她的梳子梳头"，1947b，p.175）	反非裔美国人、反罗斯福的情感和对地位颠倒的恐惧。"传播谣言的白人对于社会和经济的不安全感能从这些故事中得到解释或释放"（1947b，p.176）

⊖　在第 10 章中，我们为未来研究者如何有效地区分这些部分指出了可能的方向。

（续）

参考文献	谣　言	与谣言相一致的态度
G. W. Allport & Postman（1947a，1947b）	关于黑人男性与不情愿的白人妇女发生性关系事件的谣言	关于性道德的自我辩护。例如"虽然我们也有过失，但他公然犯下罪行（据谣言说），比我们严重得多，因此我们不需要为我们的小过失感到愧疚"（1947b，p.179）
G. W. Allport & Postman（1947b）	"二战"期间的群体敌意性谣言（如"犹太人在军队中得到了最轻松的工作"）	宗教和种族偏见
Ambrosini（1983）案例 1	一位住院的精神病人"在病房与一名男子发生性关系……在住院期间自杀窒息而死"（p.76）	内在攻击性和性冲突。这则谣言让病人和心理学家能够为性冲动和攻击性冲动找到合理的解释
Ambrosini（1983）案例 2	反复出现谣言称"某知名大学的临床心理学系将被解散"（p.77）	内在分离感和焦虑感。这则谣言契合新入学的研究生入学时的喜悦消散后的幻灭感和压抑感（例如"这门学科原来并不是很好"）
Ambrosini（1983）案例 3	某治疗小组的合作领导人（一位精神病学家）"急切地离开了这个小组"（p.78）	内在分离感和丧失感。这则谣言契合成员认为这个小组终会解散的信念
Festinger et al.（1948）	某位在承租人协会推进社区活动的研究员是公开的共产主义者	对该项目的反对和美国的反共产主义情绪
Hicks（1990）	警察相信并传播了撒旦教谣言，并引起恐慌	"在治疗师、医生和邪教幸存者的会议上出现……在各种专业人士之间'经过几个小时的网络传播'后产生的邪恶模型"（p.383）
Jung（1959）	有关飞碟的反复出现的谣言	自我的集体原型（archetype），男性气质-女性气质的对立，"上和下"的对立，"统一和四位一体"的对立，以及"神秘的高等世界和普通的人类世界"的对立（p.16）
Kelley（2004）	伊拉克敌对谣言	民族和政治情感（如反对美国和联盟、反对伊拉克、反对逊尼派、反对萨达姆、反对什叶派、反对土耳其人等态度）
R. H. Knapp（1944）	群体敌意性谣言	宗教和种族偏见
Knopf（1975）	20 世纪种族骚乱期间流传的谣言	种族敌对
Nkpa（1977）	尼日利亚内战（1967～1970）时期在比夫拉收集到的大规模中毒谣言	比夫拉的宗教信仰相信被毒死的人不能转世。研究者推测，这一信仰导致中毒谣言相比于其他类型的谣言比例更低

（续）

参考文献	谣　言	与谣言相一致的态度
Prasad（1950）	在印度一次严重的山崩之后收集到的谣言，包含反复出现的主题，如河流、日食和行星的消失，首都重要城镇的毁灭，天降血水，奇怪的动物以及世界末日	神话传说。例如"天降血水在《罗摩衍那》和《摩诃婆罗多》等史诗中提到过"（p.140）
M. Rosenthal（1971）	1967～1968年在密歇根州底特律市流传的种族谣言，谎称一名小男孩在商场上厕所时，被一群年轻人阉割了	种族刻板印象。当这则谣言在白人社区反复流传时，那群年轻人被认为是黑人，被害的小男孩是白人。然而在黑人社区流传时则相反[2]
Scheper-Hughes（1990）	巴西贫民区的孩子常常被美国或日本的代理商诱拐并截肢，以获得利润高昂、用于移植的人体器官	阶级冲突态度，如穷人得不到充分的医疗，穷人的孩子被用来进行不道德的"婴儿贸易"
Victor（1989）	关于危险的撒旦教声称进行仪式集会、动物祭祀、嗜血，并计划绑架一个金发碧眼的处女的谣言引起的恐慌	对社会价值观变化的不满和担心"充满危险的新影响"对孩子产生影响（p.39）

① "埃利诺俱乐部"谣言因埃莉诺·罗斯福得名，将反对罗斯福和反对非裔美国人结合起来。
② 研究中没有测量信念，但我们假定谣言的存在也显示出一些信念。比如，在白人社区没有出现有关阉割者是白人的谣言，说明人们没有采信这则谣言。

　　一些态度深植于某一群体，以至于将它们当作文化考量可能更加合适。克纳普（Knapp，1944）认为，一则广为流传的谣言必然具备符合群体文化传统这一特点。普拉萨德（Prasad，1935）指出，与当地的迷信行为一致的谣言会得到广泛传播。在后来的一项研究（1950）中，他将谣言描述为一项填图任务，而图片是用态度（大部分由文化传统组成）绘制的。最后，荣格（Jung，1959）将文化视作浇筑谣言的模子：他将谣言视作一种为预设提供证据的投射机制，这一机制通过集体无意识而世代相传。

　　关于与特定谣言有关的态度的相关性证据支持了这些观点。表4-2呈现了将谣言相信与态度关联起来的研究。其中有一项调查是弗劳德·奥尔波特和米尔顿·莱普金（Floyd H. Allport & Milton Lepkin，1945）在"二战"期间完成的。一个定量配给计划引发了商品的短缺，给市民或多或少带来了不便。政府官员尤其关注这段时期流传的群体敌意性谣言，这些谣言称商品或被浪费，或被无偿送到了显贵手中（例如，"一个政府高官有三辆汽车和一个巨大的地下储油罐，里面装满了仅供他使用的汽油"，p.5）。这些指控要不是虚假的，要不毫无依据。因此，奥尔波特和莱普金很好奇到底是什么原因让人们相信这些捏造出来的关于浪费和弄权的谣言。他们测量了很多变量，包括人们对 12 条谣言中每一条的相信程度和可能影响相信的态度因素。

　　表 4-2 中的相关关系是按相关强度递增顺序排列的，这些相关的差异很大。谣言相信与那些和谣言高度相关的态度有最强的相关。举个例子，和反对罗斯福政府的负面态度相比，不看好配给计划的负面态度与对浪费和弄权谣言的相信程度有更强的相关（F. H. Allport & Lepkin，1945）。也就是说，"配给计划不公平或不必要"的态度，与诸如"一个政府高官有三辆汽车和一个巨大的地下储油罐，里面装满了仅供他使用的汽油"的谣言高度相关。我们注意到在这个例子中，谣言相信与态度之间的皮尔逊相关为弱到中等（$r = 0.19$）。德克拉克等人（DeClerque et al.，1986）的研究中也出现了类似的由态度与谣言的相关性而导致的态度 - 谣言可信度关联增强：避孕药"对人十分有害"的态度与埃及广为流传的"口服避孕药使人虚弱"的谣言之间呈现出相似的相关（$r = 0.17$）。具有与谣言一致的态度的个体和不具有一致态度的个体相比，谣言相信评分提高的二项效应量（Binomial Effect Size Display；R. Rosenthal & Rosnow，1991，pp.280-283）为 17%——这是一个在实际中重要的效应[⊖]。

⊖　0.17 的 r 值通常被认为是弱到中等的（J. Cohen，1988）。但即使是微弱的效应量也可能指示重要的效应（R. Rosenthal & Rosnow，1991；又见 R. Rosenthal，1991，pp.132-136）。例如，阿司匹林减少心脏病发作的效应量为 $r = 0.034$（Steering Committee of the Physicians Health Study Research Group，引自 R. Rosenthal & Rosnow，1991）。虽然这个相关只能解释总变异的 0.11%，但结果具有非常重要的实际意义。每天服用一片阿司匹林相较于不服用阿司匹林的生存率提高的百分比是 3.4%（即每 100 名接受治疗者中多超过 3 人存活）。关于德克拉克的调查，$r = 0.17$ 的效应量"仅"能解释总变异的 2.89%，然而，17% 的相信程度提升绝非无关紧要。

表 4-2 人们对与态度一致的谣言的相信程度的相关性证据

谣言	态度和相信的关系	效应量[1]
"二战"期间 12 则关于浪费和特权的谣言（F. H. Allport & Lepkin, 1945）	极度生活不便或个人沮丧的态度。因食物短缺和定量配给计划感到不便的人相比于不太感到不便的人（控制后）更相信谣言	无法估计
	对国家行政机关的不满态度。对"国家政府和军队中处于领导位置者"感到不满的人相比于感到满意的人更相信谣言	$r=0.03$, $p=0.10$, $t=1.30$, $N=1956$[2]
	和战争的情感距离。有亲戚朋友在国内军队服役的人相比于亲戚朋友在国外作战的人（控制后）更相信谣言	$r=0.05$, $p=0.06$, $t=1.53$, $N=1044$[2]
	对美国同胞缺乏信任。认为"不是所有阶级和职业的美国人都像战时人们期待的那样努力工作"的人相比于不认为如此的那些人（控制后）更相信谣言	$r=0.06$, $p=0.04$, $t=1.75$, $N=948$[2]
	轻微生活不便或个人沮丧的态度。因食物短缺和定量配给计划感到不便的人相比于不太感到不便的人（控制后）更相信谣言	$r=0.11$, $p=0.0006$, $t=3.26$, $N=948$[2]
	对配给程序的不满态度。认为配给（整体上或某部分）不公平或不必要的人相比于认为它公平且必要的人（控制后）更相信谣言	$r=0.19$, $p=1.43E-6$, $t=4.68$, $N=600$[2]
一则 1980 年流传于埃及的谣言，谣言称使用口服避孕药会导致身体虚弱（DeClerque et al., 1986）	认为避孕药不可信赖的态度（相比于不持有这种态度）	$r=0.06$, $p=0.0057$, $\chi^2(1)=7.63$, $N=2120$
	认为避孕药"十分有害"的态度（相比于不持有这种态度）	$r=0.17$, $p=4.98E-15$, $\chi^2(1)=61.27$, $N=2120$
以谣言形式呈现的 13 则支持和 13 则反对苏维埃的新闻类陈述	对苏维埃的态度。立场可分为支持、中立以及反对，对苏维埃的信任度评分从反对到中立及支持群体再到支持群体逐渐上升。而反对苏维埃的谣言的平均信任评分则相反	无法估计

[1] 估计的效应量（r）基于对数据的二次分析（Rosenthal & Rosnow, 1991），测量了谣言相信程度和态度认同度两者关系的效应。所有的 p 都是关系方向的单尾检验。对于标注效应量无法估计之处，研究报告了统计上显著的结果。

[2] 奥尔波特和莱普金（Allport & Lepkin, 1945）的统计中的 N 是回复数量，而不是受试者数量，违背了观测的独立性假设。所以这里呈现的研究的结果是提示性的而非结论性的。每一个假设对应一个估计值，每个估计值通过将 N 除以 12 得到，因为每位受试者评估了 12 则谣言的平均信任程度（1945, p.22）。

这些结果显示，谣言相信与和谣言相一致的态度之间存在关联（命题1）。不过，没有一项研究提供了直接的证据证明态度导致了人们对谣言的相信，尽管几乎所有研究都暗示了这个结论。考虑到研究中描述和测量的态度似乎比谣言相信更加稳定（意味着时间上的居先），这个结论似乎是合理的。然而，谣言影响态度似乎也是合理的。这种关系假设只在德克拉克等人（DeClerque et al.，1986）的研究中提到过，他们假设埃及有关避孕药会造成身体虚弱（体力流失）的谣言引发了人们对避孕药的负面认知。

谣言信源的可信度

长期以来关于说服的研究显示，信源的可信度与态度的形成和变化相关（Hovland & Weiss，1951；Petty & Cacioppo，1981）。同样，从可信、权威、得当的信源听来的谣言（如从经理那里听到的解雇谣言），会比从不可靠、不权威、不得当的信源听来的谣言（如从退休职工那里听来的解雇谣言）更可信。事实上，这一观点得到了一些证据的支持。首先，研究人员在收集谣言时总是发现，为谣言指定一个可信的信源是典型的谣言表达方式的一部分（如 Bird，1979；Blake，McFaul，& Porter，1974；R. H. Knapp，1944）。通过收集并编码 1089 则 1942 年 9 月流传的"二战"谣言，克纳普（Knapp，1944）总结出"成功的"（生命力强的）谣言总是被指定一个权威的来源："无论一则谣言产生时多么低微，它很快就会被指定一个权威的来源，这样，谣言就会显得很真实。"（p.30）类似地，民俗学家唐纳德·奥尔波特·伯德（Donald Allport Bird，1979）从印刷资料、档案、学生问卷中得到了一个规模庞大的谣言集，并对谣言集内谣言的文体特征进行了整合和分析。他发现，谣言常常被归于出自群体中消息灵通的或地位较高的成员之口（第 2 章）。布莱克等人（Blake et al.，1974）发现的证据表明，在正常条件下（即低群体兴奋度），谣言通过加入对权威人士的引用或者指定谣言来自的媒体以获得合理性。当被问到"斧头杀手将会在俄亥俄州的一个大学里杀害几个女生"这则谣言时（p.7），94%的回答者说这则谣言来自珍妮·狄克逊（Jeane Dixon）[⊖]，51%的回答者声称这则谣言曾被报纸或电台报道（Blake et al., 1974）。

仅有的一项直接测量谣言来源的可信度和谣言相信的研究支持了这些结论。波特（Porter，1984）发现，在多米尼加，人们对关于避孕的负面谣言的相信程度与谣言传播者的可信度之间达到了中等至强相关（$r = 0.40$；pp.27，29）。综上，这些发现表明谣言来源的可信度和谣言相信之间存在关联（命题2）。

反复接收

有关说服的间接证据表明，谣言的重复次数（听到谣言的次数）与谣言相信之间也有关联。一系列实验研究了人们对重复做出的回答的信心。哈什尔、戈德斯坦和托皮诺（Hasher，Goldstein & Toppino，1977）最先开始这方面的研究。在三个不同的场合，他们要求受试者对常识问题做出正确或错误的判断，并评估他们对自己答案的信心。一些问题在三个场合中反复出现。研究者发现，人们对于对重复问题做出的回答会越来越有信心，由此得出结论"如果人们经常被告知某件事，那么人们就会相信它"（p.112）。随后的研究也再现了这种虚幻真理（illusory truth）效应（Bacon，1979；Begg，Anas，& Farinacci，1992；Boehm，1994）。如果反复面对一个真假判断问题并做出回答提高了人们对回答的信心，那么也许反复听到并评估某则谣言也会提高人们对这则谣言的相信程度。

也有直接的证据支持上述结论。温伯格等（Weinberg et al.，1980）发现大学生在听到一则关于校园袭击逃逸的谣言两到三次之后，便会倾向于传播

⊖ 我们假设在预言性陈述领域，提及自称先知的珍妮·狄克逊可以被看作引用权威，尽管事实上她的预言准确率糟糕。

这则谣言。奥尔波特和莱普金（Floyd H. Allport & Milton Lepkin，1945）发现，那些在接受调查之前便听过调查中的谣言的人，相比于之前没有听过的人会更相信这则谣言[一]。这些发现与克纳普（R. H. Knapp，1944）关于谣言对公共意见的影响的直觉相一致："一旦谣言流传开来，它们就能带动公众。不知何故，一则谣言被讲述得越多，似乎就越合理。"（p.27）换句话说，谣言被重复多次后，看起来就更可信。总之，已有证据指向了第三个命题：重复（听到谣言的次数）和谣言相信之间存在关联（命题 3）。

辟谣

　　鉴于谣言长期以来破坏士气和声誉的恶名（总结见 Bird，1979，第 1 章），毫不意外有大量研究对如何有效抑制谣言进行探索。研究者对辟谣对谣言相信的影响进行了研究，表 4-3 呈现了研究结果的效应量大小。早期的研究使用组间设计，让所有受试者接收谣言，一些受试者同时接收辟谣信息。随后研究者测量受试者对谣言的相信程度，并将接收辟谣信息和未接收辟谣信息的两组进行对比。我们自己的调查则使用了组内设计，在辟谣前后测量受试者对谣言的相信程度。研究者对八项辟谣研究[二]的结果进行了联合元分析（R. Rosenthal & Rosnow，1991，p.505），得到了一个中等强度的基于样本加权的平均效应量（$r = 0.33$）[三]。对于这个结果，我们应该持谨慎态度，因为这八项研究的效应量有较大异质性[四]，尽管鉴于辟谣来源和研究方法的异质性，效

[一]　$t(5216) = 21.5$，$P_{1-tailed} = 1.29E-98$，$r = 0.29$；见表 4-2 注②。

[二]　表 4.3 中使用的研究，不包括 F. H. 奥尔波特和莱普金（F.H. Allport & Lepkin，1945）的结果，因为他们违反了观察假设的独立性（见表 4-2 注②）。

[三]　辟谣导致的谣言相信程度降低的二项效应量（R. Rosenthal & Rosnow，1991，pp.280-283）为 33%。罗森塔尔（R. Rosenthal，1979）的"抽屉文件"分析（file drawer analysis）表明，需要存在 341 项平均效应为 0 的未发表研究，才能使总体上的 $P_{1-tailed} = 0.0003$（基于 $r_{avg.} = 3.42$）变为"刚好显著"的 $p = 0.05$ 水平。

[四]　$\chi^2(7) = 46.44$，$p = 7.19E-8$（见 R. Rosenthal & Rosnow，1991，pp.500-501）。

表 4-3 辟谣对降低谣言相信的效应

参考文献	谣言	辟谣对于降低谣言相信的效应量[①]
Jaeger et al. (1980)	几个学生在期末考试期间暴食大麻	$r = 0.28$, $p = 0.0007$, $F(1, 146) = 11.94$, $N = 148$
G.W.Allport & Postman (1947b, p.5)	"二战"中珍珠港遭袭的损失比报道的更严重	$r = 0.19$[②], $p = 0.0072$, $\chi^2(1) = 7.22$, $N = 200$
Iyer & Debevec (1991)	二手烟对不吸烟者有害	$r = 0.15$[③], $p = 0.0217$, $t(175) = 2.03$, $N = 187$
F.H.Allport & Lepkin (1945)	12 则关于浪费资源和搞特权的 "二战" 谣言	$r = 0.08$[④⑤], $p = 0.0023$, $t(1258) = 2.83$, $N = 1260$
Bordia, DiFonzo, & Travers (1998)	心理系的学生需要达到一定的筛选才能选上第二年的课程	$r = 0.56$[⑥], $p = 3.00E-9$, $F(1, 93) = 43.03$, $N = 94$
Bordia et al. (2000)	"本科生图书馆将被关闭"	$r = 0.18$[⑦], $p = 0.05$, $t(86) = 1.68$, $N = 87$
Bordia, DiFonzo, Haines, & Chaseling (2005, 研究 1, 条件 1)	"好时光" (Good Times) 计算机病毒将会重写你的硬盘	$r = 0.77$[⑧], $p = 0.0002$, $t(14) = 4.53$, $N = 15$
Bordia, DiFonzo, Haines, & Chaseling (2005, 研究 2)	"好时光" 计算机病毒将会重写你的硬盘	$r = 0.61$[⑨], $p = 4.08E-10$, $t(79) = 6.98$, $N = 80$
Bordia, DiFonzo, Haines, & Chaseling (2005, 研究 3)	"好时光" 计算机病毒将会重写你的硬盘	$r = 0.60$[⑨], $p = 4.48E-9$, $t(76) = 6.46$, $N = 77$

① 估计的效应量 (r) 源于数据的二次分析 (Rosenthal & Rosnow, 1991)，测量了辟谣对谣言相信的影响。所有的 p 值都是单尾检验结果。

② 奥尔波特和波兹曼 (G.W.Allport & Postman, 1947b) 暗示大多数受试者听到了罗斯福 1943 年 2 月 23 日的辟谣，但并未给出准确数字。我们计算了与各种可能对应的可能效应量。此处报告的效应量是可能效应量中的最小值。它们基于我们的保守估计：200 人中有 190 人听到了辟谣；更小的听到比例会令效应量 r 致更高的 r。

③ 我们计算了 3 (谣言起源) ×4 (辟谣策略) 两因素设计的 12 个区格。在每一个谣言起源水平 (消极、中立和极利益相关者) 中，低可信度反托性辟谣，低可信度煽动性辟谣、中立来源辟谣和无辟谣的对照权重分别为 -1、-1、-1 和 +3，以比较有辟谣的区格和无辟谣的区格中的平均相信程度。

④ 奥尔波特和莱普金 (Allport & Lepkin, 1945) 的统计中的 N 是回复数量，而不是受试者数量。

⑤ 基于辟谣前和辟谣后相信的信任系数 (谣言相信的综合指数) 差异。只有在研究之前听过谣言的受试者的回答纳入比较。

⑥ 基于辟谣前和辟谣后相信程度的比较，辟谣来源有四个小组条件：同学、讲师、系主任、校长。

⑦ 基于辟谣前和辟谣后相信程度的比较，辟谣来源有三个小组条件：图书馆台前工作人员、图书馆长、校长。

⑧ 基于辟谣前和辟谣后相信程度的比较，辟谣来自美国能源部运营的计算机安全小组 "计算机事件公告"。

⑨ 基于辟谣前和辟谣后相信程度的比较 (研究 2)，辟谣有四种方式，采用 2 (高/低辟谣质量) ×2 (高/低辟谣来源可信度) 设计。

应量的异质性是可以预期的。

　　需要注意的是，我们一直在整体上讨论辟谣的作用，没有考虑调节变量，而调节变量在强化或削减辟谣对谣言相信的影响方面起着重要的作用（元分析中的异质性也指向了这一点）。比如，科勒（Koller，1992）发现了辟谣方法（积极广告、否认或者不回应）和谣言的先验知识之间存在交互作用的证据。伊耶和德贝维奇（Iyer & Debevec，1991）发现温和的辟谣信息比激烈的辟谣信息更加有效。他们还发现辟谣来源的可信度与谣言的起源（积极的、中立的或消极的利益相关者）之间存在交互作用。在我们的研究中，我们发现适当（Bordia，DiFonzo，& Travers，1998）、诚实（Bordia，DiFonzo，& Schulz，2000）和高可信度（Bordia，DiFonzo，Haines，& Chaseling，2005）的辟谣来源能够增强辟谣的有效性。我们将在本书第 9 章详细回顾影响辟谣在谣言相信和其他结果方面的有效性的调节变量。总的来说，这些结果指向第四个命题，即谣言相信和辟谣的存在呈负相关（命题 4）。

其他因素

　　在文献回顾中我们也发现了一些与谣言相信有关的其他因素。基梅尔和基佛（Kimmel & Keefer，1991）报告了谣言重要性和谣言相信之间的高度相关（$r = 0.70$），他们认为重要性是谣言相信和谣言传播之间的中介变量。奥尔波特和莱普金（F. H. Allport & Lepkin，1945）报告了教育程度和谣言相信之间没有显著关联，但卡普费雷（Kapferer，1989）报告二者存在中等强度的负相关关系（$r = -0.32$）。我们现在转向关于影响谣言相信的因素的最新实证证据。

对经纪人的实地采访

为了在实地探索用于推测谣言真实性的线索，我们在费城、普林斯顿和纽约实地访谈了10位愿意接受采访的股票经纪人（DiFonzo，1994，研究2）。我们选择受试者的方式是熟人介绍和滚雪球抽样（询问受试者是否认识其他愿意接受采访的经纪人）。受试者集中在几家投资公司，大多具有 8～12 年的工作经验。我们使用关键事件技术（critical incident technique；Flanagan，1954）来询问受试者已获得的真实的谣言案例：受试者被问道"回忆一则你听过的谣言，它与证券有关并且对你来说很重要"以及"谣言来自何处"。为了评估谣言相信，我们询问受试者："满分是 10 分，0 意味着'不相信'，10 意味着'完全相信'，当你第一次听到这则谣言时，你有多相信这则谣言？"为了探究在判断相信程度的过程中会使用哪些线索，我们询问受试者："你是怎样做出判断的？"为了评估重复线索，我们询问受试者："你从多少个独立信源听到这则谣言？"为了评估来源可信度线索，我们请受试者识别出谣言的来源。为了评估谣言来源线索的有效性，我们询问受试者："一般来说，你从（谣言来源）听到的谣言中，真实的谣言比例是多少？"一共有 18 则不同的谣言被提及，如表 4-4 所示。虽然收购谣言占据了很大的部分，但这个谣言集合涉及广泛的内容领域（如人员变动、作物种植模式和掩盖企图）。大多数谣言都是最近兴起的，64% 的谣言在访谈前 8 个月内才开始流传。经纪人也被问到谣言是否已被证明为真，18 个谣言近似等分成了三类：真实（$n = 8$）、虚假（$n = 5$）或不确定（$n = 5$）。

这些谣言使用的线索可以分为七种不同的类别，其中三种与我们的命题相匹配。第一，经纪人使用了"与听者态度一致"线索。例如，"时任美国总统克林顿想让美元贬值（相对于日元），以减少美日之间的贸易逆差"这一谣言尽管被公认为"激进"和"极端"，但一名经纪人推断它可能是真的，因为这则谣言正好切中经纪人认为政府喜欢采取简单粗暴的方法解决困难问题的态度。

表 4-4　经纪人现场访谈中讨论的谣言和推断可信度的线索

谣言序号①	谣言	线索	谣言来源	来源线索有效性	来源数量	相信程度②
1.1	X公司的经理乘飞机去某地处理一个重要问题	1. 符合经验：过去发生过这位经理外出处理重要问题的情况 2. 来源可信③：谣言来源不会因散播该谣言获利，来源可靠，并且了解内情	了解内情的熟人	1. 来源了解内情时，来源线索有效性为95% 2. 来源不了解内情时，来源线索有效性为65%	1	9
1.2	大公司X将收购小公司的产品p	来源可信③：谣言来源不会散播该谣言获利	公司上市前的公司投资人	"很小的比例"④	1	2
1.3	X公司将获得新合同	股价变化与谣言内容相符	忘记了准确来源	忘记了	<5	9
2.1	X公司在"炒书"（使用不合法的会计步骤）	分析者认为谣言是假的	忘记了	忘记了	1	3～4.5
2.2	约翰·斯卡利（John Sculley）将离开光谱科技（Spectrum Technologies）	对来源不信任③（认为采夫曼"不胜任"）	CNN记者丹·采夫曼（Dan Dorfman）	20%～30%	1	2～3
3.1	文斯·福斯特（Vince Foster）的自杀地点与官方公布的报告中所述的不同（对白宫工作人员有不利影响）	白宫工作人员参与杀人的说法不可信	经济类通讯社《约翰逊-斯米克报道》（Johnson-Smick Report）	75%	3（以及很多相关故事）	一开始2～3，后来升到5
3.2	大型制造公司X损失了25亿美元	符合经验：与公司相关的贸易易行为变得不同寻常，使谣言看起来十分可信	贸易商，之后新闻媒体	20%	10	9
4.1	日本银行破产了并正在出售资产。财务部在帮助他们度过危机。克林顿让日元升值来扭转明显的贸易逆差	1. 符合经验："这解释了我知道的特殊事件"（如为什么日元汇率这么高） 2. 与认为克林顿政府通常采取政治上简单的方案解决问题的态度契合（政府想要采取"低劣、简单的出路"）	其他的市场参与者	30%～40%	3～4	一开始3～4，升至7～8

（续）

谣言序号①	谣言	线索	谣言来源	来源线索有效性	来源数量	相信程度②
4.2	未来会有大规模的玉米种植，超过大豆种植	1. 与克林顿政府的政策相吻合 2. 有"其他理由"，使这则谣言貌似可信	另一个贸易商	不知道	1	一开始1~2，升至5
5.1	Checkers连锁快餐店将被百事可乐公司收购	符合经验：合并的产业股价更高	另一个经纪人	50%	2	4
5.2	巴尔的摩银行股份有限公司将被收购	1. 符合趋势：超区域性商业银行正在收购小银行 2. 看到更多的内部交易 3. 看到价格的上升 4. 财务报告显露出了合并的迹象	另一个经纪人	50%	2	5~6
5.3	南方银行（Bank South）将被收购	符合趋势：超区域性商业银行正在收购小银行	一个证券经理	10%~15%	4~5	5~6
6.1	德国储蓄银行将被接管	对来源不信任③但是符合趋势：超区域性商业银行正在收购小银行	"小道消息"（经纪人、委托人）	2%	1~3	1~2
6.2	巴尔的摩银行股份有限公司将被接管	1. 对来源不信任③ 2. 财务报告显露出了合并的迹象 3. 符合趋势：超区域性商业银行正在收购小银行	"小道消息"（经纪人、委托人）	2%	>2	3~4
7.1	约翰·斯卡利将成为光谱科技的CEO	"对于熟悉苹果公司和光谱科技的人来说似乎是可能的"	忘记了	25%	1~2	5
7.2	每购买一股圣乔公司（St. Joe's Paper Co.）的股票，你将得到佛罗里达州400平方米的土地	知道一些内情，使谣言看起来似乎是真实的	经济通讯《迪克·戴维斯文摘》(Dick Davis Digest)	33%~40%	1	8~9

序号	谣言内容	线索	信源	相信程度		
8.1	联邦政府将依据反垄断法禁止美国电话电报公司（AT&T）与麦克考移动电话公司（McCaw Cellular）合并	不符合经验（即克林顿经济法令）	分析家和证券投资经理	<10%	4～5 个经纪人和几个分析家	1
9.1	当预期 X 公司的每股收益仅为 1 美分时，实际每股收益为 6 美分	1. 频率：9 个经纪人的证言　2. 符合经验：近期并购两家公司产生收益　3. 可靠的信源③	几家经纪业公司	50%	2	8.5
10.1	有意不在意谣言，也不与他人交换谣言，因为谣言不可信			50%		

① 谣言序号由经纪人序号和每个经纪人讲述的谣言的序号两部分构成（如 5.2 即 5 号经纪人提供的第 2 则谣言）。

② 谣言相信程度在从 1（不相信）到 10（完全相信）的 10 点量表上进行评定。

③ 表示使用了信源可信度线索的六个案例之一。

④ 由线索有效性和相信程度之间的 r（见正文）估计得出 15%。

第二，经纪人将谣言来源的可信度作为推断真实性的线索。一名经纪人认为谣言来源可靠，因为"他（谣言来源）与谣言涉及的公司的老板走得很近"。大多数谣言来源于地位不高的市场参与者的口碑。毫不意外，出版物信源如《迪克·戴维斯文摘》《约翰逊–斯米克报告》和"华尔街见闻"专栏，普遍被认为比非出版信源的可信度更高。在 6 个案例中经纪人使用了来源可信度线索；在如此小的样本量下，线索有效性和相信程度之间的皮尔逊相关系数只能视为具有提示性，但它的数值却非常大（$r = 0.88$）。[⊖]

第三，有一些逸事性证据能证明接收谣言的频率和谣言相信之间存在关联。一名投资者起初不相信白宫参与了前官员文斯·福斯特自杀这一虚假谣言，但在听了很多次之后，他采取了观望态度。类似地，来源数量和相信程度之间有中等强度的皮尔逊相关，但与零没有显著差异（$r = 0.24$）。[⊜]

第四，一名经纪人将是否利益相关视作判断准确性的线索。如果给予提示的人能从谣言的传播中获益，那么提示就是可疑的；无利益相关的谣言来源被认为更加可靠。

第五，"符合经验"的谣言往往被认为是真实的。这里"经验"可能是谣言中反映出的大趋势。具体谣言中包含的大趋势包括：超区域性商业银行正在收购小银行、快餐业正在合并、克林顿的经济政策有利于通信行业的发展、收购较小的公司能增加收入，以及当 X 公司的总裁飞往问题现场时，问题得到了解决。"经验"也可以指谣言尝试解释的不寻常或难以解释的事件形态。这种难以解释的事件形态包括与一家大型工业公司相关的贸易行为变得不同寻常，以及日元的异常高估值。

第六，经纪人使用与最新数据的一致性（在这里即一致的股价变化）作为线索来推断真实性。一名经纪人说："X 公司获得一份利润丰厚的合同这

⊖ $P_{1-\text{tailed}} = 0.01$，$n = 6$。

⊜ $P_{1-\text{tailed}} = 0.17$，$n = 18$。

则谣言一定是真的，因为股价一直在上涨。"其他经纪人通常在听到谣言后，通过监测股价变化来判断谣言的真实性。

第七，经纪人使用专家共识来推断谣言的真实性。谣言"激发了研究"，使一位经纪人"与熟悉苹果公司和光谱科技的人交谈"，并推动他"给同事打电话询问他们的想法"，分析师的观点受到高度重视。

最后，我们需要注意那些会随时间推移而发生变化的线索造成的影响。虽然从理论上讲，所有的线索都会随着时间推移而发生变化，但重复线索或一致的股价变化线索似乎是变化最快的。谣言可能会在一个交易周期中反复出现，股价显然是会变化的。在某些情况下，判断也会受这些线索的影响而改变。

总结

总体来看，从文献和我们对经纪人的访谈中可以看出，人们对谣言的相信取决于：①与接收者的态度一致（特别是与谣言高度相关的态度）；②来自可靠的来源；③接收者多次听说；④没有被辟谣。与这些命题相关的线索包括：谣言有多符合接收者的态度？感知到的信源可信度有多高？接收者是否经常听到该谣言？接收者是否没有听到辟谣信息？这些线索都能使人们更倾向于接受谣言。此外，我们也提到了其他一些线索，包括：⑤辟谣来源不会从辟谣中获益；⑥谣言符合经验；⑦谣言与最新数据一致；⑧谣言与专家共识一致。总之，这些结果解释了谣言的评估过程，并与概率心理模型框架相一致。潜在的相信者除了从街上听到谣言外，也会听取线索，以此作为指导进行评估。

在本章中，我们通过判断的透镜模型来探索与谣言相信有关的因素。在下一章，我们将使用社会认知模型来探讨群体如何利用谣言进行意义建构。

Rumor
Psychology

第5章

谣言的意义建构

1991年年中，有谣言称美国互联网服务提供商奇迹公司（Prodigy）可能正在盗取其用户电脑硬盘中的信息。当年5月初，有人将下面这条信息发到一个线上的讨论组："我听说奇迹公司的用户在登录互联网时，他们的硬盘信息会被盗取……有人听说过这个吗？"在接下去的一周里，讨论组成员讨论了谣言的可信程度，分享了个人的经验和信息（包括美国有线电视新闻网（CNN）和《华尔街日报》上的媒体报道；M. W. Miller，1991），表达了对谣言的相信和怀疑，还分析了奇迹公司可能用于获取硬盘信息的技术细节。这个小组讨论生动地展现了谣言的出现和传播过程中伴随的意义建构。

谣言至少在个人和集体两个层面上帮助人们理解世界。个人层面的意义建构包括人们在自己的思维中如何理解世界，与个人认知有很大关联。集体层面的意义建构与人们如何通过与他人的互动理解世界有关，更与群体中的相互影响过程有关。在这一章我们将探讨这两个层面上的谣言意义建构。为了将谣言与个人意义建构联系起来，我们探索了谣言与解释理论（explanation theory）、因果归因（causal attribution）、虚假关联（illusory association）以及预测之间的关联。为了把谣言与集体意义建构联系起来，我们思考谣言讨论的内容、功能和流动。

谣言和个体意义建构

个体利用谣言建构意义。在这一节中，我们将通过讨论谣言如何影响解释过程（特别是因果归因）来探讨这个观点；我们还将探讨这些影响对特定类型的决策和行为的意义。谣言让事件得到关注，阐述最初的解释，激活人们解释事件的知识结构，促使人们对解释进行检验。在这些过程中，稳定性归因产生着很大的影响。因此，谣言经常指向虚假的关联，使预测出现系统性偏差（systematic bias）。

谣言和解释过程

安德森、克鲁尔和维纳（Anderson, Krull, & Weine, 1996；也见 Krull & Anderson, 1997）提出了一个关于解释的模型，模型中整合了大量无疑受到谣言影响的认知过程。在这个模型中，事件（event）指人们寻求理解和预测的事或特征。在最初的阶段，事件必须得到人们的关注和理解，人们给出一个最初的解释。这个阶段涉及的认知过程是相对自动化的。一个人要先注意到事件和它可能的原因，这些原因能否被人们注意到将影响它们被采纳为对该事件的解释的可能性。影响注意的因素包括新颖性、视觉主导性、与个体目标的相关性，以及对特定事物范畴短期或长期的激活（Hilton & Slugoski，1986）。事件在得到注意之后进而得到理解。事件本身和先前预期（例如刻板印象、启动效应，以及情境线索）都是影响理解的因素。如果这些活动能够提供一个初步的解释，那么它们便是成功的。在有动机、不受时间和认知资源限制的条件下，人们还会付出更多努力，进行反复检验，并选择一个最终的解释。

在安德森等人（Anderson et al.，1996）提出的解释理论中，每一个阶段都被知识结构（knowledge structure）的激活所引导。知识结构是物体、事件和概念的心理表征（mental representation），例如类别表征、脚本、程序、情节记忆和对具体人物的理解。在概念上，知识结构近似于"解释内核"（explanation kernels；Abelson & Lalljee，1988）、"认知结构"（cognitive structures；Sedikides & Skowronski，1991）、"因果心理模型"（causal mental models；Jungermann & Thiiring，1993）和"因果图式"（causal schemas；H. H. Kelley，1973）。在被调用完成解释任务（例如注意到并理解一个事件，然后评估并选择一个解释）之前，知识结构必须先被激活。知识结构的激活取决于其本身的凸显性（salience）、易得性（availability）、可及性（accessibility）或相似性（similarity）（Anderson & Slusher，1986，p.272）。知识结构的变化会改变解释任务所产生的结果，指向认知结构激活定律（law of cognitive structure activation）：模糊的刺激会被编码为与最凸显的知识结构一致，进而影响人们相关的判断和行为（Sedikides & Skowronski，1991）。

谣言在以下几个关键时刻会影响这一解释过程。第一，谣言使人们注意到事件的发生。大陆银行（Continental Bank）因给欠发达国家发放大量贷款而即将破产的虚假谣言，让人们知道了它背负的大量债务。第二，谣言为被注意到的事件提供一个最初的解释。"热带幻想"饮料含有让黑人男性不育的物质的虚假谣言，能解释为什么苏打水在少数民族聚居区更畅销（Freedman，1991）。谣言常常同时发挥上述两种作用。宝洁公司为撒旦教捐款的虚假谣言，让人们注意到宝洁公司当时的商标上有关于神的部分，并促使人们将那一部分理解为与撒旦有关（Marty，1982）。第三，谣言激活指导进一步信息搜索的知识结构。例如，公司利润即将遭受损失的谣言会导致人们密切关注第二天的股价变动（DiFonzo & Bordia，1997，2002b）。第四，谣言经常传递引发焦虑的信息，这些信息促使人们延长对信息的检验时间。人们在电子公告讨论组中提出、评价和争论关于奇迹公司"为市场营销而窃取用户硬盘信息"的谣言。很明显，是焦虑推动了那么多天的讨论（Bordia & Rosnow，1998）。如上所述，谣言会在多个阶段对解释过程产生极大影响。

在每个阶段，谣言通告信息，或激活知识结构，影响整个解释过程的进程。在解释过程中，与谣言密切相关的一个核心知识结构是因果归因。

谣言和稳定因果归因

谣言能帮助人们理解世界，因为它们经常含有现成的对事件的稳定因果归因。一些因果归因源于可以从知识结构中获得的现成解释，包括为什么某人掌掴另一个人，或解释非人为事件（跳跳糖在"小米奇"⊖的胃里爆炸）。换句话说，因果归因是关于事件为什么发生的解释。⊜在这部分讨论中，"解释"（explanation）这个词与归因（attribution）同义。

⊖　"小米奇"是 20 世纪 70 年代美国广为流传的麦片广告的主角，有谣言称"小米奇"的扮演者因同时吃跳跳糖、喝苏打水而死。——译者注

⊜　尽管归因理论家传统上关注人们如何解释他们自己或他人的行动（B. Harris & Harvey，1981；Heider，1958；Jones & Davis，1965），但归因理论关注的焦点已扩大到包含一般的因果关系（E. R. Smith，1994；cf. Antaki & Fielding，1981）。

有一个问题得到了研究者的关注：人们是否进行需要努力的因果分析以得出解释？这样做的频率如何？（Fiske & Taylor，1991；E. R. Smith，1994）解释过程进展的不同取决于人们是否具备相关特定领域的知识（Hilton & Slugoski，1986）。先前知识可能会自动产生解释，并指示进一步的信息搜索（Trope & Thompson，1997），或者提出一些解释以供检验（Anderson et al.，1996；Hilton & Slugoski，1986）。如果没有先前知识，那么人们会使用简单因果规则（例如 H. H. Kelley，1973 的方差分析模型；参见 Einhorn & Hogarth，1986）。然而，还有另一种受到较少关注的替代方式，即简单采纳一个在社会环境中现有的解释。他们之所以会想到这种解释，是因为这种解释预先存在。如费斯克和泰勒（Fiske & Taylor，1991）所指出的："尽管可能有人认为，社会接触在归因搜索中是寻求填补缺失信息的手段……但很明显，有时候人的动机仅仅是要从其他更了解情况的人那里获得现成的因果解释。"我们认为，谣言就是归因过程中典型的现成解释。

很多谣言都是明显的因果归因，它们解释了为什么事件会发生。例如，"我听说曼尼被开除了，因为他在流水线上工作速度太快了，让我们其他人看起来很差劲。"我们再来看一个解释非人事件的案例："固特异轮胎公司的股票在今天狂跌，我听说是因为它的收益减少了。"这些谣言为发生的现象提供了解释。当然，也有一些谣言并没有提供解释，它们仅仅提供了信息："我听说 X 经理辞职了，工厂将会倒闭，奇迹公司入侵用户的硬盘，迈克尔·乔丹将重返球场，'热带幻想'饮料会让黑人男性不育。"然而这些信息陈述仍具有解释性的味道，因为它们在被建构的过程中会指向因果归因，或者它们表达了个人感受（Festinger，1957）。前者的一个例子是，谣言"我听说 X 经理辞职了"会被迅速回应以"真的吗？真有趣！我想知道为什么。也许他想自己创业"。这则谣言会迅速演变成一个因果解释："X 经理辞职是因为他要自己创业。"一个用谣言解释个人感受的例子是："我感到非常焦虑和不安（这些感受是未被陈述的），那一定是因为奇迹公司正在入侵我的硬盘！"

类似地，正如我们在第 4 章提出的，种族谣言可以解释被威胁的感受："我感到受到了威胁，那一定是因为'一个（外群体）男子在商场厕所里将一个（内群体）男孩阉割了，并将他留在血泊之中'。"（M. Rosenthal，1971）这些谣言并不新颖（虽然在这里它们得到了更充分的阐述）。奥尔波特和波兹曼（G.W. Allport & Postman，1947b）指出，谣言包含着因果归因："在一般的谣言中，我们发现一个明显的规律：人们倾向于为事件赋予原因，为人物赋予动机，为发生的事情赋予意义。"（p.121）

因果归因的一个重要方面是对事件原因稳定性的判断（Anderson et al.，1996；Weiner，1985）。稳定的原因（如人的性格）是相对固定的；不稳定的原因（如偶然的机会）则是比较暂时的。例如，一系列有关抑郁的研究发现，抑郁者与非抑郁者之间的归因存在显著差异（Seligman，Abramson，Semmel，& von Baeyer，1979）。在面对失败事件时，进行稳定归因（"我的期中考试成绩只有 D 等，因为我很笨"）是抑郁和悲观解释风格的一部分；而进行不稳定归因（"我的期中考试成绩只有 D 等，因为我没有复习"）是积极解释风格的一部分（Struthers，Menec，Schonwetter，& Perry，1996）。

我们推测，谣言所传达的大多数因果归因都具有稳定的特点。谣言包含稳定的因果归因这一观点由海德（Heider，1958）最先推断得出，他观察到人们更喜欢稳定的因果解释，因为他们希望所认知的世界是可理解、可预测的。如我们在第 1 章中所讨论的，谣言满足了这种对可理解性和可预测性的需求。我们推论，如果谣言不具有稳定的因果归因，它就不能很成功地增强可理解性和可预测性。此外，各种调查中收集的大量谣言表明，谣言中包含的因果解释大多数是稳定的（如特质性的、无法改变的），而非不稳定的（如随机的、偶然的）。在白人中流传的种族谣言里有一种观念，说非裔美国人性欲旺盛，攻击性强（G. W. Allport & Postman，1947b），这些都是稳定的特征。关于政府的谣言（如"二战"期间政府官员可以获得更多定量供应商品）中，事件的发生是因为（稳定的）负面特质，比如贪婪（F. H.

Allport & Lepkin，1945）。公司因为（稳定的）利润下降而裁员（DiFonzo & Bordia，1998），公司因为对自主权的（稳定的）渴望而更换 CEO（DiFonzo，Bordia，& Rosnow，1994），以及互联网服务供应商因为（稳定的）企业营销激励机制和（稳定的）贪婪而非法侵入用户的硬盘（Bordia，DiFonzo，& Chang，1999；Bordia & Rosnow，1998），这些谣言都是我们的研究中具有代表性的例子。我们很难想到谣言中的不稳定归因。即使是关于帮派暴力的随意行为的谣言也包含着稳定的特质性归因，即帮派成员都是邪恶的（Vigoda，1993）。

实验证据也支持这个观点（DiFonzo & Bordia，1997，2002b）：第 2 章提到的计算机模拟股市游戏中，谣言并不能预测每日的股价变动，但"投资者"们仍将股价变动归因于这些谣言。例如，人们认为"固特异轮胎公司收益增长"的谣言是谣言出现当天和隔天股价上涨的原因，这个原因是稳定的，至少可以持续两天。在第 4 章中描述的对股票经纪人的访谈研究也支持这个观点。经纪人一致认为，现实中股市传闻的效应会持续两到三天（DiFonzo，1994，研究 2）。换句话讲，现实中的经纪人会判断谣言导致股价变动，不仅是谣言出现当天的股价变动，还包括接下去两天的股价变动。因此，或许大部分谣言中都带有稳定的因果归因。

稳定的因果归因还牵涉了一些系统性判断偏差。我们将探讨其中的两个：虚假关联（illusory association）和反回归预测（antiregressive prediction）。

谣言和虚假关联

稳定的因果归因会产生虚假关联：错误地判断两个特征之间有关联（Jennings，Amabile，& Ross，1982）。本科生和临床医生在观看了随机配对的人物画（由"心理诊断"对象所画）和心理诊断后，认为（在画中）对眼睛的突出强调与妄想症有关。然而，即使妄想症诊断和图片里大的或凸显的眼睛之间确实不存在相关性，人们依然会认为两者是相关的（Chapman &

Chapman，1969）。那么，为什么受试者会将这两者联系起来？因为稳定的
因果归因引导受试者将变量相互关联——画大眼睛是因为妄想症患者对被关
注十分敏感。稳定性归因会误导人们发现可能并不存在的关联。

　　类似地，谣言让人们看到并不存在的关联，也就是说，很多谣言中带
有的稳定因果归因会指向虚假关联。例如，长时间以来，谣言都与种族刻
板印象的形成和维持有关（G. W. Allport & Postman，1947b；R. H. Knapp，
1944；Knopf，1975；P. A. Turner，1993）。带有稳定的种族特征因果归因的
谣言支持了这些虚假的关联。孩子们听到各种此类谣言，如 "我听说黑人约
翰尼偷了一辆车"（因为黑人爱偷东西）或者 "我听说白人警官因为一件小事
用警棍打他"（因为白人很残暴），这些谣言将非裔美国人和盗窃，以及欧洲
裔美国人和攻击性联系起来。实验结果支持这一观点。前面所述的股市模拟
游戏的 "投资者" 遇到的价格变动与谣言不相关，但他们仍认为价格变动与
谣言有关（DiFonzo & Bordia，2002b）。投资者感知到的关联其实是并不存
在的。

谣言和反回归预测

　　稳定的因果归因在对类别的预测（如一个人是工程师还是律师）和对连
续事件的预测（如 X 足球队有多大可能赢得他们的下一场比赛）中会引起系
统性偏差。在这些预测情境中，人们往往依靠因果信息而忽视更具预测力的
基本比率信息（base-rate information；Ajzen，1977）。基本比率信息通常指
在可能出现的事件的总体中出现特定结果的比例。例如，在一项实验中，研
究者声称从一个 70% 是律师、30% 是工程师的总体中随机抽取一个人，并
向受试者呈现抽取的人名。控制组会倾向于使用工程师的基本概率——30%
来预测这个人是工程师的可能性有多大。然而，当以 "人物速写" 的形式向
受试者提供更多因果信息（如 "他追求秩序、清晰和干净整洁"；Kahneman
& Tversky，1973，p.238）时，受试者就会放弃基本比率，而依靠人物速写

来预测那个人是个工程师。他们认为，追求秩序这一稳定的特质性原因与成为工程师的愿望相契合，因此他们预测那个人更有可能是一个工程师。

因果归因的影响还体现在对连续事件的预测上（Kahneman & Tversky，1982；Matthews & Sanders，1984）。若最近发生的一系列事件存在一个稳定原因（如股价持续降低是因为管理不善），人们会倾向于认为系列事件中的下一个事件将反映最近的趋势（持续减少），而不是过去结果中的基本比率信息，后者往往更具预测力。近期的趋势持续下去当然不是向先前事件集中趋势的回归，因而这种预测被称为非回归性预测或反回归预测。例如，在一项研究中，研究者向受试者呈现足球比赛长期以来的平均获胜比例（如50%），以及一支足球队最近的一系列比赛结果——输一场然后连赢五场。受试者会倾向于预测这支足球队在下一场比赛继续获胜，大概是因为他们最近的胜利背后有一个稳定的原因（如足球队人才济济，或者足球队状态火热；Gilovich，Vallone，& Tversky，1985）。然而，50% 的基本比率实际上更具预测力。

类似地，谣言中的稳定因果归因会导致反回归预测。关于谣言对股票交易影响总水平的研究表明，谣言是造成股票价格产生偏离随机性的非回归现象的原因（Lazar，1973；Pound & Zeckhauser，1990；Rose，1951）。简单地说，谣言以一种非回归性的方式影响股票价格的变动。个体水平的实验研究也支持这个观点。一听到"固特异公司收益将会上升"的谣言，投资者就预测第二天它的股价会上升，并且放弃了更有预测力的关于第二天价格变动的基本比率信息（DiFonzo & Bordia，1997，2002b）。在前面介绍的股票模拟研究中，投资者在股票交易时只抓住了谣言中的因果关系信息，而忽视了更有效的基本比率信息。尽管他们评定谣言不可信、不可靠甚至令人难以置信，但他们还是那样做了。换句话说，谣言即使不被相信或肯定，也能影响交易，它们只需要有意义就可以了。因此，相比于没有听说过谣言的投资者，听信谣言的投资者采取的交易策略获得的收益更低。如果股市价格变化确实是不可预测的（Fama，Fisher，Jensen，& Roll，1969；Malkiel，1985），那么听信谣言将不利于个人投资。

谣言和集体意义建构

群体也会利用谣言建构集体意义。在这一节中，我们将通过研究网络谣言讨论的内容、功能和流动来探究这个想法。一般来说，我们可以从此类谣言中了解很多有关谣言讨论的信息（Fisher，1998）。我们向你展示，这些谣言讨论具有很丰富的内容，其中包含各种陈述，这些陈述大多数与意义建构有关。为了实现意义建构所必需的功能，人们在谣言讨论中往往扮演一些临时性的角色（transient roles），并且谣言情节一般会经历一个多阶段群体意义建构的过程，这个过程围绕对谣言真实性和准确性的评估展开。

在这一节中，我们将重点讨论我们对互联网上 14 个谣言讨论进行的定量内容分析（Bordia & DiFonzo，2004；Bordia & Rosnow，1998）。在这项研究中，我们搜索了计算机网络中的讨论存档，并观察实际进行的网络讨论组，从而收集了一些谣言互动情节（rumor interaction episodes，RIE）。每一个谣言讨论包括至少五篇帖子，在不少于两天的时间内流传，反映出参与者的认真和急切。谣言涉及各个领域，包括健康领域（"布洛芬会增加对噬肉病菌的易感性""带有天花病毒的毯子被分发给印第安人"）、信息技术领域（"一则电子邮件信息正在传播名为'好时光'的病毒""Windows 95 将包含某些特定功能""奇迹公司入侵用户的硬盘"）、阴谋论（"共和党与航天飞机爆炸事件有关"），以及体育领域（"迈克尔·乔丹回归职业篮球联盟"；Bordia & DiFonzo，2004，p.38）。

谣言讨论陈述的内容

谣言讨论由什么类型的陈述构成？在一个典型的谣言情境中，它们的相对普遍率是怎样的？为了回答这些问题，我们和同事一起开发了一个编码系统——谣言互动分析系统（Rumor Interaction Analysis System，RIAS；Bordia & DiFonzo，2004；Bordia & Rosnow，1998），用以对样本中的每一个 RIE 进行内容分析。我们先根据惠伦、威尔第和麦基奇（Wheelan，Verdi & McKeage，1994）提供的指导方法将谣言讨论文本解析为思想单位。解析得到的陈述通常采取的形式是简单的句子，如"我不确定这是不是真的""那件事发生在 1968 年""我希望这种情况出现"。解析过程的信度由一位独立的裁判进行评估，结果显示具有很高的信度（一致性为 93.07%）。RIAS 的开发以将谣言视作集体问题解决过程的概念化（如第 1 章所述）作为指导。这种概念化即在模糊情境下，谣言是群体的初步假设，用来建构意义、管理威胁、重获预测性或解释性的控制感，它们是临时的新闻。这种偏向社会学的视角强调了谣言的集体意义建构功能。

我们识别出 14 个类型的陈述：审慎（prudent）、忧虑（apprehensive）、认证（authenticating）、疑问（interrogatory）、信息提供（providing-information）、相信（belief）、怀疑（disbelief）、意义建构（sense making）、指导（directive）、讽刺（sarcastic）、愿望（wish）、个人卷入（personal-involvement）、离题（digressive）和不可编码（uncodable）。表 5-1 呈现了 RIAS 以及每一种陈述类型的总体比例。如表 5-1 所示，这些谣言讨论大体上由间接或直接对群体有用的陈述组成，有助于群体为自己所处的情境建构意义。事实上，最常见的陈述类型便是意义建构（29.4%）。通过意义建构，谣言讨论参与者试图直接解决谣言是否为真的问题。换句话说，谣言讨论者提供多种陈述来解释、分析和推断。此外，剩余的大多数陈述与意义建构间接相关。参与者提供信息、提出问题、验证凭证和信息的真实性、分享相关的个人经验、表达相信和怀疑以及试图说服其他人。所有这些活动都支持意义建构这一集体目标。因此，这些多样的互联网谣言讨论的内容是丰富的社会性意义建构相互作用，包含着假设、观点、意见、建议、论据和情绪的交流。

表 5-1 谣言互动分析系统得到的陈述类型和 14 个谣言互动情节中中每种陈述类型所占百分比①

陈述类型	定义	示例	百分比（%）②
审慎	界定接下来要说的是"传闻"的警告性陈述	"我不确定这是不是真的" "这可能是真的，也可能是假的"	3.5
忧虑	表达与谣言相关的恐惧、害怕、焦虑、忧虑，或者"受到威胁"的感觉的陈述	"我只是稍微思考一下关于奇迹公司的事，就吓到了自己"	2.8
认证	表达说话者想要为他／她说的话增加可信度的意图的陈述	"我是在华尔街日报上看到的" "我作为一个程序员……"	4.8
疑问	寻求信息（不包括讽刺的评论或试图说服的意图）的问题	"这个 stage.dat 文件的作用是什么？"	2.9
提供信息	提供与谣言有关的信息的陈述	"那发生在 1968 年"	16.7
相信	表达相信谣言的陈述	"那是真的"	2.2
怀疑	表示怀疑谣言的陈述	"那太牵强了"	3.8
意义建构	反映出解决谣言是否为真这一问题的意图的陈述，即分析、反驳、争论或者根据别人说过的话进行推断，为自己的观点、行为和信念辩护，以及啇决策规则和启发法	"会发生的是……" "我认为它运作的方式是……"	29.4
指导	对行为给出建议的陈述	"我们应该停止使用这个产品" "这个讨论已经持续太久了，我们讨论下一个问题吧"	2.7
讽刺	嘲讽他人的信念或观点的陈述	"下次请写你真正了解的事"	3.4
愿望	传达对渴望的事物或结果的希望或愿望的陈述	"我希望这件事会发生"	0.7
个人卷入	描述发言者与谣言有关的亲身经历的陈述	"我的孩子也有同样的症状"	3.9
离题	与最初的谣言不直接相关的陈述	与谣言无关的故事或信息	18.6
不可编码	陈述无法被归类，通常是因为表意模糊		4.6

① 表中所有材料来自 Bordia, P., & Difonzo, N.（2004）. Problem Solving in Social Interactions on the Internet: Rumor As Social Cognition. *Social Psychology Quarterly*, 67, pp.39-43. Copyright 2004 by American Sociological Association. 经许可改编。

② 百分比基于陈述总数 2881。

发言的内容和传播姿态

在每个讨论中，人们轮流沟通：一个人建构一个陈述集，之后另一个人提供另一个陈述集。讨论可以被看作连续的陈述集发言，了解这些陈述集的内容和功能有助于我们更好地理解讨论的性质。对于谣言讨论而言也是如此。例如，一个谣言讨论者可能发言提供一条提供信息的陈述，然后继续拿着话筒，提出一个意义建构的解释。为了更好地了解谣言讨论的性质，我们提出疑问："谣言讨论中陈述集发言的内容是什么？"也就是，谣言讨论者在轮流沟通中会提出怎样的典型陈述集组合？我们感兴趣的是参与者发言轮次的构成，因为它能够揭露谣言讨论过程中每一次发言的功能。我们将这些功能称为传播姿态（communicative postures；Bordia & DiFonzo，2004）。

传播姿态在概念上类似于涩谷保（Shibutani，1966）提出的"传播角色"（communication role）或"传播风格"（communication style），如"信使——为群体带来相关信息的人"，以及"解读者——试图将新闻放在情境中，借鉴过去事件进行评估并推测其对未来的启示的人"（1966，p.15；R. H. Turner & Killian，1972）。每个角色都在讨论中起到了一定的作用（例如提供信息、解读数据）。我们创造了"姿态"这个术语，以更好地体现涩谷保的观点，即这些角色在本质上是暂时的：发言者的姿态不像他的角色或风格那样持久。例如，在一个互联网讨论中，我可能会发出一条讯息来为讨论提供信息。在这里，我的发言起到了传递信息的作用（我也展示出传递信息的姿态）——但是随后我又发出一条质疑的讯息，发挥了怀疑的功能（展示出怀疑的姿态）。在讨论过程中，姿态可以改变。我们希望实证探索这些观点，并为谣言讨论中的暂时性投入，也就是姿态进行更确切的概念化。

在我们的网络谣言研究中，谣言讨论发言包括来自 14 个互联网 RIE 的 281 则帖子（Bordia & DiFonzo，2004）。为了识别帖子中包含的陈述集共通模式，我们对这些帖子进行了分层聚类分析（hierarchical cluster analysis）。聚类分析通常根据案例在某个维度上的相似性进行，在这项研究中，我们根据各个帖子在 RIAS 陈述上的相似性进行分类（得到的结果被称为"类别"）。换句话说，我们利用聚类分析来找出参与者在讨论中发表的各类帖子，每一类帖子具有相似的 RIAS 陈述画像（profile）。因此，这里的分析单位是在谣言讨论中发表的帖子——分析水平高于前一节中的 RIAS 陈述，但低于发表帖子的人。

我们识别出了 11 个类别，每个类别都有一个陈述画像，该画像由所包含的各类 RIAS（审慎、忧虑、认证等）的平均数量构成。我们利用一个类别的画像来解读其传播姿态。例如，在类别 1 中，审慎陈述和信息提供陈述的平均数量很多，而其他陈述的平均数量很少。我们把这一类别解读为解释提供型姿态，其功能是呈现谣言。在类别 2 中，相比所有其他陈述，意义建构陈述的平均数量很多。我们把这一类别解读为解释评估型姿态，其作用是解读谣言。11 个类别的陈述画像及其相应的传播姿态解读详见表 5-2。

在一定程度上，我们受到安德森等人（Anderson et al., 1996）的解释理论的启发。正如本章开头所讨论的，一个事件受到关注，产生一个最初的解释，随后如果进行需要努力的加工的动机强度较高，解释将得到反复检验。我们将这种认知模型用在集体框架中，效果非常不错。试图解释事件的群体必须进行类似的意义建构活动：他们必须发现事件、产生初步解释、检验解释、决定是否继续寻找替代的解释，以及指定收集信息的方向。我们得到的这 11 个类别自然地展示了这些活动类型：除了解释提供和解释评估，还有两种姿态的功能是分析谣言并表达同意（解释证实）或不同意（解释证伪）；第 5 种姿态仅仅表达接受谣言（解释接受）。第 6、7 种姿态起着信息共享（信息报告）和探询（信息寻求）作用。第 8 种姿态提供信息和行动方针（指导）。第 9、10 种姿态的功能是通过表达希望（激发收益框架）和恐惧（激发损失框架）以维持动机。最后，第 11 种姿态是不卷入意义建构（非正式参与）。因此，在互联网谣言的轮流讨论中，参与者通常以 11 种方式中的一种参与讨论，并且这些方式大多数可以从集体意义建构的角度得到理解。

表5-2 网络谣言讨论中帖子的内容和传播姿态

传播姿态	姿态描述（或例子）	陈述画像（帖子中各类型陈述的评价数量）												
		审慎	忧虑	认证	疑问	信息提供	相信	怀疑	意义建构	指导	讽刺	愿望	个人卷入	离题
1. 解释提供	向群体呈现简要的解释，即谣言（"我听到这样一个解释；我不确定那是不是真的"）	*2.3*	0.0	0.6	0.2	*3.4*	0.0	0.0	1.6	0.1	0.2	0.0	0.6	0.1
2. 解释评估	对解释进行分析和解读（"可能可以这样解释（谣言）"）	0.9	*4.2*	2.0	0.2	0.6	3.1	0.0	*17.3*	0.1	0.2	0.0	0.1	0.5
3. 解释证实	分析和同意解释（"我相信这个解释，是因为以下这些原因"）	1.0	*6.0*	*6.0*	0.0	0.4	3.4	0.0	6.4	0.0	0.0	0.0	0.0	0.0
4. 解释证伪	分析和反对解释（"这就是我为什么不相信这个解释"）	0.4	0.0	1.0	0.3	1.0	0.1	*3.5*	*4.4*	0.4	0.6	0.0	0.1	0.2
5. 解释接受	接受解释（"我相信这个解释"）	0.0	0.0	0.0	0.0	0.0	*1.7*	0.0	0.3	0.3	0.0	0.0	0.0	0.0
6. 信息报告	分享信息和个人经验（"这是我所知道的与这个解释有关的事情"）	0.2	0.4	0.2	0.2	*2.5*	0.1	0.1	1.2	0.5	0.2	0.0	*3.5*	0.6
7. 信息寻求	寻找信息（"这是在产生或评估一个解释之前我们需要知道的"）	0.4	0.1	0.6	*3.0*	0.8	0.0	0.0	1.4	0.0	0.2	0.0	0.1	0.3
8. 指导	提供信息，为行动提建议（"这是我所知道的，我们还需要做……来收集更多信息"）	0.6	0.2	0.2	0.5	*2.8*	0.1	0.1	2.0	*3.4*	0.0	0.0	1.0	0.5
9. 激发收益框架	为解释辩护，期待特定的结果（"这个特定的结果或事情出现，所以我们应该继续评估"）	0.0	0.0	0.0	1.5	0.0	0.0	0.0	2.0	0.0	0.0	*2.5*	0.0	0.0
10. 激发损失框架	反映对谣言或解释结果的担忧或恐惧（"这个解释里有一个可怕的后果，所以我们应该继续评估"）	0.0	*2.4*	0.4	0.2	0.6	0.0	0.0	0.8	0.2	0.0	0.0	0.4	*1.8*
11. 非正式参与	容易分心，只投入很少精力解决问题	0.0	0.1	0.2	0.0	1.8	0.0	0.0	2.6	0.1	0.4	0.1	0.0	*3.1*

注：这 11 个类表来自 14 个互联网谣言互动情节中的 276 则帖子（其中 5 则不可编码），它们代表着传播姿态。每个类表中具有较高意义的陈述类型已标识斜体，用于标记（第一列）和描述（第二列）姿态。这个表中所有有材料来自 Bordia, P., & DiFonzo, N.（2004）. Problem Solving in Social Interactions on the Internet: Rumor As Social Cognition. *Social Psychology Quarterly*, 67, pp.44-46. Copyright 2004 by American Sociological Association. 经许可改编。

谣言讨论陈述的动态分析

谣言在其生命周期内如何流动？更具体地说，姿态和陈述类型会随着讨论的进程发生怎样的变化？这些问题涉及对 RIE 的动态分析。

我们再一次使用 14 种 RIE（Bordia & DiFonzo，2004），采取了多种方法探讨这些问题。首先，我们按时间先后顺序把所有帖子四等分，形成四个阶段，然后分析每个阶段中姿态的类型和数量。我们观察到了明显的姿态趋势（与集体意义建构相一致）：解释提供型和指导型姿态在第一阶段的谣言互动中更为常见，解释评估型姿态在第三阶段达到高峰，非正式参与型姿态在最后一个阶段达到高峰。换句话说，谣言讨论首先集中于呈现谣言，并努力为谣言建构意义，然后筛选和分析谣言；随着人们兴趣的消减，意义建构也逐渐平息。另一种阶段分析针对常见的 RIAS 陈述类型的出现率，其结果与上述解读相一致。疑问陈述在第一阶段达到高峰，怀疑陈述在第二阶段达到高峰，意义建构陈述在第三阶段达到高峰，离题陈述则在第四阶段大量出现。信息提供陈述在除第三阶段外的每一阶段都会频繁出现。因此，网络谣言的集体意义建构似乎是在一个多阶段的过程中展开，包括引起群体对谣言的注意（阶段 1）、共享信息（阶段 2）、评估解释（阶段 3），以及最后解决问题（阶段 4）。

结果在面对面谣言互动中的可推广性

要记住，关于集体意义建构的结论主要来自我们对互联网谣言事件的分析。这些以网络为媒介的谣言互动与面对面谣言互动有很大不同。首先，我们只选择参与者在讨论中表现出最真挚的兴趣的谣言互动情节，所以这些谣言对参与者很重要。而其他网络或面对面的谣言互动中，参与者并没有那么投入。其次，以计算机为媒介的网络的本质意味着每条谣言讨论中的发言都可能被群体里的每个人阅读；换句话说，群体成员之间的联系是紧密的，而不是分散的。这些特征似乎支持巴克纳（H. Taylor Buckner，1965）提出的"多重互动"（multiple interaction）：谣言在同一群体中活跃地不断循环（见第7章）。在更分散的社会网络中传播的不太重要的谣言，可能无法展现我们在以计算机为媒介的事件中观察到的内容、姿态和动态（关于连续传播和协同谣言活动之间差异的类似讨论见第6章）。

结论

在这一章中，我们从社会认知和集体两个层面探讨了谣言的意义建构功能。谣言影响个体解释事件的尝试中的各个环节，如发现事件、提供初始解释、激励进一步的探索，以及激活解释事件的认知结构等。我们考察了谣言常常带有的稳定因果归因，并探讨了这种认知结构的激活如何导致虚假关联和非回归性预测。谣言也影响着集体意义建构的过程。我们探讨了谣言事件中谣言陈述的内容，以及谣言讨论中发言的内容、功能和流动。

我们已经考察了谣言活动包含的在个体和集体两个层面的意义建构过程。人们在意义建构这一重要任务中有效性如何呢？接下来我们将探讨这个问题。

谣言准确性：
内容变化模式、概念化和整体准确性

20 世纪 90 年代后期，在纽约州罗切斯特市附近的一家大公司里，负面的谣言在某个部门 75 位员工中广泛流传（见第 2 章和第 8 章）。这个部门是一个由专业人士组成的紧密团体，他们听说公司即将进行大规模裁员。事实上，整个部门的一半员工最终都被解雇了。在官方宣布谁将被解雇的前一周，员工之间就流传着一则谣言，列出了被解雇人员的名单。让人惊讶的是，这则谣言是百分之百准确的。

在美国内战期间，军队的电报线像葡萄藤一样缠绕在树上，各种情报就在其中传递（K. Davis，1972）。如今，组织成员的"情报"工作仍然在很大程度上依赖这些"葡萄藤"⊖传播的谣言（Burlew，Pederson，& Bradley，1994；K. Davis，1972；Harcourt，Richerson，& Wattier，1991；Newstrom，Monczka，& Reif，1974；Smeltzer & Zener，1992；Walton，1961；Zaremba，1989）。确实，最近一项针对全美国中层管理者的调查显示，样本中有相当一部分人认为"小道消息"比正式沟通更重要，是某些话题（例如升职机会、公司未来计划、部门未来计划以及加薪等）的最佳信源（Harcourt et al.，1991；也可参见 Modic，1989）。

这些非正式情报的有效性如何？或者换一种问法：群体在搜寻事实方面做得如何？学术和实践领域对研究这个问题都有兴趣。正如我们在第 2 章所见，一些组织性谣言降低了组织的生产效率、破坏了声誉并且侵蚀了信任（K. Davis，1975；DiFonzo，Bordia，& Rosnow，1994；Zaremba，1988）。当谣言是虚假的或扭曲的时，以上影响就是横加的，这令人悲哀。此外，从"谣言消费者"的角度看，应给予某一传播渠道传递的信息以多少信任，取决于该渠道总体的信息真实性。如果谣言总体上是准确的，那么它们看上去是值得相信的；但如果谣言通常是不准确的，它们就不应该得到信任。

本章和下一章将回答几个与准确性相关的问题。第一，我们回顾谣言内容的变化模式。第二，我们探讨准确性的概念和测量。第三，我们以组织性谣言为例，评估谣言总体的准确性。在下一章中，我们会探讨谣言变得更准

⊖ 葡萄藤（grapevine）也表示"小道消息"。——译者注

确或更不准确的机制。最后，我们将回答这些机制可能如何在组织情景中运转。在探讨这些问题的过程中，我们会介绍我们自己有关准确性的近期实证研究。

谣言内容变化的模式

回顾关于谣言内容总体变化模式的理论和研究，我们能获得很多重要的信息。总体而言，研究识别出四种内容变化的类型：磨平（leveling）、添加（adding）、削尖（sharpening）以及同化（assimilation）。正如后文中提到的，这些相关文献中的主要争议是，在日常的谣言传播中，磨平和添加会发生吗？这个争论部分来源于用来研究和定义谣言的研究取向——序列传播（serial transmission，ST）和协同传播（collaborative，COL）之间的差异，以及这两种取向是否都能推广到现实的谣言情境中。知道了这一点，我们在回顾与谣言内容变化模式有关的文献的过程中，会特别关注这两种取向的概念与方法论问题。

谣言内容变化的四种模式

随着时间的推移，谣言内容会发生怎样的变化？例如，关于细节的内容是增加了还是减少了？谣言内容的夸张程度是增加了还是减少了？谣言的内容是否变得迎合大众的普遍观点？研究者对这些问题进行了研究，并且识别出四种谣言内容变化的模式：磨平、添加、削尖以及同化。

磨平

"磨平"指谣言在每一次连续传播中失去了细节，缩短了长度，从而更易于掌握。这种变化最常发生在早期的传播中。谣言被磨平为"短而简洁的陈述"（G. W. Allport & Postman，1947b，p.81），如同复杂的建筑被磨平为简单而矮小的土堆。柯克帕特里克（Kirkpatrick，1932）把这个过程称为"缩合"（condensation）。例如，一则谣言描述中最初含有 20 个细节陈述，在磨平的过程中可能会去掉 15 个，最后只留下 5 个细节。

添加

"添加"是我们用来形容在谣言内容中添加成分的术语，常以增加新信息或添加细节的形式来实现。"添加"曾被称为"滚雪球"（snowballing；Rosnow，1991）、"虚构和细化"（invention and elaboration；G. W. Allport & Postman，1947b）、"混合"（compounding；Peterson & Gist，1951）、"添油加醋"（embroidering；G. W. Allport & Postman，1947b）以及"捏造"（fabrication；Sinha，1952）等。例如，当信息是一张关于一群未持有武器的暴民的照片时，在人们连续地复述照片内容的过程中，暴民持有棍棒的细节信息会被添加进去（G. W. Allport & Postman，1947b）。彼得森和吉斯特（Peterson & Gist，1951）也发现，与磨平相反，一系列关于谋杀的谣言增加了新主题，而没有被磨平。罗斯诺（Rosnow，1991）描述了"保罗·麦卡特尼死了"这则虚假谣言的滚雪球效应。添加之于磨平，如同加法之于减法。

削尖

"削尖"指在谣言信息中强调或者突出某些细节。这种强调可能是"磨平"的一种结果：通过移除其他细节，某些细节自然被强调出来作为焦点。例如，随着人们不断地复述某个故事，故事不断被缩短，但"告诫"这样奇怪的词语可能得到保留（G. W. Allport & Postman，1947b），从而这个词语被突出了。"削尖"也可能作为夸大（如一个黑人被说成四个黑人；G. W. Allport & Postman，1947b）等变化的结果；如此，"一个黑人在场"的细节被强调了（也见 Firth，1956；R. H. Turner & Killian，1972）。

同化

"同化"指通过磨平、添加、削尖塑造谣言内容，从而更好地契合人们的认知图式（cognitive schemas）。同化是一个相对"冷"（即认知性）的心理加工过程，如对细节进行磨平、添加或者削尖，以使谣言在主题上更加连贯，更可信（如一辆救护车在谣言中变为红十字会站点，以便贴合战争主题；也见 Kirkpatrick，1932）；填补不完备的信息（如"吉恩·安特里"在谣言中变为"吉恩·奥特里"⊖）；简化复杂刺激（如一组地铁海报在谣言中变为许多广告宣传）；符合我们的期待和语言惯例（如哈佛学生把谣言中的"千米"路标改成"英里"；G. W. Allport & Postman，1947b）。同化也可能是相对"热"（即防御性或动机性）的过程，例如谣言也可能因为个人兴趣（如对流行服装或职业规划感兴趣的人，也会分别对服装和职业的细节有更多关注）、自我利益（如警察会关注故事里对警察有利的信息）和偏见（如敌对行为被归咎于少数群体；pp.105-115）而发生改变。

磨平、添加和削尖更像是谣言内容转变的元素模式，同化则类似于整体的模式拟合。因此，同化是一种整体而高水平的模式变化。同化指导其他子模式的转变，旨在让谣言内容契合个人图式。

变化模式的普遍性

研究证据一致指出，在现实生活中的谣言传播中，削尖服务于同化（Buckner，1965；Peterson & Gist，1951；Rosnow，1991；Shibutani，1966；R. H. Turner，1964，1994；R. H. Turner & Killian，1972）。然而，研究者对于磨平和添加在现实谣言传播中的相对出现率存在争议。谣言的磨平而非添加，常常发生在 ST 实验室情境，以及具有类似 ST 的信息传递方式的散布谣

⊖　欧冯·吉恩·奥特里（Orvon Gene Autry）是美国 20 世纪乡村歌手、演员。这里因为奥特里有更高的公众知名度，所以谣言中人名被替换，谣言内容发生了同化。——译者注

言现场研究中。我们的观点是：磨平更多出现在具有低模糊性、群体主要进行类似 ST 的信息扩散的现实谣言情节中（Rosnow，1991；Shibutani，1966；Turner & Killian，1972）；而添加则更多出现在具有高模糊性、高重要性的环境中，如灾难和谋杀。它出现在重要而模糊的现实情境当中，其中的群体有很高的互动性和协作性。为了更充分地探究这些发现以及我们的假设，我们首先检验 ST 和 COL 两种谣言研究取向，之后我们会讨论关于磨平与添加在现实情境下的普遍性的研究发现和争论。

序列传播取向与协同取向

如果我们把谣言设想为连续的传播，那么在谣言传播线上的每个传播节点都会发生信息失真（Shibutani，1966）。这种取向倾向于强调谣言传播过程中的改变，这种改变来自在各个节点作用于个体的认知（如注意窄化、记忆限制、知觉偏差）与动机（如事实寻求、关系增强、自我提升）因素（这些因素将在第 7 章进行讨论）。ST 框架是实验室研究中主要采用的取向。采用 ST 框架的实验室研究报告了一个包含三个部分的"嵌入"（embedding）过程，"嵌入"指由同化引导的磨平和削尖（G. W. Allport & Postman，1947b[⊖]；Bartlett，1932；Higham，1951；Kirkpatrik，1932；McAdam，1962）。值得注意的是，磨平出现在了这些研究中，添加则没有。从根本来看，这些研究主要是关于传递信息的，可推广至以某种 ST 为主要特征的日常谣言情境。

如果我们把谣言看作具有探索性且处在变化中的假设，认为它们是由于群体成员在模糊性情境中更积极地协作而产生的，那么我们关注的重点应该转向群体、网络以及情境特征（在第 7 章中也有讨论）。这种框架假定谣言是协作性的而非连续性的活动。也就是说，在谣言传播中，每个个体做出的是协作性的贡献，而非添加性的贡献（Shibutani，1966）。例如，A 和 B 在讨

⊖　奥尔波特和波兹曼（G. W. Allport & Postman，1947b）也讨论了虚构和细化，然而他们觉得这些变化太罕见，不太可能是"嵌入"过程的一部分。

论关于即将发生的裁员以及谁会被辞退的谣言；A 和 B 基于他们各自带到这次讨论中的信息交换意见，然后他们很快对谣言进行了修改。这种协作的结果是，一种对模糊性情境的优势性解释出现了。COL 框架主要用于现场观察中。这类研究的结果为削尖、同化特别是添加提供了支持，但没有为磨平提供支持（Peterson & Gist，1951；Shibutani，1966；R. H. Turner，1964；R. H. Turner & Killian，1972）。针对这种类型的谣言活动的研究主要包括在模糊而重要情境中的互动式协作，可推广至以合作性意义建构为主要特征的日常谣言情境。

我们注意到，两种类型的日常谣言情节（即以 ST 为主要特征的谣言情节以及以协作为主要特征的谣言情节）都包含了意义建构。然而，ST 类型的传播倾向于产生磨平，COL 类型的活动则倾向于产生添加。我们接下来考量关于两者普遍性的证据与争议。

磨平的普遍性

奥尔波特和波兹曼（G.W. Allport & Postman，1947b, pp.134-138）认为，"嵌入"过程（包括磨平）是日常谣言传播中的典型模式。为了支持这个论断，他们以 1945 年日本投降前不久在美国缅因州发生的一件事所引起的谣言作为例证，这件事原本是，一位前来度假的中国教师询问旅游景点的方向。在很短时间内，一则经过同化后的谣言在当地社区内流传："一个日本间谍爬上山顶来拍摄该区域照片。"（p.134）奥尔波特和波兹曼指出，这个故事依据人们内心的主导图式（即日本人的间谍原型）被磨平与削尖了。奥尔波特和波兹曼（G.W. Allport & Postman，1947b）还指出，他们的 ST 研究结果与对几何形状的格式塔记忆研究以及投射测验研究的结果非常相似（为了实现同化的效果，记忆与投射也类似地被磨平与削尖），以此支持"嵌入"过程的普遍性。

然而，在 ST、格式塔记忆以及投射测验研究中都观察到磨平这一论点，只能说明各类研究的结果相似，并不能说明 ST 研究结果可以被推广到所有

（或部分）日常谣言情节中。此外，也有研究者批评 ST 研究不符合世俗现实（即实验室经验与日常经验在很多关键方面并不匹配；DiFonzo，Hantula，& Bordia，1988；Rosnow，1980），因而更偏向于磨平的出现（Bordia，1996；Shibutani，1966；R. H. Turner & Killian，1972）。对于 ST 研究的问题，研究者至少已提出了三个主要争论点，我们将在这里呈现并批判性地审视它们。

第一，巴克纳（Buckner，1965）提出，ST 研究中的信息失真大多是由于记忆限制（memory limitation）而产生的："在奥尔波特和波兹曼的实验中，词语被磨平是因为人们难以回忆 20 个左右新的且具体的信息项目。"（p.59）奥尔波特和波兹曼（G.W. Allport & Postman，1947b）注意到，ST 研究的受试者收到保持信息准确的指示，因此更倾向于不传播那些他们不确定的描述（p.76）。实验室条件下的 ST 研究受试者同样没有提问、挑战或者探究的机会，因此容易编码失败。可是，随后的实验室 ST 研究允许受试者在各个传播节点进行讨论（即 ST+ 互动），这时信息失真减少（见第 7 章），但是磨平依然存在（Leavitt & Mueller，1951；McAdam，1962）；也就是说，谣言陈述变得更短且更易于掌握。这种"ST+ 互动"的情况更加符合现实，因此比纯粹的实验室 ST 程序具有更强的可推广性。

第二，与现实生活中的谣言参与者相比，ST 参与者的情感投入要少得多（因此也就没有动机去推测；Shibutani，1966；R. H. Turner 1964）。不过，虽然运用了吸引人的谣言的 ST 实验室研究确实发现了更高的传播准确性（见第 7 章），但磨平依然发生了（Higham，1951）。

第三，特纳（R. H. Turner，1964）强调，ST 不能容纳日常谣言的虚构阶段。虚构指人们创造假设来解释模糊情境，通常在这个阶段后，谣言就会如"滚雪球"般扩展。在实验室 ST 研究与现场研究中，研究者散布了已经形成的谣言，因而没有提供必需的模糊情境，排除了虚构的可能性。重要情境中的模糊性会指向虚构的发生。例如，公开的股市收购谣言似乎"来自市场专业人士对于不寻常的公司交易活动的解释"（Pound & Zeckhauser，

1990，p.306）。"很少有谣言先于不寻常的股价和成交量变化产生。通常，市场观察者寻求解释这些不寻常的变化。由此，谣言便产生了。"（Pound & Zeckhauser，1990，p.306）因此，根据特纳的危机模型：①危机发生时，人们寻求相关信息；②当缺乏相关信息或者正式信源不被信任时，人们会感到沮丧，进而从非正式渠道搜寻信息；③如果没有可获得的信息，人们便会进行"肯定性推测"（affirmative rumoring），也就是说，人们会根据拥有的证据线索和理解框架进行推测。虚构便在这一阶段产生。

有证据支持特纳的观点。大多数报告了磨平的现场研究都包含散布已形成的谣言，这些研究中似乎不包含模糊而重要的情境。其中一项研究自我标记为"一个社区中的传播实验"（De Fleur，1962，p.51）。在 249 个家庭中，17% 的家庭被告知"金盾咖啡——黄金般的品质"这一广告标语。之后，研究者向社区投送了 3000 份传单，声称每个家庭都将被采访，而那些知道咖啡广告标语的家庭将被赠予免费咖啡。在信息被传播两次之后，磨平（还有削尖和同化）便发生了。第二个例子是这样的：戴维斯和奥康纳（W. L. Davis & O'Connor，1977）在一个学术部门中散布信息，说戴维斯的妻子怀孕了。这个信息中包含了许多细节（例如医生的名字、孩子可能的名字），这些细节信息都被磨平了。第三个例子中，研究者散布了关于"明年可能向学生收取 T 恤的费用"（Sedivec，1987，p.37）的谣言。重点在于，与威胁安全、健康、工作或幸福的情境相比，这些例子的情境中包含的咖啡广告标语、婴儿出生通告、学生买 T 恤的花费似乎模糊性低得多，人们的投入程度也低得多。

然而，这种反对（即 ST 将虚构排除在外）假定了现实生活中的谣言情节都是高度互动和协作的；反对者忽视了一些现实生活中的谣言在传播模式上与 ST 相似的可能性。在一些现场观察性情境中，明显因传播方式与 ST 相似而发生了磨平。斯坎伦（Scanlon，1977）追踪了一则灾难情境中的谣言的传播序列链。虽然他发现了清晰的证据证明谣言添加了一些细节——正如我们对于 COL 情境的预测，但他也发现了一些显示磨平（一些细节在传播中丢失）的证据。此外，在卡普洛（Caplow，1947）的现场研究中，大多数谣言倾向于"简化"（p.301）。卡普洛指出，大多数谣言包含三句陈述，许多谣言包含一句或两句陈述，很少有谣言包含三句以上的陈述。这些简化是磨平的一种形式。再者，恩克巴（Nkpa，1977）报告了一个战时的不实谣言在传播的过程中被磨平——"尼日利亚北部将军戈翁因为他的表现使尼日利亚统治者感到不满而被杀害"这个充满细节的故事后来变成了"我听说戈翁在卡杜纳⊖死了"（p.32）。结果再次说明，谣言的传播过程中可能会发生一些磨平现象，这可能仅仅是因为一定比例的谣言是连续传播的。

添加的普遍性

大多数关于高模糊性与高关注度谣言情节的现场研究显示，人们会向谣言中添加新的内容，而不是把它磨平（Peterson，未出版，引自 De Fleur，1962；Peterson & Gist，1951；Schachter & Burdick，1955）。彼得森和吉斯特（Peterson & Gist，1951）的一项现场研究围绕关于一宗关注度极高的保姆谋杀案的谣言展开，谣言的中心主题并未被扭曲，但混合了许多附加的推测。也就是说，在这种高模糊性的谣言情节中，细节和信息变异会延伸而非被磨平。在某个大银行贷款丑闻被公开披露后，谣言不断"被补充完整并充实"（Roux Dufort & Pauchant，1993，p.238）。添加发生在这种高模糊性的情境中。

虽然奥尔波特和波兹曼坚称"滚雪球"是"错误认识"，但他们（G.W. Allport & Postman，1947b，p.153）在实验室 ST 实验中也观察到了一些虚构（即添加）现象，并提供了谣言可能滚雪球的一种情况：在高度影响情绪的事件发生后，人们或许更倾向于重复行为，"再三思考，不停地谈论，并且在幻想中探索所有可能的结果"（p.154）。此外，沙赫特和伯迪克（Schachter & Burdick，1955）的现场实验有力地支持了这个观点。这项研究在创设一个高

⊖ 卡杜纳是尼日利亚中北部城市。——译者注

模糊性情境时操纵了情境的重要性：女生在高重要性情境下报告新谣言的比例（70%）远高于在低重要性情境下报告的比例（15%）。此外，在高重要性情境下，谣言的多样性也要高得多（在每种情境下平均有 12 种不同的谣言，而在低重要性情境下平均只有 1.5 种不同的谣言）。高重要性组由几个突然被学校除名的女生的朋友组成，这些朋友在事件中无疑会认真地相互协作，因而有可能进行虚构。低重要性组由一些并不熟识被除名者的女生组成，这些女生可能会把自己感兴趣的信息传递（顺序传播）给别人。结果再次说明，添加会出现在具有互动式协作特点的日常情境中。

总结

总而言之，关于内容变化的模式，我们可以总结出什么呢？首先，在日常现场情境，尤其是那些具有高模糊性和高关注度的情境中，更易发生添加。这些谣言情节与在重要且模糊的情境中建构意义有关。在其他仅包含传递谣言的日常情境，尤其是低模糊性和低关注度的情境中，似乎产生了磨平现象。这些谣言情节与连续扩散信息有关。当然，即使是在一些重要且具有高模糊性的情境中也可能包含序列传播（"房子着火了！快离开"这种信息可能没有经过讨论、互动或者协作就被快速传播了），但是我们推测在日常生活中，相较于 COL 类的情境，ST 类的情境更不常见。其次，除了添加或者磨平，削尖也发生了。最后，所有种类的变化都服务于同化。

至此，我们探讨了谣言内容变化的大类。接下来，我们将检验谣言准确性的变化模式。我们首先要对"谣言准确性"这一概念进行更清晰的定义。

准确性的概念化与测量

当我们说一则谣言准确的时候，我们到底表达的是什么意思？在这一节中，我们将对准确性进行更深入的概念化，并且讨论如何测量准确性。

谣言真实性与谣言精确性

谣言准确性这一概念有两种可能的理解方式，需要我们进一步探究。第一种准确性指的是谣言与事实、现实和真相的符合程度。当我们在这个意义上说一则谣言是准确的时，我们指的是它符合事实。我们把这种意义上的准确性称为"谣言真实性"（rumor verity）。在这里，准确的反义词即虚假。当群体试图定义一个模糊性情境时，真实的和虚假的谣言都可能会产生并被筛选和评估。广岛原子弹爆炸后，一则真实的谣言在人们中间流传：这次灾难的原因是小粒子分裂导致的能量释放（D. L. Miller，1985）。当人们试图理解那次灾难是如何发生的时，这则真实的谣言与其他一些虚假的谣言一起被不断传播。特纳和基利安（R. H. Tuner & Killian，1972）描述了当一具男性尸体在一家酒店旁停放的汽车上被发现时，谣言在人们的"信息工厂"中产生。原始谣言产生并且为群体所接受（这个男人被汽车的所有者谋杀），但后来被发现是虚假的；真实的谣言（这个男人死于酒精中毒）被提出却不被人们所接受。辛哈（Sinha，1952）把一次山崩事件后流传的谣言分类为"真相""夸张"或者"公开的不实信息"（outright falsehood），其中第一类和第三类的划分维度就是真实性意义上的准确性。这里准确性的概念类似于心理测量中效度的概念：谣言是否如实反映了真实的事态。

第二种准确性指的是谣言与原始看法或信息的符合程度。当我们在这个意义上称一则谣言是准确的时，我们指的是它非常接近于原始版本。我们称这个意义上的准确性为"谣言精确性"（rumor precision）。在此含义下，准确性的反面即谣言失真（distortion），即在谣言传播过程中某些原始信息的质量发生退化或者下降。奥尔波特和波兹曼（G.W. Allport & Postman，1947b）根据实验研究指出，当谣言被连续传播时，内容会发生扭曲失真；谣言传播链末端信息总是与原始信息不相符合。在沙赫特和伯迪克（Schachter & Burdick，1955）的现场实验中，他们在一所女子学校散布一则谣言，学校全部的 96 名女生都报告她们听到了没有失真的谣言信息。注意：这一则谣言本身是虚假的，尽管从精确传播的意义上来说是准确的。在辛哈（Sinha，1952）三个类别的分类框架中，"夸张"的划分维度就是精确性意义上的准确性（夸张包含了数量和质量这两个方面的夸大失真）。这里准确性的概念类似于心理测量中信度的概念：谣言与最初的版本保持了多大程度上的一致性。

　　快速思考一下关于准确性的六种可能组合情况非常有用，这六种情况已在表 6-1 中列出。一些真实的谣言得到了精确的传播，这些"星星"（star）似乎并没有受到潜在的失真与改变的影响。一些虚假的谣言也得到了精确的传播，这些"伪造品"（counterfeit）一开始就是虚假的，并且一直不会改变（就像伪造的硬币一样）。有些谣言是真实的却没有得到精确的传播，它们要么是"皈依者"（convert），在其生命周期里变得更加真实，要么是"粗糙者"（grainy），发生轻微的失真（就像颗粒状失真的照片）。最后，某些虚假的谣言也在传播过程中不断被扭曲，有些就像"坠落的星星"（fallen star），有一个好的开始，结局却很糟糕；还有一些是"有希望者"（hopeful），它们虽然以虚假的信息开始，但是在传播过程中其准确性稍微提高。这种分类概括了真实和虚假的谣言的形成历程，并为我们提出了一些与谣言准确性相关的问题。首先，真实和虚假的谣言都可能产生，但是真实性如何测量？真实谣言出现的频率如何？在真实谣言的产生过程中包含了哪些过程？其次，谣言都会发生变化，它们或许会变得更加真实，或许会变得更为虚假。这种变化如何测量？它们发生的频率如何？在这种变化中包含了哪些过程？我们从准确性的测量开始探讨。

表 6-1　真实性 - 精确性谣言分类

谣言真实性	谣言精确性		
	精确的	朝事实方向失真	朝虚假方向失真
真实	星星：精确传播的真实谣言	皈依者：在传播中失真（朝真实方向）的真实谣言	粗糙者：在传播中失真（朝虚假方向）的真实谣言
虚假	伪造品：精确传播的虚假谣言	有希望者：在传播中失真（朝真实方向）的虚假谣言	坠落的星星：在传播中失真（朝虚假方向）的虚假谣言

真实性和精确性的测量

谣言真实性的测量较多出现在采取协作（COL）取向的现场谣言研究中，这种研究通常涉及在特定现场环境下收集谣言或谣言的变体，并评估这些谣言中有多少是真实的。例如，在对于组织中"小道消息"的研究中，谣言真实性的指标为谣言或一组谣言中真实的沟通内容的百分比（K. Davis，1972；Marting，1969；Rudolph，1973；Walton，1961；Weinberg & Eich，1978）。比如，计算《华尔街日报》刊登的收购谣言的真实比例就是对真实性的评估（Pound & Zeckhauser，1990）。辛哈（Sinha，1952）的三类别分类框架以及卡普洛（Caplow，1947）对军事谣言总体真实性的回忆性研究则是对真实性更质性的测量。

谣言精确性的测量较多出现在使用 ST 范式的变式的实验室或现场研究中。实验室研究通常包含一位受试者观察一个原始刺激（如一幅图画、一张照片或者一个视频片段），然后在不经讨论的情况下将对刺激的描述传递给下一个受试者，下一个受试者继而在受试者链中继续传递下去。在现场研究中，原始刺激是一个研究者在实际组织中散布的谣言；当然，这里的谣言传播允许人们互相讨论。谣言精确性就是最后报告的信息与原始刺激因素的符合程度。奥尔波特和波兹曼（G.W. Allport & Postman，1947b）的课堂演示研究是一个在实验室中使用这一方法的例子（见 Higham，1951；Lyons & Kashima，2001；Werner，1976）。也有其他实验室研究允许受试者在谣言传播过程中进行讨论（Leavitt & Mueller，1951；McAdam，1962）。

运用预先散布的谣言的现场研究，也较多测量谣言的精确性而非真实性：在沙赫特和伯迪克（Schachter & Burdick，1955）的实验中，所有 96 名女生都报告了一个预先散布的谣言的未失真版本。这里的准确性是指散布的谣言抵御失真的程度，并非这个群体努力弄清事实的效果。许多新谣言不断出现，某些谣言还十分离奇，这也说明了谣言精确性的重要性。准确性并非通过谣言与事实（在课室中一些女生突然被开除是心理学实验的一部分）相符合的程度来测量，而是通过与预先设置好的谣言（女生被开除是因为涉嫌盗窃）相符合的程度来测量。精确性可以被作为连续变量来测量，也可以被作为二分变量来测量。塞迪维奇（Sedivec，1987）首先测量了连续的准确性，即在一个学生组织中散布一则包含七个陈述部分的谣言，测量受试者准确回忆起的陈述的比例。丢失、扭曲和增加信息都被视为不准确的陈述。之后，使用相同的数据，塞迪维奇也通过区分受试者回忆的谣言陈述中是否包含一条主要事实来测量了离散的精确性。

　　虽然许多研究者（尤其是那些遵循实验室 ST 研究传统的研究者）都测量了谣言的精确性，但谣言的真实性才是所有谣言研究者最终的兴趣点。测量精确性的 ST 研究者运用他们的研究结果来解释为什么谣言经常是虚假的，由此可见，他们似乎倾向于假定在日常生活中，精确性与真实性是同义词。例如，奥尔波特和波兹曼（G.W. Allport & Postman，1947b）总结道："失真的力量如此强大，以至于在任何情况下都不应该把谣言作为信念或行为的有效引导。"（p.148）与谣言研究的前辈们一样，我们也对谣言的真实性很有兴趣。我们之所以关注谣言的准确性，是因为它揭示了一些谣言真实性所涉及的内容。因此，除非有特殊情况，我们用谣言准确性这个概念指代谣言真实性。

总的来说，谣言准确性如何

　　"谣言"这个概念本身就暗含着不准确的意思。我们研究中的受试者通常认为谣言既不可靠也不可信，相比于基于新闻，他们倾向于基于谣言冒更少经济风险。这一结论既适用于公开发布的谣言，也适用于没有公开发布的谣言（DiFonzo & Bordia，1997；也见 G. H. Smith，1947）。谣言显然名声不佳，但是这个名声是谣言所应得的吗？为回答这个问题，我们首先呈现一些文献中关于谣言准确性的实证研究以及我们最近尚未发表的研究的结果。

谣言准确性文献

数量不多的研究在现场环境中测量了谣言准确性，表 6-2 中对这些研究进行了总结。这些研究通常包括收集谣言或者谣言变体，并评估这些谣言（或者谣言要素）中有多大比例是真实的。表 6-2 总结了谣言样本并且将它们按照准确性（每个样本中真实谣言的比例）降序排列。我们从这些总结中可以看到，谣言准确性的变异幅度很大，但是某些现场环境似乎产生了准确的谣言。我们将在后文考察这些因素，但是值得注意的是，确立已久的组织环境中的谣言，特别是那些以"小道消息"为特征的谣言，往往是非常准确的。这一发现符合赫尔维格（Hellweg，1987）在她对于组织小道消息研究的文献综述中得出的结论：尽管小道消息信息（包括谣言）并不完整，但常常是准确的。

我们最近的实证研究结果也与这个结论一致。我们将在下文介绍我们的三项研究，这三项研究是关于组织中的谣言准确性的。第一项研究是我们与组织传播人员进行的一系列现场访谈；其他两项研究是在已就业的学生样本中进行的问卷调查。所有的研究都取得了一致的结果，即谣言准确性存在很大的变异，但是组织中的谣言往往是准确的。

表 6-2 谣言准确性研究总结

参考文献	谣言样本和环境	样本量	准确性百分比[1]	谣言数量
Caplow（1947，p.301）	军队中的小道消息谣言	nr	近乎 100%	nr
Marting（1969，p.123）	在一家中型电子制造企业的管理层和非管理员工中流传的小道消息谣言	451	98.42%	15
Rudolph（1971，p.187；1973）	一家公用事业公司中的小道消息谣言	124	96%	nr
Davis（1972，p.263）	工业领域关于不具争议性的公司信息的小道消息	nr	80%～99%[2]	nr
Walton（1961，p.48）	加利福尼亚州中国湖的海军条例测试站归为小道消息的信息	<101	82%[3]	12
Pound & Zeckhauser（1990，p.293）	《华尔街日报》的"华尔街见闻"专栏中刊出的金融收购谣言	na	43%	42

（续）

参考文献	谣言样本和环境	样本量	准确性百分比①	谣言数量
Weinberg & Eich（1978, p.30）	一所大学毕业生游行期间热线电话中收集到的谣言	nr	16.2%	nr
Prasad（1935, pp.1-4）	一次洪水灾难后收集到的谣言	nr	9%④	23
Sinha（1952）	一次山崩灾难后收集到的谣言	nr	非常低	nr

注：nr 表示未报告，na 表示不适用。

① 指的是在一则谣言或一系列谣言的可以被评估为真实或虚假的传播细节中，真实的细节的比例。

② 指的是 Davis 对他自己的研究的总结（即有几项研究）。

③ 指的是那些被要求做包含 12 个问题的小道消息测验的员工做出正确回应的比例。不过，选项中包含了"不知道"选项，每个问题都有 35% 到 77% 的人（$M = 52\%$）选择了这个选项，因此，82% 的准确率分数仅根据员工对他们的回答感到"相当"确定的回应得出（Walton, 1961, pp.48-49）。

④ 普拉萨德（Prasad, 1935）提出一个包含 30 则谣言的"代表集"，其中的 23 则谣言是可验证的（即关于经验性而非超自然事件）。

1996 年现场访谈

我们将第一项研究称作 1996 年现场访谈，这项研究在组织环境中使用了深入的关键事件研究法（Flanagan, 1954）。这种研究方法要求受试者回忆一个具体的事件——关键事件，这个关键事件是研究的现象的一个例证，调查中会询问受试者关于这个事件的相关问题。1996 年，作为一项关于组织谣言的负面影响以及如何应对谣言的多阶段研究的一部分，我们对美国大都市的数家公司的组织传播人员进行了现场访谈。这些人员通常是传播总监或者公共关系副总裁。在每一次访谈中，受试者都被要求回忆一件曾经遇到过的有害或潜在有害的谣言特殊事件。我们接触了当地行业刊物登出的 18 家最大的上市公司，6 家公司同意进行深度访谈（其余公司以各种理由拒绝，包括不愿讨论公司的谣言以及时间上的限制）。这个样本中的大多数组织是跨国公司，它们在当地家喻户晓。每次访谈都经过录音、转录并分析，以验证关于谣言准确性的一系列假说。在访谈中，受试者需要估计他们报告的谣言

（或多则谣言）的真实（或不真实）程度，以此来确定谣言准确性。

表 6-3 中列出了谣言、谣言群体（谣言传播的群体）以及按降序排列的谣言准确性。除了一则谣言（易碎的反应堆容器），其他所有谣言都在确立已久的组织环境中流传。除了表格中最后两则谣言，其他谣言都在一段时间内不断被传播（见表注）。结果显示谣言准确性存在很大的变异，但是与文献中报告的组织背景下的谣言研究发现相同，这些组织谣言往往是准确的。需要注意的是，这些组织传播人员并没有被要求提供真实的谣言；然而，他们大多数这么做了。另外，如果只考虑流传了一段时间的谣言，总体的准确性甚至会更高。

表 6-3　1996 年现场访谈准确性数据

谣言	谣言群体	准确性百分比（%）
两个生产中心将会合并运营	两个工厂的工人	100
两个制造工厂将会合并运营	两个工厂的管理人员	100
子公司将会被出售	子公司的员工	100
一个大型操作中心将会被关闭	该中心的员工	80
大学校长秘密为政府部门工作	大学教职人员和工作人员	60
公司将会被接管[①]	公司员工	0
电力设施的反应堆槽有破裂的危险[②]	新闻媒体	0

① 这则谣言在群体互动中很快被驳倒。

② 当新闻媒体联系电力设施人员确认时被驳倒。

学生谣言调查 1

第二项调查在 1996 年向已就业的学生收集了职场中出现的谣言，这次调查被我们称为"学生谣言调查 1"。两门心理学高级课程中的 56 名学生填写了调查问卷（见附录 6A）。首先，谣言被定义为"关于对群体重要的事项未经证实的信息"。参与调查者被要求"设想一个在工作场所出现的谣言实例，你可能仅仅听说过或阅读过这则谣言，也可能曾经将该信息传递给你的同事"。为了计算准确性的百分比，我们指导学生"选择一则谣言，这则谣

言在受到合理怀疑之后已经被证明是真实的或是虚假的；我们对仍未确定真
假的谣言并不感兴趣"。学生在一个开放式问题中"陈述这一则谣言"。为评
估谣言准确性，我们询问学生："最终看来，这则谣言有多准确（真实）？"
为评估谣言准确性趋势，我们询问学生："从谣言开始传播到最后被证明真
实或是虚假的这段时间内，谣言在多大程度上出现了变得更加准确的趋势？"

　　我们获得了 54 份有效调查问卷，其中 12 份问卷被舍弃，因为它们描述
了流言而非谣言事件（如"两名员工有不正当关系"）⊖。最后获得的 42 则职
场谣言样本在表 6-4 中列出。准确性的数值呈现双峰（bimodal）分布，因为
我们要求学生提供真实的或虚假的谣言，这符合我们的预期；并且呈现负偏
态，即总体上职场中出现的谣言往往非常准确，大多数 100% 准确或者接近
于 100% 准确。⊜这一发现与文献综述和 1996 年现场访谈的结果相符。准
确性趋势也呈现负偏态，这表明职场谣言在其生命周期内倾向于变得更为准
确。⊜因此，总体而言，职场谣言的参与者往往非常善于找出事实真相。

　　虚拟编码（dummy coding）为分布中的每一个分数段赋予一个分类或顺
序值（见图 6-1 图注）。通过对这个样本中的准确性与准确性趋势变量进行虚
拟编码，我们评估了表 6-1 中列出的真实性－精确性组合出现的频率。这些
频率在图 6-1 中呈现并在表 6-4 中被标识出来。可以看出，这个样本中的大
多数谣言都像"皈依者"；这些谣言全部或者大部分被证明是真实的，并且
在其生命周期内越来越准确。有些谣言则属于"星星"类别，它们被证明是
真实的，但是很少改变。还有些谣言全部或者大多数被证明是真实的，但是
却被不断扭曲，它们是"粗糙者"。另一些谣言被证明是虚假的，它们更像
是"坠落的星星"不断退化。有一小部分是"伪造品"，因为它们被证明是
虚假的但是很少被改变。极少部分属于"有希望者"（虚假的谣言变得更为准

　　⊖　最后的样本（M age = 22.56，SD = 3.32）由 14 名女性和 27 名男性组成（1 人没有报
　　　　告性别）。
　　⊜　在 1～9 分量表中，准确性均值为 7.29，SD = 2.64，N = 42。
　　⊜　在 1～9 分量表中，准确性变化趋势均值为 6.21，SD = 2.34，N = 42。

确）。总而言之，职场谣言的中心趋势很清楚，就是变得更为准确。

表 6-4　学生谣言调查 1 中的职场谣言

类型	谣言概括
CF	备用金被盗是监守自盗，小偷就是某一个公司员工
CF	克里斯将会离开公司
CV	大学或部门主席职位的候选人（将会……）
CV	（群体中的）某人得到最高的工资
CV	我们将得到新的工作计算机
CV	在本赛季之后，比尔·帕索斯（Bill Parcells）将离开新英格兰爱国者队，前往指导纽约喷气机队
CV	某一个部门将被裁员
CV	一名同事被解雇
CV	一名同事在前一天晚上受伤
CV	几名同事将会被解雇，但是没有人知道是谁
CV	管理者将会被辞退和替换
CV	（大学）管理者有 2.87 亿美元的未指定用途资金，但是却拒绝花费在学生社团上，因为他们是吝啬鬼
CV	在我的公司中将会有很多员工被辞退
CV	一个实习生被一家自动化工厂辞退，因为在一次设备检测中他在汽车内打盹
CV	某人将会离开
CV	我们将选择下个季度的工作计划，而不是由他人替我们决定
CV	某人（一个同事）将会被辞退
CV	我所在的联谊会的一些成员被别人进行电话恶作剧
CV	有谣言称我将会被提名为队长
CV	一名很好的厨师会再次与我们共事
CV	一名同事因为在许多部门入室行窃而被解雇
CV	玛丽将会离开公司
CV	有几个人闯进我们的餐厅并且拿走我们的酒水
CV	我的联谊会会会堂楼上的阳台将会被改为休息室
CV	米歇尔将会被辞退
CV	公司将会发生大面积裁员（40%）
FS	一名员工从不在会议中露面
FS	我们公司将会收购另一家公司的一个部门
FS	某员工割破了我同事的轮胎
FS	一名同事将会被辞退
FS	选择商业课程作为工程选修课的学生将不能准时毕业，因为这门课程不算数
GN	所有员工将必须不带薪休假两周，这样公司就能够上报更好的收益

（续）

类型	谣言概括
GN	老板在缴税上有作弊行为
GN	一名女同事被一名男同事跟踪，并且性骚扰的指控被存档，最终导致该男同事被解雇
GN	摄影部门将会被裁员 50%
GN	有几个人"正在离开的路上"
HP	有谣言称我正准备辞职
ST	一名同事从管理岗位被降职，因为他把钱箱放在外面显摆
ST	一名同事收集（依然可以使用的）废金属并且将它们进行回收以获得收入
ST	有些高层管理人员将辞职
ST	一名同事售卖毒品
ST	刚刚遭遇事故的里克将回来继续工作

注：$N = 42$。CF 指"伪造品"，CV 指"皈依者"，FS 指"坠落的星星"，GN 指"粗糙者"，
HP 指"有希望者"，ST 指"星星"。

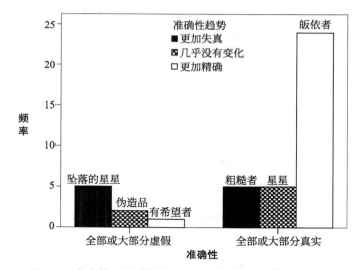

图 6-1　真实性 – 精确性组合出现频率（学生谣言调查 1）

注：$N=42$。准确性虚拟编码：<4 编码为全部或大部分虚假；>6 编码为全部或大部分精
确（$=4$、5 或 6 不予赋值）。准确性趋势虚拟编码：<4 编码为谣言变得失真；>6 编
码为谣言变得更准确；其余的情况表示谣言准确性几乎没有变化。

学生谣言调查 2

第三项调查在 1997 ～ 1998 年期间收集了已就业的美国大学生遇到的职

场谣言，这项调查被我们称为"学生谣言调查2"。低级和高级心理学课程中的185名学生填写了类似于学生谣言调查1的调查问卷。首先，谣言被定义为"关于群体中重要事件的未经证实的信息。它们与来自各个渠道的新闻信息类似，不同之处在于它们是未经证实的"。为了避免学生提供流言而非谣言，我们告诉他们"流言常常是关于个人的或隐私的事情，并且常常旨在传达社会标准或者娱乐"。受试者被要求"设想一个在工作场所出现的谣言（并非流言）实例，你可能仅仅听说过或阅读过这则谣言，也可能曾经将该信息传递给你的同事"。为了均等地抽取已经被证明为真实和虚假的谣言样本，我们要求学生回忆一则被证明真实的谣言，然后再回忆一则被证明虚假的谣言（顺序在受试者之间平衡）。

185份调查问卷共收集到370则潜在的谣言（每份调查问卷产生两则）。在这370则陈述中，94则是流言，2则缺失了准确性与准确性趋势数值，还有30则没有对谣言进行描述。最后的样本包含146名受试者，其中48名描述了1则谣言，98名描述了2则谣言，谣言样本总数是244。[⊖]其中137则谣言是真实的，107则是虚假的。为了更进一步评估这些或真或假的谣言发生的变化类型，我们计算了该样本的真实性－精确性组合频率，结果在图6-2中列出，与学生谣言调查1的结果很类似。首先，我们观察到绝大多数的谣言要么是全部或大部分真实的，要么是全部或大部分虚假的，后来被证明为真实或虚假的谣言似乎很少处于中间地带。在受试者回忆起的全部或大部分真实的谣言中，绝大多数类似于"皈依者"。那些全部或大部分虚假的谣言，要么类似于"坠落的星星"，要么类似于"伪造品"。总结起来，谣言倾向于变得更真实，也可能相反。真实的谣言尤其倾向于朝着更加准确的方向变化；虚假的谣言倾向于要么成为更虚假的谣言，要么保持原状。

⊖ 最后的受试者样本（M age = 24.96，SD = 7.64，15名没有报告年龄）由118名女性和113名男性组成（13人没有报告性别）。

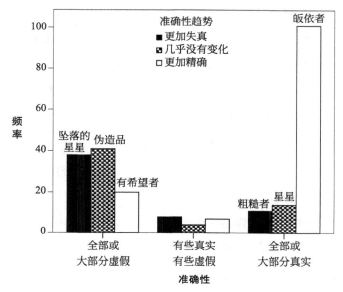

图 6-2   真实性 – 精确性组合频率（学生谣言调查 2）

注：*N*=244。准确性虚拟编码：1、2 或 3 编码为全部或大部分虚假；4 或 5 编码为有些真实
有些虚假；6、7 或 8 编码为全部或大部分精确。准确性趋势虚拟编码：1、2 或 3 编码
为谣言变得失真；4 或 5 编码为几乎没有变化；6、7 或 8 编码为谣言变得更准确。两个
变量都在 1~8 分量表上评定。

局限与总结

这三项研究中有两个局限因素。首先，这些结果可能是由某种形式的回忆偏差（recall bias）造成的，即真实的谣言比虚假的谣言更容易被回忆起来。当真实的谣言成为事实时，这些事实的某些分支（如裁员、老板跑路、公司被收购等）就会成为人们回忆起原始谣言的线索。不过，虚假的谣言如果内容怪异，也应该同样容易被回忆起来。其次，再次说明，实验样本排除了未经证实的谣言。因此，有必要对这些结果的可推广性进行限定，即仅适用于已被证实或证伪的组织谣言。

总的来说，文献和我们的实证研究结果表明了两个结论。第一，组织谣言倾向于准确。职场谣言不准确的名声显然本身就是不准确的。导致这种不一致的原因至今仍不清楚。既然被回忆起的绝大多数谣言是真实的，那么为什么谣言的总体印象往往是不可信的？我们反复观察到这样的模式：当问起对谣言的总体印象时，人们将其归为虚假的或低质量的信息。而当要求人们回忆一则谣言时，人们却倾向于反馈那些真实或高质量的信息。为了解释这种不一致，我们提出两种推测。一是社会赞许性偏差（social desirability bias）或许在其中发挥作用：受试者或许认为相信谣言是一种难以接受的行为，这或许会与其本身作为知识分子的个人形象产生冲突。二是人们对他人产生刻板印象的认知过程可能也在对谣言产生刻板印象的过程中发挥作用。例如，人们对谣言的认知中可能容易产生虚假相关：由于谣言可能是人们加工的信息（如新闻和资讯）中的少数，其中虚假谣言样本可能较为凸显，并且越是虚假的谣言越是凸显（cf. Chapman & Chapman，1969）。所以，为了建立起有意义的分类，人们倾向于把谣言与虚假联系起来。

第二，文献和研究结果显示，在已被证实或证伪的谣言中，真实的谣言倾向于变得更加真实，而虚假的谣言要么维持原状，要么变得更加虚假。谣言真实性的变化趋势似乎是分叉型的。我们把这个有趣的可能性称为"马太准确性效应"（Matthew accuracy effect）。科学中的"马太效应"指的是知名科学家不成比例地获得更多声望和接触前沿科学观点与信息的机会，反之知名度较低的科学家所得到的赞扬更少，所接触的信息也更少。由于《马太福音》中的经文出现了相似的表述，即"凡有的，还要加给他，叫他有余；没有的，连他所有的也要夺过来"（《马太福音》25 章 29 节），罗伯特·K. 默顿（Robert K. Merton，1968）创造了"马太效应"这个词。以下格言也表达了这个观点："一事成功百事顺""富者更富，贫者更贫"。这个观点的变体出现在不同领域中，例如在网络科学中，有很多连接的网民能得到更多信息，而那些连接较少的网民得到的将越来越少（Newman，2003）。

在下一章，我们将探讨准确与不准确谣言内容的产生与变化机制。

附录 6A　学生谣言调查 1：
一项简短的关于谣言准确性的调查

谣言是人们在组织中获得信息的方式之一，可能会对我们产生各种各样的影响。当然，我们都清楚谣言可能是真实的，也可能是虚假的，但是我们有时候必须基于谣言来做出决定。如果谣言最后被证明是真实的，那么这没什么问题；但是如果谣言是虚假的，那么可能会导致出现问题。为了让我们成为更好的谣言"消费者"，了解谣言有多大可能性为真是非常有用的。你的参与将帮助我们回答这个问题，并且帮助我们制定参考标准以确定什么时候选择相信一则谣言是合适的。

请你填写一份简短的关于职场谣言的调查问卷。这份调查问卷只需 10 分钟时间即可完成，我们非常感谢你的合作。你的参与是完全自愿的，提交该调查问卷将被视作你同意参与这项调查。当然，你可以随时终止，这不会对你产生任何影响。你的回答将被匿名处理（请勿将你的名字或学号写在调查问卷上），调查数据将被保密（只有最后的统计结果会被报告）。在本季度末，我将在班上报告结果。

十分感谢你的参与。

谣言是关于对群体重要的事项未经证实的信息。请设想一个在工作场所出现的谣言实例，你可能仅仅听说过或阅读过这则谣言，也可能曾经将该信息传递给你的同事。**请选择一则谣言，这则谣言在受到合理怀疑之后已经被证明是真实的或是虚假的。我们对仍未确定真假的谣言并不感兴趣。**

1. 请描述该谣言：

2. 请描述谣言⊖出现的情境：

3. 这则谣言被证明有多准确（真实）？（圈出其中一个数字）1 表示 100% 虚假，9 表示 100% 真实。

4. 从谣言开始到谣言被证实或证伪，在多大程度上谣言倾向于变得更准确？ 1 表示变得更失真，9 表示变得更准确。

现在请回想谣言即将被证实或证伪时的情境。基于在此情境中的情况回答以下全部问题。

5. 总体上，谣言内容本身导致听说或传播该谣言的人感到焦虑（担心 / 关切）的程度如何？ 1 表示完全不焦虑，9 表示高度焦虑。

6. 总体上，谣言产生的情境导致听说或传播该谣言的人感到焦虑（担心 / 关切）的程度如何？ 1 表示完全不焦虑，9 表示高度焦虑。

7. 总体上，听说或传播该谣言的人感到焦虑（担心 / 关切）的程度如何？ 1 表示完全不焦虑，9 表示高度焦虑。

8. 总体上，听说或传播该谣言的人感到不确定（对谣言产生情境充满怀疑和不确定感）的程度如何？ 1 表示确定，9 表示不确定。

9. 总体上，人们在多大程度上知道要做什么来最小化与谣言相关的消极后果，或者最大化与谣言相关的积极后果？（如果是以下两种情况请不必作答：谣言不会产生任何后果或与谣言相关的只有中性后果。）1 表示完全不知道应该做什么，9 表示完全清楚要做什么。

10. 总体上，听说或传播该谣言的人有多确定该谣言是真实的？ 1 表示完全没有信心，9 表示有很强的信心。

11. 如果谣言被证明是真实的，对于大多数听说或传播该谣言的人们来说，谣言所可能产生的后果的积极程度如何？ 1 表示非常消极，9 表示非常积极。

⊖ 本附录后文中"谣言"均特指受试者给出的谣言。——译者注

12. 总体上，对于那些听说或传播该谣言的人来说，谣言有多重要？ 1 表示完全不重要，9 表示非常重要。

13. 总体上，对于那些听说或传播该谣言的人来说，谣言产生的情境有多重要？ 1 表示完全不重要，9 表示非常重要。

14. 谣言被一个人传递给另一个人的过程中可能包含很多互动（讨论和澄清），也可能包含很少的互动。总体上，关于谣言的典型讨论中互动性如何？ 1 表示完全没有互动，9 表示有非常多的互动。

15. 谣言可能在群体中循环传播（群体中的大多数人从不止一人口中听到谣言），也可能不会循环传播（群体中大多数人听说过一次并且不会传递它）。谣言在多大程度上在群体中循环传播？ 1 表示不会循环传播，9 表示活跃地循环传播。

16. 谣言可能通过确立已久的传播网络（如办公室小道消息）进行传播，也可能通过之前从未交流过的群体传播。总体上，听说或传播谣言的群体的传播渠道确立程度如何？ 1 表示传播渠道是新的，9 表示传播渠道确立已久。

17. 小道消息是一种已建立的非正式传播网络。谣言在多大程度上以这种小道消息的方式进行传播？ 1 表示 0% 通过小道消息传播，9 表示 100% 通过小道消息传播。

最后还有一些关于你的细节信息。

18. 你是：男性 / 女性（请圈出其中一个）。

19. 你的年龄是：

第 7 章

促进谣言准确性与不准确性的机制

2005 年，美国历史上最可怕的风暴——卡特里娜飓风袭击了新奥尔良。根据谣言和新闻报道，"欢乐之都"沦为滋生混乱的温床——儿童和成人在会展中心被强奸，暴力团伙向施救者和警用直升机开枪，汽车被持枪歹徒劫持，城市被淹没，上百具尸体漂浮在有鲨鱼出没的水中。这些故事几乎全是虚假的。虽然当时也有个别的枪击事件和抢劫事件发生，但这些关于整个城市充斥着混乱的故事来自夸张和捏造，它们是极不准确的。

——德怀尔和德鲁（Dwyer and Drew，2005）；

吉林（Gillin，2005）

我们在上一章中看到，证据显示组织谣言倾向于准确，而灾难谣言（如关于卡特里娜飓风的谣言）则倾向于不准确。为什么会这样呢？更具体地说，准确（或不准确）的谣言内容产生或变化的机制是什么？在这一章中，我们从谣言准确性研究中归纳证据，并且报告我们最新的相关实证研究。正如前一章中指出的，准确性是指真实性，而失真是指谣言传递过程中精确性的缺失。因为失真可能对准确性造成明显的影响，我们也会回顾有关谣言失真的文献。为了阐述得更清晰，我们将谣言准确性机制分为五组：认知、动机、情境、网络和群体机制，我们在表 7-1 中归纳了这些机制。在现实中，这些机制对应的过程不可分割地混合在一起，比如文化理念为认知图式提供参考。我们对 H. 泰勒·巴克纳（H. Taylor Buckner，1965）被人们忽视的研究工作给予了特别的关注，他的谣言准确性理论聚焦于网络和动机机制。我们也将描述我们自己进行的基于巴克纳理论的最新研究。

表 7-1　谣言准确性涉及的机制

机制	概括	例子
认知：注意窄化	在无讨论的 ST 情境中，注意窄化导致凸显重要信息的失真	叙述者对于一起足球运动员醉酒驾驶事故的描述往往是"不连贯的、时间线上杂乱的和不完整的"，并且耗费听者的注意力资源。因此，听者更关注这些描述的中心特征（Baron et al., 1997, p.827）
认知：记忆限制	在无讨论的 ST 情境中，记忆限制导致凸显容易被编码的或重要的信息的失真	在一系列 ST 研究中，磨平的细节并非是随机的，那些更难于被编码或检索的细节会被舍弃（G. W. Allport & Postman, 1947b）
认知：知觉偏差	知觉偏差导致选择性的知觉和解释，使知觉和解释与已有认知框架（如刻板印象、图式等）保持一致	有虚假谣言说负责社区社交活动的社区工作人员是共产主义者。由于美国关于共产主义威胁的新闻媒体报道迅速增加，这一谣言获得了合理性（Festinger et al., 1948）

（续）

机制	概括	例子
动机：准确性	准确性动机倾向于引起更为准确的谣言	相比于中立个体，自我卷入的个体（谣言主题对他们重要）在 ST 实验室研究中会更少磨平细节（Higham，1951）
动机：关系增强	增强或维持与他人关系的需要影响谣言内容，使其引发他人积极的情感，给他人留下积极的印象，或使其与刻板印象相一致	有关一名男子在一辆汽车后座被发现死亡的谣言的变化。死亡的真实原因受到了首先发现尸体的人（即知情者）的抗拒，原始谣言是不准确的（R. H. Tuner & Killian，1972）
动机：自我提升	自我提升影响谣言内容，使其增强已有信念、态度、愿望、偏见、怀疑和需求，或通过贬损外群体以提升自尊	MBA 学生更愿意传播为他们的学校带来荣誉而为竞争学校带来耻辱的谣言（Kamins et al.，1997）
情境特点：高集体兴奋	高集体兴奋导致"暗示易感性"和批判性能力的降低	由于高度焦虑，山崩灾难后人们的暗示易感性增强，人们搁置了自己的批判性，谣言没有被仔细检查，人们并没有验证谣言的欲望（Sinha，1952）
情境特点：检查能力	如果有准确性动机，那么检查能力有助于提升准确性	卡普洛（Caplow，1947）研究中的军事谣言是精确的，部分原因是军队人员可以向长官询问谣言的真实性（长官可以证实谣言是虚假的）
情境特点：时间	对于有能力搜寻事实的群体，时间有助于提高准确性；否则，时间会导致不准确性提高	1996 年现场访谈中的虚假谣言（见第 6 章）被迅速舍弃
群体：从众	从众压力导致谣言符合共识	一旦监狱里的犯人形成共识，认定某人是"泄密者"，数据就会被重新组织，从众成为对每个人的要求（Åckerström，1988）
群体：文化	谣言倾向于符合文化公理	关于地震产生于行星排列和喜马拉雅神的愤怒的谣言反复重现（Prasad，1950）
群体：认知规范	对证据的高群体标准会导致谣言更准确	公共关系人员"多疑"的群体特征倾向于引起更为准确的谣言，而那些有着"易受骗"特征的群体则相反（DiFonzo & Bordia，2002a）
网络：互动	互动增加精确性	在参与者可以提问的情况下传播的谣言更精确，而禁止互动的情况下则容易出现失真（Leavitt & Mueller，1951）
网络：传播架构	ST 和集群架构容易导致失真；大量的互动会增强批判倾向群体中谣言的准确性，以及非批判倾向群体中谣言的不准确性	在学生谣言调查 2（本章）的职场谣言样本中，群体怀疑调节 MI 与准确性之间的关系
网络：传播渠道历史	渠道历史与准确性有联系	确立已久的沟通渠道能代表信源的质量，卡普洛（Caplow，1947）把高准确性部分归因于此

注：ST 即序列传播。

认知机制

影响准确性的认知机制指的是与信息加工相关的过程，包括注意窄化（narrowing of attention）、记忆限制（memory limit）以及知觉偏差（perceptual bias）。

注意窄化

一个听到序列传播的谣言并且未进行讨论的人会出现认知窄化，这会导致系统性的谣言失真，进而导致谣言不准确。关于印象形成中讲者－听者－极端化效应（teller-listener-extremity effect）的研究与此相关。在这些研究中，受试者们连续地传播（当中没有讨论）一则有关某人做出不当行为的信息（一名足球运动员发生醉酒驾驶事故）。讲者听到中心陈述（central statements，如一名足球运动员醉酒驾驶）以及缓和信息（mitigating information，如他不知道有人偷偷在他的杯中加入了烈酒）。相比于听到重述故事的听者，那些有第一手信息的讲者对该运动员行为严重性的评分没有那么极端。为什么听者会倾向于更严格地评判该运动员的行为？因为讲者的陈述是"不连贯的、时间线上杂乱的和不完整的"（R. S. Baron，David，Brunsman & Inman，1997，p.827）。巴伦等人（Baron et al.，1997）提出，讲者的不连贯叙述使得听者难以加工，需要更多的认知资源，进而使得听者忽略缓和信息，从而导致听者产生更极端的判断。巴伦等人收集了支持这一观点的证据，他们证明，如果受试者在听信息时受到白噪声的干扰，那么上述效应将更为明显（白噪声减少了听者的注意力资源）。

注意窄化效应在谣言最初的讲述中似乎尤为明显——同样是在没有讨论的 ST 情境中。与奥尔波特和波兹曼（G.W. Allport & Postman，1947b）的 ST 磨平曲线相一致，巴伦等人（Baron et al.，1997，研究 1）在谣言第 1～2 代的传播过程中成功重复了讲者－听者－极端化效应，却没有在谣言第 2～3 代的传播过程中成功重复。他们认为在第 2～3 代的传播过程中事件数量更少（因为之前发生了遗漏），所以人们能够对缓和信息给予一些注意。

巴伦等人也推测焦虑会加剧注意窄化效应。与这一观点相一致，艾利斯和赞纳（Ellis & Zanna，1990）的研究显示，唤醒（arousal）窄化了注意范围，仅聚焦于凸显的刺激，从而增强了凸显信息对于因果归因的影响作用。由于焦虑与唤醒有着紧密的关系，因而在谣言建构过程中，焦虑可能导致人们关注情境的凸显部分（如行为动作而不是情境性因素）。奥尔波特和波兹曼（G.W. Allport & Postman，1947b）也发现了类似的效应：相较于没有听众，面对听众的无讨论 ST 会导致谣言内容发生更多的磨平。虽然奥尔波特和波兹曼把这个结果归因于面对听众时人们更为强烈的准确性寻求动机（受试者只传递了他们所确信的信息），但焦虑和注意窄化也是很有道理的解释。

因此，在无讨论的 ST 情境中，注意窄化似乎导致了以强调凸显信息或中心信息为特点的不准确。通常情况下，这种不准确信息关注行为动作而非情境限制。焦虑与唤醒可能会增强这种效应。

记忆限制

记忆限制会导致无讨论 ST 情境中的谣言参与者磨平部分细节，如原始信息包含 20 个细节，最后只能回忆起其中 5 个（G. W. Allport & Postman，1947b）。这些细节的"磨平"并非随机，那些较难被编码或检索的细节会被舍弃。例如，专有名词或头衔几乎总是被删除（也见 Bartlett，1932）。不过，"古怪的、稀奇的用词"（如"一个男人在告诫一个行窃的男孩"；Allport & Postman，1947b，p.89）更可能被人们回忆起来。与运动（如"有一个窗户上放置了三个花盆，其中一个花盆掉落下来"，p.95）和规模（如"大型仓库"，p.96）相关的信息也能够被人们回忆起来，可能因为这些信息比较栩栩如生，因此更容易进行编码。奥尔波特和波兹曼也注意到在 ST 情境中，当要求受试者尽可能准确地回忆信息时，他们更倾向于把信息磨平为易于记忆的语句。因此，在无讨论的 ST 情境中，记忆自身的限制与偏差会导致以强调凸显信息或易于记忆的信息为特点的不准确。

知觉偏差

　　激发倾听者诸如刻板印象和图式的认知结构，可能会导致对后续刺激的选择性知觉与随和解释，以符合所激发的认知结构（Sediides & Anderson，1992），这会导致谣言朝向已有认知结构的失真，通常也称为同化（G. W. Allport & Postman，1947b）。特罗普和利伯曼（Trope & Liberman，1996）指出了社会假设检验中的这种确认偏误（confirmation bias）：人们一旦形成一种假设，就会有一种限制注意和信息加工的倾向。这种假设为证据提供了框架，人们倾向于寻找和他们自身所持假设相符合的证据。例如，有虚假谣言说负责社区社交活动的社区工作人员是共产主义者。由于关于美国共产主义威胁的新闻媒体报道迅速增加，这一谣言获得了合理性（Festinger et al.，1948）。这则共产主义谣言在两周的时间内被人们详细叙述，并且其他信息被重新诠释以符合该谣言（应该指出的是在这段时间内没有出现辟谣）。集体行为中的一个类似的现象被称为"符号化"（symbolization；R. H. Turner & Killian，1972）。符号化是一种人群对情境进行选择性定义的方式，其中人们以一种简化的方式将紧张感和行动集中于一个对象上，就像对待"替罪羊"一样。例如"白人教授 A 和 B 支持（人权）静坐抗议"这一陈述倾向于选择并强调指向"这些教授对静坐抗议确实负有什么责任"的证据。类似地，有人在披头士乐队的专辑封面上找到支持保罗·麦卡特尼死亡这一虚假谣言的"证据"：保罗没有穿鞋子，在英国，死者被埋葬时也不穿鞋子（Rosnow，1991）。

　　知觉偏差在种族谣言的形成与维持中的作用广为人知（Bird，1979；R. H. Knapp，1944；P. A. Turner，1993）。奥尔波特和波兹曼在 1947 年记录的刻板印象至今仍有影响。他们认为，作为一些谣言特征的刻板印象是许多观点的简单压缩，或者可以用一个更为现代的认知术语——"组块化"（chunking）

来描述。我们当中的一员（迪方佐）定期要求学生匿名列出他们听说过的关于其他人种的谣言，这类谣言总是符合刻板印象。种族谣言似乎常发生变异，以反映谣言群体中的种族刻板印象（Maines，1999）。在非裔美国人社群中不断流传的谣言（如一个男孩在一家商场的厕所内被伤害）所指定的行凶者常是白人；在白人社群中流传的相似谣言所指定的行凶者常是黑人（M. Rosenthal，1971）。刻板印象不仅影响对证据的解释，也导致过早停止证据的收集（Trope & Liberman，1996）。当然，在对个体或事件进行解释时依赖刻板印象可能导致不准确。焦虑似乎会增强人们对认知结构的依赖。在人际沟通情境中，古迪孔斯特（Gudykunst，1995）提出，当一个人对另一个陌生人进行判断时，高焦虑将使前者依赖刻板印象。在我们对高级公关人员回忆的谣言事件的调查中，焦虑和谣言与群体偏见之间的一致性有所关联（DiFonzo & Bordia，2002a）。因此，焦虑似乎能提高对激活的认知框架（尤其是刻板印象）的依赖程度。

在验证假设时，这些知觉偏差有时候会导致错误的确认，但是有证据指出人们能认识到证据的诊断性（diagnosticity）（Trope & Liberman，1996）。例如，卡普洛（Caplow，1947）观察到谣言中有时会加入界定谣言真实的可能性的陈述（如"这可能不是真实的……"）。我们注意到，知觉偏差既出现在 ST 实验研究中（G. W. Allport & Postman，1947b；Lyons & Kashima，2001），也出现在人们并不了解太多信息（Festinger et al.，1948）或不相信正式信源（P. A. Turner，1993）的现场研究中。个体产生偏向激活的图式的谣言或使谣言更偏向激活的图式的倾向，可能被情境和群体过程增强或抑制（随后讨论）。

动机机制

影响准确性的动机机制指的是涉及谣言的人际互动的目标，即谣言传播者试图达到的目标。如第 3 章所述，动机机制包括准确性、关系增强和自我提升三种动机。

准确性

人们常常有准确把控事实情境的动机，请回想第 3 章介绍的事实寻求动机。对话的内隐规则之一即传递可靠的信息（Grice，1975；Higgins，1981）。例如，当焦虑程度不高，并且参与者试图"现实地"定义某个事件时，那么准确性是"主要考虑因素"（Shibutani，1966，pp.72-76）。在这些情况下，群体会检查信息的可信程度并对假设进行检验。当群体有合适的资源来寻求事实时，上述努力便会成功："当准确性对于参与实验的人来说是重要的时，任何形式的失真都很少出现。"（Shibutani，1966，p.92）

准确性动机（以及后续的假设检验和诊断性信息的凸显）随主题的重要性增加而增强。当虚假信息带来的代价很高时，人们便会寻求准确性。同样，当代价很高时，人们会更有意识地对信息进行判别，更谨慎地根据有效信息来得出结论。这种对于准确性的谨慎关注甚至出现在 ST 研究中：海厄姆（Higham，1951）发现自我卷入（ego-evolved）的受试者（对他们而言信息主题是重要的）对细节的磨平程度会低于对照组。

当人们对其言论负有责任的时候，准确性动机也会增加。散布小道消息的人关心他们在既有关系网络中的声誉，而或许不在乎在陌生人中的声誉（Shibutani，1966）。这意味着，在由既有关系网络构成的小道消息网络中，人们更追求准确性。奥尔波特和波兹曼（G.W. Allport & Postman，1947b）指出，相于没有听众，面对听众的 ST 传播会带来谣言内容更多的磨平，他们认为这是源于准确性动机：人们只会传递那些他们确定的信息。约翰·阿恩特（Johan Arndt，1967）有类似的发现，即在口头传播中的信息扭曲程度取决于人们评估信息的能力以及"精确传播得到的奖励"（p.65）。阿恩特推测在有关产品的谣言中，"口头传播的接收者会去购买这款产品并进而检查信息的准确性，对此的认识似乎会阻止对信息的极端夸大。毕竟，传播者正在拿自己作为一个可靠信源的名声来做赌注。"（p.66）

关系增强

如第 3 章指出的，人们常常有建立和维持关系的动机。这种动机常常表现为人们倾向于说可能使倾听者感觉良好的话语，而不是分享一则破坏倾听者心情的谣言。这就是已经讨论过的不愉快信息最小化效应（Tesser & Rosen，1975）。商学院学生拒绝传播消极谣言（相比于积极谣言），因为这类谣言可能会为接收者带来消极情感（Kamins，Folkes & Perner，1997）。这样的选择性谣言传播导致只有社会接纳的、增强个体与内群体的关系（这里关系增强动机与自我提升动机共同发挥作用，后者我们将在后文中讨论）的谣言得以"生存"，因而使谣言内容不准确。不过，如我们在第 3 章中罗切斯特理工学院（RIT）－罗切斯特大学（UofR）的研究中所讨论的，当人们希望维持亲密的或长期的人际关系时，这种关系增强的动机可能会指向准确性动机，即人们试图传递准确信息以维持自身声誉。在这种情况下，关系增强与准确性目标两者重合。

关系增强同样表现为希望在他人心目中建立良好的印象。科学家致力于建构理论（Kuhn，1996）；谣言传播者同样致力于建构谣言。人们希望成为知情者（in the know），以管理和增强良好的印象，但这可能对谣言内容造成影响。知情者可能会抵制使他们提出的关于现实情况的看法失去权威性的谣言修订。特纳和基利安（R. H. Turner & Killian，1972）在一则谣言中观察到上述抵制作用。人们在一辆汽车的后座发现一具男尸，这名男子的实际死因是酒精中毒。首先找到尸体的人是知情者，但他们拒绝承认死因为酒精中毒。保姆谋杀案谣言（Peterson & Gist，1951）传播者也对谣言进行了修订，以提高他们自己的声望。相似地，夸大（如"整个家族都灭亡了"）与戏剧化（如"一座房子滚下来"）的描述也出现在与大型山崩相关的谣言中（Sinha，1952）。为什么呢？辛哈指出，在实验室中，传播者带有准确性动机，但是在现场，人们传谣部分是为了给人留下良好的印象；也就是说，人们分享故事一部分是为了消遣。所以，谣言文本可能由于传谣者试图强化或维持其在他人心目中建立的形象而"抵制"朝向准确的变化（Arndt，1967），尤其在情况不明确的情境中。

关系增强动机的另一个方面更偏向认知：尽管传播的内隐规则是传递准确、真实的信息，但是这或许会与传播连贯信息的目标发生冲突，后者是指对倾听者而言可理解的、貌似有道理的以及可接受的信息（Ruscher，2001）。人们对"一个简洁的故事"（p.68）的兴趣或许会导致他们舍弃那些与刻板印象相矛盾的素材。彼得森和吉斯特（Peterson & Gist，1951）对一则关于保姆谋杀案的谣言发生的"滚雪球"现象做出了这样的动机性解释：传播者选择性强调或不强调谣言的某些部分，根据他们的信念挑选出可能发生的细节，以使谣言变得更为可信。涩谷保（Shibutani，1966）也指出，即使是出于准确性动机的谣言内容也倾向于符合"公众预设"（p.86）。通过连贯性而增强关系的动机可能更多出现在群体无法确认事实的情况中；在保姆谋杀案和山崩事件中，谣言群体并没有可靠的证据。

自我提升

我们在第 3 章也讨论过自我提升动机。自我提升是指个体防御自我感知受到的威胁和维持自尊的需要。自我提升动机发挥作用的方式之一是确保符合个体既有信念和态度的谣言的传播。奥尔波特和波兹曼（G.W. Allport & Postman，1947b）指出，谣言"巩固已有的态度，而非形成新的态度"（p.182）。奥尔波特和莱普金（F. H. Allport & Lepkin，1945）发现，在"二战"中反对罗斯福行政的人更容易相信和传播关于浪费与特权的谣言（见第 4 章）。换言之，谣言内容可能发生变化，以证明现有信念的合理性。这是一个相对较"冷"（认知性）的过程。

自我提升动机发挥作用的另一个较"热"（情绪性）的途径是提高谣言与现存未完成的心愿、偏见、怀疑和欲望相符合的程度，尤其是在人们没有形成共识的情况中（Shibutani，1966）。谣言失真被一些研究者视为在每个传播节点压抑的冲动的投射。这类研究最典型的案例就是荣格（Jung，1910/1960）对于女子学校中一则关于师生不正当关系谣言的分析。该谣言代表了幻想的愿望（wish-fantasy）。通过投射机制，谣言表达了内在的情绪张力（即缓解、证实或解释焦虑情绪；Wilkie，1986）。例如，罗温伯格（Lowenberg，1943）指出精神病人会表达出对被毒害的恐惧。在国家危机时期，"普通人"身边也流行有关大规模毒害的谣言。他总结道，如精神病人的情况一样，关于大规模毒害的谣言是公众的震惊与恐惧的投射。为什么是毒害呢？罗温伯格指出，根据精神分析理论，在童年断奶期，震惊和恐惧与口唇区域产生关联。用现在的话说，孩子在他们这段时期内遇到的疾病与不适和摄取新类型的食物之间建立起了虚假关联。成年人在危机中的焦虑感使得这种早期关联再次被激活，甚至正常的成年人也会相信大规模毒害的谣言。更广泛地说，另一名精神分析学家安布罗西尼（Ambrosini，1983）指出谣言将内心的焦虑投射到外部的物体上。同样，谣言也被理解为焦虑通过认知失调机制的合理化（Festinger，1957；Prasad，1950；R. H. Tuner & Killian，1972）。失调是由矛盾的态度或行为所引发的心理紧张，例如"我感到焦虑，但却不知因为何事"。在更高的意识层面上，谣言失真部分取决于个体希望或期望什么是真实的（Tuner & Killian，1972）。例如，当有学生突然退学时，其朋友们倾向于传递关于该事件正面的而非负面的谣言；非朋友则表现出相反的模式（Schachter & Burdick，1955）。

自我提升动机发挥作用的另一种方式是产生贬损外群体进而提升内群体声望的谣言内容。一则描绘了"他们"的消极特征的谣言会让我们对"我们"感觉更为良好——而且，这种作用会延伸到"我"身上。前文提到的卡明斯等人（Kamins et al.，1997）的研究也支持这个观点：MBA学生更愿意传播对竞争学校不利的谣言（排名下降），而不愿意传播竞争学校排名上升的谣言。第3章中提及的RIT-UofR研究大体上也重复了这个结论：当谣言接收者为内群体成员而谣言对象是外群体时，大体上负面的谣言比正面的谣言更容易被人们传播⊖（见图 3-4）。相似地，关于暴力行为和邪恶的谣言通常会将行凶者描绘为外群体成员。例如，特纳（P. A. Tuner，1993）记录了在非裔和高加索人社群中传播的谣言，发现两个社群中都有对方是食人族的谣言流传。自我提升动机解释了为什么人们会听到大量的群体敌意谣言（即对外群体抱有憎恨或敌对情绪的谣言），但是很少听到关于内群体的负面或批评性谣言。总而言之，证据表明人们更愿意传播关于外群体的负面谣言。

情境特点

情境特点指对谣言准确性有所影响的外在条件和环境。这些特点包括集体兴奋（collective excitement）、检查能力（capacity to check）和时间（time）。

高集体兴奋

我们已经讨论了个体的特质和状态焦虑会加剧抑制准确性的认知过程。集体兴奋，即许多或全部个体都很焦虑的情境，可能通过增强暗示感受性（感知扭曲）和降低批判能力来增强焦虑对谣言准确性的影响。例如，“群体研磨”（crowd milling）可能会催化焦躁的个体变成兴奋的暴民，根据不准确的谣言立即采取行动（R. H. Tuner & Killian，1972）。辛哈（Sinha，1952）观察到山崩灾难后的群体暗示感受性因为人们高度的焦虑而变得更高：人们放弃了他们的批判性意识，不仔细检查谣言，也没有验证的欲望。涩谷保（Shibutani，1966）提出焦虑导致的两种谣言考虑模式：“审慎”（deliberative，在对新闻的需要有中等程度的不满足，集体兴奋较温和，并且谣言建构发生在评判性评估当中时出现）和“即兴”（extemporaneous，在集体兴奋极高的情况下，谣言建构成为一种行为传染）。莫斯纳和格宗（Mausner & Gezon，

⊖　$t(45) = 1.56$，$p_{1-tailed} = 0.06$。

1967）提供了一个即兴谣言建构的例子：人们听说某小学的女孩中暴发了阴道淋病（在 173 名女孩中只有 3 个女孩得了这种病，但许多女孩都表现了某些症状），没有事实根据的恐惧导致该小学暂时关闭。这则谣言提供了行为传染的例证，因为其中有高集体兴奋与高暗示感受性。

高集体兴奋也可能导致较不严谨的谣言核实规则。紧急情况下，正式传播渠道关闭以后，临时的、不稳定的非正式传播网络就会形成。评价信息、决定行为的新规范可能出现："这是大家都在谈论的！"（R. H. Tuner & Killian，1972，p.32）较不严谨的谣言核实规则在亲密群体中得以加强，而不是在促进传播的情境（如人们对他人高度敏感的群体）中。不过，人们对他人的高度敏感也可能来自已经存在的群体纽带的影响。这种"有组织"的群体相比于"无组织"的群体，在恐惧情况（如烟雾笼罩整个房间）下产生群体规范速度更快，群体规范更强。有组织的群体表现得更为恐惧，并且反应更为迅速（Tuner & Killian，1971，pp.38-41）。

检查能力

当有准确性动机时，人们会努力试图检查信息的准确性。当人们能够检查时，谣言准确性就会提高（Shibutani，1966）。在卡普洛（Caplow，1947）对军事谣言的研究中，谣言是准确的，这部分是因为军事人员可以向上级询问谣言的真实性（上级可以确认谣言是虚假的）。在人们审慎考量谣言的情境下，他们会努力检查信息的准确性。例如，人们在一次研究生工作人员罢工中给谣言中心打电话，以确认谣言的真实性。这个中心成为外部信息的新来源，以此压制了许多不准确谣言（Weinberg & Eich，1978）。即使是在灾难期间，人们也会检查谣言信源的质量。例如，新泽西州杰维斯港（Port Jervis）的居民听到水库将要溃坝的谣言，但是在消防部门传播这些谣言之后人们才选择离开居住地——消防部门是一个权威信源（R. H. Tuner，1964）。

在很多情况下，准确性检查无法进行，或者在很大程度上受限。无讨论的 ST 就是谣言检验受限的第一种情况。第二种情况是目击者的错误感知被过度信任。罗森伯格（Rosenberg，1967）描述了一则从一开始就不准确的新闻，因为报纸在引用这则新闻的时候没有检查它的准确性。同样地，报纸也未能核查有关卡特里娜飓风灾难后混乱状态的谣言的准确性（Dwyer & Drew，2005）。难以或不能检查谣言准确性的第三种情况是信息由新传播渠道传播。在一场灾难性地震后，常规传播渠道被毁坏，此时会出现夸大与捏造的信息。这些信息在很长一段时间内都不能被核查（Prasad，1935）。类似地，正在经历人员变动的军事部队中最初会出现一系列不准确的谣言，直至更多的常规传播路径被重建（Caplow，1947）。

　　谣言检验受限的第四种情况是在信息可以被检验前，人们感到迫切需要采取行动（Prasad，1935；Shibutani，1966）。因为如果谣言最终被证明为真，那么花时间检验谣言的真实性将带来极其负面的后果，所以在时间上的延迟将带来不利后果的情况下，人们可能选择继续传播不准确的谣言。例如，为了提醒朋友注意一个计算机病毒（只能通过出现一个泰迪熊图标以识别）是否已经感染了整台计算机，并且沿着地址栏上的地址信息传播出去（"JDBGMGE.EXE"，2002；也见于 Weenig，Groenenboom，& Wilke，2001），一个人必须迅速采取行动。如果这则谣言是真实的，迅速传播就能避免病毒对朋友计算机的损害（我们关心的朋友会把这则虚假的谣言传递下去，因为他们也感到必须迅速采取行动）。在第 2 章描述的前灯恶作剧中，谣言快速传播也是出于同样的原因：几乎所有我们采访过的研究生和教职人员都会马上向他们的朋友或所爱之人传播该谣言，这部分是因为他们感到只有迅速采取行动才能阻止暴力伤亡。值得注意的是，在最后两个例子中，在对恶作剧谣言非常怀疑的人——学院心理学家中也会得到传播。

　　谣言检验受限的第五种情况是人们不能获得任何确切的信息（Buckner，1965）。保姆谋杀案谣言之所以持续存在，是因为警察秘密进行对此案的调查而没有公布信息（Peterson & Gist，1951）。即使人们能够获取确认信息，谣言准确也需要以人们信任准确信源为前提（Tuner & Killian，1972）。例如，有关肯尼迪总统之死的谣言在不信任政府当局和沃伦报告（Warren Report）的人群中持续存在。不过，关于宝洁公司捐助撒旦教会的虚假谣言被一本名为《真相工具包》（*Truth Kits*）的出版物成功压制。这本出版物中包含了葛培理（Billy Graham）等被人们信任的宗教领袖的声明，指出这则谣言是虚假的（Green，1984；Koenig，1985）。

检查谣言的能力也可能受限于谣言参与者与有效信源的接近程度。对于12则预先散布的谣言，参与者报告的版本的准确性与原始信源接近程度成反比。第一手获知谣言的员工报告的谣言版本比第二、第三手获知谣言的员工更准确（Walton，1961）。奥尔波特和波兹曼（G.W. Allport & Postman，1947）注意到，之所以有一些二手信息较为准确，是因为在谣言传播链条中有人接触到了一手信息，参与者有追求准确的动机，或者参与者有机会验证谣言。

与一个群体检查信源有效性的能力密切相关的，是该群体内部通过比较谣言来检查信息一致性的能力。假设谣言中真实的部分会更多地出现，那么通过比较不同版本的谣言，就能成功地推断出谣言的准确性。例如，十几个参与朝鲜战争的美国老兵回忆了他们1950年在老根里村（the village of No Gun Ri）中如何杀害大约300名韩国平民（Cole，Hanley，& Mendoza，1999）。他们的描述只在细节上有区别，通过保留这些解释的共同部分，新闻从业者得以准确地重构该事件。如果一则谣言在某个群体内被不断地循环，那么这种谣言的比较就可以实现（Buckner，1965；DiFonzo & Bordia，2002a）。

时间

与时间这一情景因素相关的研究发现并不统一。随着时间的流逝，有时真实的谣言就会浮出水面。例如，在卡普洛（Caplow，1947）的军事谣言研究中，谣言持续存在而不消失与准确性存在关联。然而，赫尔歇（Hershey）发现谣言的持续存在与准确性之间并没有关联（引自 Hellweg，1987，p.217）。巴克纳（Bucker，1965）提出，对于有追求准确性的能力与动机的群体而言，时间会说明一切。在这类群体中，不准确谣言在产生阶段一开始会激增（R. H. Tuner，1964），但是，正如我们在 1996 年现场研究中看到的那样，虚假谣言被迅速地舍弃。然而，对那些既不热衷也没有能力追求准确性的群体来说，时间的流逝会带来更多的不准确性。

群体机制

群体机制指的是传播谣言的社会实体的一些方面，尤其是那些与群体认同、规范和影响相关联的过程。这些过程中，与谣言准确性关联最紧密的包括从众（conformity）、文化（culture）和群体认知规范（group epistemic norms）。

从众

共识一旦形成，对从众的要求便会出现（Festinger et al.，1948；Firth，1956；R. H. Tuner & Killian，1972）。为了确定哪个犯人是监狱里的告密者，就像谣言建构过程中一样，犯人们对假设进行了检验，并对假设的来源进行了检查。可是一旦一个假设被接受，那么数据将被重组，对从众的要求出现（ÅckerstrÖm，1988）。相似地，如果相比于其他定义，一些群体成员更同意对情境的某种定义，那么提出其他的建议将会变得困难（例如，当人群中有人大喊"警察打人"时；Tuner & Killian，1972）。当群体中一致的观点不正确时，谣言的不准确性将持续存在。

文化

涩谷保（Shibutani，1966）指出，尽管人们在审慎和即兴传谣的情况下都能保持批判能力，但新兴的谣言往往在谣言受众看来是合理的，因此它们往往与文化公理相契合。因此，群体偏见也会部分影响谣言内容。为了契合谣言的中心主题，一些信息被生成、扭曲或忽视。普拉萨德（Prasad，1950）对 1934

年和 1000 年前的印度地震中的谣言以及其他国家的地震谣言进行了分类。令人惊讶的是，他发现这些谣言中存在共同的内容和主题。他认为这种共性不会来自个体对"情结"（complexes；p.129）、情绪压力（emotional press）或原型（archetypes）的投射。相反，他认为这种共性来自地震情境中人们共同的"态度"（p.129）——很大程度上依赖文化传统。谣言建构就像完成填图任务，画作由态度所引导。在地震情境中，导致地震的原因是未知的，基于"群体特有的传统和文化遗产"（p.7）的推测得到采纳。这些共同的文化态度解释了谣言内容。例如，地震发生的原因是行星排列和喜马拉雅神的愤怒。文化不仅对未受教育的人群造成影响，科学家和知识分子也接受这些谣言。

因此，谣言内容至少部分与群体信念相关联，因为社会表征（对于某个话题的集体理解）与群体信念联系在一起（Lorenzi-Cioldi & Clémence，2001）。组织文化影响个体图式，进而影响个体意义建构的过程（S. G. Harris，1994），因而影响谣言内容的建构。涩谷保（Shibutani，1966）认为怀疑者并非不受文化的影响：在审慎的谣言建构活动中，谣言内容可能会发生变化以说服怀疑者。例如，谣言中可能会引用权威信息，可能会符合群体的"利益、情感和信念"（p.85）。大量文献证明了文化对于谣言的影响。克诺夫（Knopf，1975）认为谣言内容是受到文化约束的种族敌意的具体化。卡普费雷（Kapferer，1989）指出谣言内容是集体共享但压抑的恐惧和信念的表达。奥尔波特和波兹曼（G.W. Allport & Postman，1947b）指出"所有谣言都受到文化同化的影响"（p.157）。他们认为谣言在群体中传播时会失去个体化的特征，更接近广泛的文化观念和常见的语词（即它们变得"俗成化"）。他们也指出，谣言会被扩展得更加复杂，以与文化框架保持一致。例如，在巴特利特（Bartlett，1932）的ST 研究中，印度受试者倾向于为故事加入一个符合印度寓言的寓意。

群体认知规范

关于怎样的证据可被接受的群体规范与文化紧密相连，有理论认为这种群体规范与准确性有关。巴克纳（Buckner，1965）认为"缺乏证据标准"（p.57）的群体更难取得准确的谣言假设。相反，具有怀疑特质的群体希望得到更为准确的结论。我们发现了支持巴克纳的观点的相关性证据（DiFonzo & Bordia，2002a）：相比于具有易受骗特质的公关人员群体，具有怀疑特质的公关人员群体中容易出现更为准确的谣言。

网络机制

传播网络是实体间关系的组织结构：通常是人和人之间，也可能是组织或群体之间（Monge & Contractor，2000）。网络分析的关键是这些实体间的关系，而非实体本身。最初的传播网络是非正式的，而且是自然出现的（如小道消息），与通常与组织结构图相一致的正式传播网络相反。信息扩散（包括谣言传播）发生在这些传播网络之中、之间或借由这些传播网络而发生。本节，我们将考察在传播网络中，三方面的信息扩散是如何影响准确性的——在传播中讨论或互动（interaction）出现的程度、信息传播模式或架构（configuration）以及传播渠道的历史（channel age）。

互动

互动指的是在传播过程中出现的传播者和接收者之间的讨论（Buckner，1965）。互动可能包括冗余传播（redundant transmission，即重复信息）、澄清（clarification）、比较（comparison）和解释（interpretation）。它也被称为"自由反馈"（free feedback；Leavitt & Mueller，1951）和"相互作用"（reciprocity；D. L. Miller，1985），之前我们有时候称之为"讨论"。互动通常与更精确的传播相关联（Buckner，1965，McAdam，1962；R. H. Tuner & Killian，1972）。由对几何模式的描述构成的信息在自由反馈条件下传播时保持了准确性，而在序列传播中则表现出失真（Leavitt & Mueller，1951），无互动的 ST 传播总是导致失真（G. W. Allport & Postman，1947b；D. L. Miller，1985；Peterson & Gist，1951）。而当人们被允许口头互动时，即使在 ST 中失真也会减少（McAdam，1962）。

传播架构

不同的谣言传播架构之间可能存在很大的差异。ST 网络由在单一链条中不断向下传播信息的成员组成。"集群"（cluster，简称 C）传播模式指的是一群人得知信息，其中一部分人不继续传递信息，另一部分人则向其他集群传递信息（K. Davis，1972）。那些传递信息的人被称为"联络人"（liaison）。"多重互动"（multiple interaction，简称 MI）指的是在传播中"许多人不只从一个渠道获知同一则谣言"。MI 还没有一个精确的定义，但它明显包含了互动和谣言循环。我们将 MI 操作定义为与谣言"活动"（activity；DiFonzo & Bordia，2002a）概念相似。当谣言活动水平高时，许多人从多种来源听到某些版本的谣言（MI），他们彼此互动（讨论），这些谣言版本常常得以循环（例如，X 告诉 Y，Y 告诉 Z，然后 Z 告诉 X）。很多组织内的小道消息研究发现了 C 传播模式，而非 ST 或 MI 传播模式（K. Davis，1972；Hellweg，1987）。（在接下来的讨论中，请记住 C 表示集群传播模式，ST 表示序列传播模式，MI 表示多重互动模式。）

传播架构至少对准确性有两重影响。第一，相比于 MI 模式，在 ST 和 C 模式中，联络人对准确性有更大的影响力。基思·戴维斯（Keith L. Davis）发现在传播网络中平均有 20% 左右的人是联络人（1972，p.264）。传播网络中的某些人（通常是联络人）对于谣言建构有更多贡献，因此他们比其他人更能够对谣言内容产生影响（R. H. Tuner & Killian，1972）。因此，在 ST 和 C 模式中，谣言内容是否朝着更为精确的方向发展，可能更取决于联络人的特点，而 MI 模式中联络人的影响更小。

第二，ST 和 C 模式更有可能在每一传播节点因认知机制而出现一些信息失真（前文讨论过）。互动会减弱这种信息失真，尤其是当所谈论的主题对参与者重要的时候。MI 传播模式既可能改正也可能加重这种信息失真。巴克纳（Buckner，1965）指出，在 MI 传播模式和谣言准确性的关系中，群体倾向扮演了一个调节的角色。群体倾向包括一些情境、动机和网络因素，这些因素要么带来批判力集合（critical set），要么带来无批判力集合（uncritical set）。批判力集合倾向指的是检查能力、高证据标准和确立的渠道等因素的某种组合，而无批判力集合倾向指的是以上因素的缺失。对一个有批判力集合的群体而言，MI 应该与准确性相联系，在这些幸运的群体中，更多的互动与循环带来更多有效的假说。这个观点与尼斯贝特和罗斯（Nisbett & Ross，1980，p.267）提出的观点一致，他们指出群体互动能够大大减少常见的推理偏差。对那些有无批判力集合的群体而言，MI 与准确性负向关联，在这些群体中，更多的互动和循环会带来不准确与充满偏见的假说。

我们对一项公关人员研究的数据（DiFonzo & Bordia，2002a；见附录 2A）进行了重新分析，结果部分支持了上述观点，即在有批判力集合倾向的群体中，MI 和准确性相关联。这些专业人士回忆有害的或者可能有害的谣言，继而在包括 MI 和准确性的多种指标上对这些谣言进行评估。在该样本中，MI 与谣言准确性相关联。在巴克纳的框架中，这种关系应该只适用于具有批判力集合倾向的群体。为了检验这一观点，我们重新分析了数据，评估了批判力集合倾向。巴克纳提出群体怀疑性和确立的传播渠道是批判力集合倾向的组成元素（见展示 7-1：群体怀疑性可以从低群体"易受骗性"看出，传播渠道的确立性可以从渠道历史和新颖性看出）。总的来说，受试群体既不多疑，也不易受骗，但确实有已确立的传播渠道。[⊖]考马尔尼基和沃克（Komarnicki & Walker，1980）的实验结果也符合这个观点。与奥尔波特和波兹曼（G.W. Allport & Postman，1947b）的研究中一样，每一位受试者被要求向队列中的

⊖　我们对群体怀疑性和传播渠道确立性进行了相对于量表中值的单样本 t 检验：怀疑性 $t(60) = 1.10$, $p = 0.28$，渠道确立性 $t(59) = 3.31$, $p = 0.002$。

下一位受试者传递他们所听到的信息。这种在链条结构中的传播产生了常见的 ST 类型的信息失真。另一些受试者在更为复杂的结构中传递信息，他们可以改变自己在队列中的位置，也可以转移到其他队列中。这些受试者中的信息传递是精确的。可见，复杂的网络结构减少了 ST 信息失真。

展示 7-1 1996 年现场访谈群体倾向属性测量

1. 知识丰富性。群体中的多数人对于谣言的主题有丰富的知识（例如，很多人见证了谣言宣称发生的事件；许多人得到工厂经理关于公司到底是否裁员的通知）。
2. 对情况的熟悉性。群体中的多数人熟悉谣言产生的情况（例如，记者知道在美国大选的前几天通常会出现很多称一名候选人不道德的谣言，因而记者倾向于对这些谣言持怀疑的态度）。
3. 渠道历史。群体中的多数人从一个稳定的互动系统中听到谣言，因而从过去的经验中知道谣言叙述者的可靠性（例如，张三讲述了一则谣言，而张三过去传播的信息通常是准确的 / 不准确的）。
4. 辩护动机。对群体中的多数人而言，相信或不相信一则谣言填补了情感需要，也就是说，他们想要相信或不相信（例如宣称公司今年将会分发大量的奖金的谣言）。
5. 情况的紧急性。群体中的多数人处于紧急情况，不能花必要的时间去调查一则谣言（例如"水坝已经毁坏了"）。
6. 渠道新颖性。群体中的多数人处于这样的情况下：稳定的传播渠道中断，谣言传播者的可信度无法评估（例如，在危机情况下，很多人在讨论某一则谣言，都对所处情况有高涉入并致力于寻找信息）。
7. 信息不可得。群体中的多数人处于毫不知情的情况中（例如，**警察对一起事故是否发生不发表评论**）。
8. 易受骗性。群体中的多数人对证据缺乏检验标准（例如，他们倾向于接受人们所说的话而不予置疑）。

注：所有属性都改编自巴克纳（Buckner，1965）。属性 1～3 有助于得到批判力集合；属性 4～8 有助于得到无批判力集合。

巴克纳（Buckner，1965）进一步提出了两个影响 MI 的群体水平变量：群体结构（group structure）和结果相关性涉入（outcome-relevant involvement）。首先，MI 受到群体结构的影响，群体结构指的是群体的紧密或分散程度。在分散的群体中，传播往往通过链条进行，因而不太可能产生多重互动。个体在分散的网络中可能仅听到一次谣言传播。而在紧密的群体中，成员会享受紧密而持续的互动，因而 MI 更可能出现。紧密的群体可能是暂时的（如聚集的人群），也可能是长久的（如小城镇、大学联谊会、小圈子、精神病房）。在紧密的群体中，个体更可能多次听到同一则谣言。实证研究的证据支持了这个观点。一些人在朋友网络中与朋友紧密地联系在一起，他们更有可能听到谣言称一名社区工作人员是共产主义者（Festinger et al.，1948）。军事谣言往往在确立的群体内传播，而非在确立的群体之间传播（Caplow，1947）。其次，巴克纳指出，MI 与群体对话题的涉入有关，对谣言有很强兴趣的群体更有可能表现出 MI。

巴克纳的 MI"双因素理论"（two-factor theory）可以这样总结：第一，高谣言涉入的紧密群体会产生更多的谣言互动和循环，因而产生高水平的MI。卡普洛（Caplow，1947）的军事谣言研究、沙赫特和伯迪克（Schachter & Burdick，1955）的女子学校现场实验、彼得森和吉斯特（Peterson & Gist，1951）的保姆谋杀案谣言研究以及特纳和基利安（R. H. Turner & Killian，1972）的集群行为研究都为此提供了例证。第二，高谣言涉入的分散群体会产生序列传播链条以及少许的循环，后者最终带来中等水平的 MI。我们推测一些网络谣言是这一类型的例证。第三，低谣言涉入的紧密群体会产生一些序列传播链条和循环，也产生中等水平的 MI。第四，低谣言涉入的分散群体会产生很短的传播链条以及低水平的 MI。塞迪维奇（Sedivic，1987）的研究中散布的谣言未得到广泛传播，部分是因为人们不感兴趣（低涉入）和传播的物理阻碍（部门与部门之间相隔很远，因此群体很分散）。巴克等人（Back et al.，1950）的研究也支持了这一"双因素理论"，他们进行了一次参与观察研究，4 个月间在一个组织里散布了 7 则谣言。其中 2 则关于丢失的数据（士气委员会调查问卷）的谣言很快传播到了士气委员会，因为对他们而言这是一则重要的信息。其他谣言与整个组织相关，但是其传播情况各不相同。

渠道历史

涩谷保（Shibutani，1966）指出了两种传播渠道类型：制度性（institutional）

渠道（即正式的传播）和辅助性（auxiliary）渠道（即正常的日常接触）。在审慎的（低焦虑）谣言建构情况下，人们会使用辅助性渠道。在即兴的（高焦虑）谣言建构情况下，人们会使用辅助性渠道和所有其他可接触到的信源。不同渠道有着不一样的历史。制度性和辅助性渠道可能是确立的或稳定的，其他渠道可能是新颖的或不稳定的。

相比于新颖的渠道，确立的渠道可能会带来更高的准确性，因为信源可以被辨识为有效的（Buckner，1965）。例如，卡普洛（Caplow，1947）将高准确性部分归因为确立的传播渠道使我们能够判断信源的质量（例如，"这个消息是张三说的，所以并不可信，他从未给过我们准确的信息"）。卡普洛指出不可信的消息提供者被排除在传播网络之外，这导致了信息准确性的提高。

最近的实证证据

在这一节中我们将详细说明基于前文中的讨论，尤其是巴克纳（Buckner，1965）的框架得出的假设，并报告检验这些假设的研究。在这些研究中，我们关注与群体倾向有关的因素。我们假设具有批判力集合倾向的群体中的谣言应该更准确，反之，具有无批判力集合倾向的群体中的谣言应该更不准确。因为巴克纳没有详细说明批判力集合倾向变量间可能存在怎样的交互作用，我们也没有提出关于批判力集合变量的可能组合（例如，有检查能力但不具有已确立的传播渠道的群体）的假设。我们也假设群体倾向变量会对 MI 与准确性的关系具有调节作用。

1996 年现场访谈

我们运用 1996 年现场访谈（在第 6 章中有所描述）的数据来探究假设的第一部分，并收集关于谣言准确性和群体倾向的定量数据。这些数据只被运用于质性分析（因为样本量少），并作为访谈中更深层次讨论的基础。我们要求受试者估计谣言（或谣言变体）中真实的比例（准确性比例如表 6-3 所示），以此来确定谣言的准确性。群体倾向属性通过一系列问题探究，这些问题描述了各个倾向属性，并询问受试者在他们所描述的谣言事件中每一个倾向属性的典型程度如何。所有的属性都改编自巴克纳（Buckner，1965）并在展示 7-1 中列出。在每一个条目后，我们都询问受试者一个开放性问题，即"是什么让你认识到了这一点"，这是为了依据可观察的事件来评估受试者的回答。

质性结果符合批判力集合倾向与谣言准确性相联系的假设。有一个案例体现了"缺乏批判力集合倾向"：某组织的董事长被传谣称其秘密为政府情报机构服务，这个组织的成员被评价为不了解这个谣言主题，不熟悉这种类型的谣言情况，并且不是已确立的互动网络中的一员。此外，群体中的大多数人感到一种想要相信或不相信谣言的情感需求，并且处于一种完全不知情的情况下（因此检查无法发生）。与其他的谣言情节相比，这一组织中的谣言持续时间更长，并且始终是严重失真的（40% 的谣言是虚假的）。

其他一些案例证明了有批判力集合倾向的群体能有效识别谣言真实性。例如，有一则谣言称母公司有意出售一家子公司，这则谣言在子公司员工间不断流传、循环时，最终变得更为准确。在这个案例中，组织成员以往已经面对过这类的谣言（这则谣言是关于一系列公司重组中最近发生的重组），并且如巴克纳（Buckner，1965）的例子中的新闻工作者一样，他们熟悉这类谣言可能出现的情况。

另一个案例也说明了群体利用谣言来获得事实的力量。在导致整个操作中心关闭以及几百名员工重新安置的大型重组的消息宣布之前，员工们热衷于收集谣言信息，并不断在组织中传播谣言。谣言的准确性不断增加，甚至使得最终正式宣布的消息显得多余。员工的"知情需要"有着不可抗拒的力量，泄露大概就因此发生。一位到访操作中心的经理回忆道："遇到了很多问自己的问题。"她不能给予任何信息，但她对谣言在集体推理中的有效使用感到惊讶。

例如，有人意识到领导并不会填补职位空缺，但实际上员工数
量越来越多。这说不通，他们为什么这样做呢？并且人们将这部分
信息与另一部分信息结合起来——有点类似于彼此之间大声对话，
然后他们开始说道："天啊，这样就能说通了！"

另一位经理将这种情况描述为将"拼图碎片"拼合在一起。用巴克纳的
术语来说，这个群体由稳定的传播渠道构成，其中每个成员的可靠性都被人
们知晓。MI 可能增强了群体产生准确谣言的能力。

学生谣言调查 2

第 6 章中描述的学生谣言调查 2 的数据也被用来检验我们的假设。群
体倾向变量是群体怀疑性和传播渠道确立性。⊖我们运用分层调节回归分析
（hierarchical moderated regression analysis）来分别测量怀疑性和渠道确立性
对于 MI 和准确性的关系的调节作用。表 7-2 呈现了分析的结果，表明怀疑
性在主效应模型和调节模型中都能预测谣言的准确性。总体上，怀疑性更高
的群体倾向于产生更准确的谣言。除此之外，与我们的假设一致，怀疑性在
MI 和准确性的关系中起到调节作用，可以从图 7-1 中的回归直线斜率看出。⊜
在怀疑性较高的群体中，准确性随着 MI 评分的提高而提高，更多的互动和
信息循环带来更高的准确性。在怀疑性较低的群体中，准确性并不随 MI 评
分的提高而提高。渠道确立性在主效应和调节模型中也都能预测谣言的准确
性。但与假设相反，渠道确立性在 MI 和准确性的关系中未起到调节作用。

总而言之，这些探索性结果部分支持了怀疑性等群体倾向变量的调节作
用。该领域的未来研究应该对群体倾向变量和 MI 变量进行更明确的概念化

⊖ 我们以 8 点量表形式询问受试者附录 2A 中的问题 22，并反向计分以获得群体怀疑性
评分；询问受试者附录 6A 中的问题 16 以获得传播渠道确立性评分。MI 评分是附录
6A 中条目 14（互动）和条目 15（循环）得分的均值。

⊜ 这些斜率是以表 7-2 中的调节模型回归系数在不同的调节变量（怀疑性）值下计算得出
（Aiken & West，1991），用于反映高或低怀疑性的值分别为样本均值以上 1SD 和以下 1SD。

和操作化。

表 7-2　预测谣言准确性的分层回归分析结果

变量	主效应模型	调节模型
调节变量：怀疑性		
MI	0.21^ (0.12)	0.17 (0.12)
怀疑性	0.30** (0.10)	0.29** (0.10)
MI× 怀疑性		0.12* (0.06)
ΔR^2		0.02*
模型 R^2	0.04**	0.06***
调整 R^2	0.04	0.05
调节变量：渠道确立性		
MI	0.12 (0.12)	0.12 (0.12)
渠道确立性	0.21* (0.10)	0.21* (0.10)
MI× 渠道确立性		0.05 (0.06)
ΔR^2		0.004
模型 R^2	0.03*	0.03*
调整 R^2	0.02	0.02

注：MI= 多重互动。$^p < 0.10$，$*p < 0.05$，$**p < 0.01$，$***p < 0.001$。

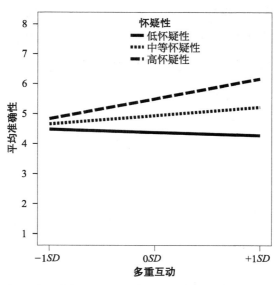

图 7-1　低、中、高怀疑性样本的回归直线的计算斜率（预测变量：
多重互动；结果变量：准确性）

对组织谣言的启示

我们推测前文中提及的影响准确性的机制也常在组织情境中发挥作用。首先，在信息仅仅被传递（例如，"我今天听说老板的老婆怀孕了"）的谣言情境中，注意窄化和记忆限制可能会使信息传播失真。不过，这种失真可能被简单的互动通过重复信息和反馈而抵消。在意义建构的情境中（例如，"我听说我们部门会被裁员，你听说了什么消息"），组织成员更可能有寻求准确性的动机，对谣言主题有较多了解（例如部门的盈利能力），并且对信息进行检查（例如利用从知情的信源中泄露的消息）。这些特征都使谣言倾向于准确。当传播网络是确立的而不是新异的，以及当群体规范倾向于怀疑时，谣言准确性也会更高。再者，结果与人们高度相关的谣言（例如关于裁员的谣言）更有可能进入多重互动，尤其是在紧密的网络中。在这种情况下，MI 会促进准确性。

到此为止，我们更新、探索、扩展了谣言研究中几个受到持久关注的主题：谣言概念、影响、传播、相信、意义建构以及准确性。我们根据在各种不同情境下进行的研究对这些主题进行了讨论。在此后两章中，我们把关注点放在两个最常见于组织环境的重复出现的主题：第一个是信任，第二个是谣言控制。

信任与组织谣言传播

在澳大利亚悉尼，某个炎热的星期天下午，身穿防暴装备的警察与200个澳大利亚土著青年对战了9个小时（Chulov，Warne-Smith，& Colman，2004）。砖块、瓶子和爆竹像雨点一样飞向警察，有40名警察在混战中受伤。这场暴乱的"导火索"是一则谣言，这则谣言说警车追捕骑自行车的17岁少年托马斯·希基（Thomas Hickey），导致他摔倒并被钢尖栅栏刺死。警方坚称他们是在那个区域巡逻搜捕一个背包抢劫犯的时候，发现了这个被钢尖栅栏刺死的青年，他们还试图救活他。虽然炎热的夏日和酒精也促成了这一谣言引发的暴乱，但不信任在其中起到了基础性的作用。

位朋友所在的公司将面临大规模裁员，他告诉本书作者之一（迪方佐）说，谣言在公司甚嚣尘上。我问朋友："公司管理层怎么说？"他回答说："我不相信他们说的任何话。"我们经常发现，谣言似乎在失去信任的地方更为猖獗。然而，信任这个变量在谣言传播的相关文献（见本书第 3 章）中却很少被提及。我们想知道，信任与谣言传播有怎样的联系？在这一章中，我们将继续报告我们对经历大规模裁员的公司部门进行的纵向研究的结果，以探讨这个问题。在第 2 章中，我们介绍了这项研究，并报告了听到谣言与一系列变量的相关关系；在这一章中，我们重点关注另一个问题：组织中的信任如何影响谣言传播？

迄今为止，这个问题还没有被定量研究探讨过，但我们认为这个问题对组织谣言传播的研究很重要，当然，这个问题对应用心理学研究的另一个主题也很重要，即信任在组织现象中的作用。近年来，研究者对后者的兴趣在不断增加（Dirks & Ferrin，2002；McEvily，Perrone，& Zaheer，2003；Robinson，1996；Rousseau & Tijoriwala，1999）。德克斯和费林（Dirks & Ferrin，2001）提出了信任影响组织现象的两种方式——一个是主效应模型，另一个是调节效应模型。我们利用这两种模型来理解信任如何影响谣言传播。我们将首先讨论我们认为信任会如何直接影响谣言传播，进而讨论信任如何调节已被熟知的不确定感、焦虑和谣言之间的关系。之后我们将呈现探讨这些效应的研究。我们的研究结果表明，信任（或更明确地说是不信任）对谣言传播而言并不是一个外围因素。事实上，它似乎发挥着核心作用。

信任对谣言传播的直接影响

信任是一种愿意冒着风险相信他人会为自己的利益着想的意愿（Rousseau，Sitkin，Burt，& Camerer，1998）。研究者也提出过一些对该定义进行细微调整的定义变体。信任经常被操作化定义为，对他人行为的善意性的一种既具体又普遍化的预期（Creed & Miles，1996；Kramer，1999）。不信任自然是信任的对立面，即对人们行为的邪恶性的预期。不信任被认为与谣言活动有关。在对大量谣言情节进行质性分析之后，涩谷保（Shibutani，1966）总结道，当正式信息不被信任的时候，人们会采信非正式的推论或谣言来作为补偿。例如，苏联的许多谣言都是因为人们不信任正式信源而产生的（Bauer & Gleicher，1953）。尽管有了这些发现，但据我们所知，后续并没有研究定量地探究信任在谣言传播中（尤其是在组织中）发挥的作用。

德克斯和费林（Dirks & Ferrin，2001）提出了一个主效应模型，其中信任直接作用于组织变量，以及一个调节效应模型，其中信任调节组织变量间的关系。在主效应模型中，信任的作用为产生积极态度和合作行为。个体对管理层善意性的期待会导致他对模糊事件做出更正面的评估，其行为也与评估保持一致。同样，对管理层的高度信任会减少谣言活动："管理层告诉我们最近工作分配比较慢是因为换了新的总部办公室会计系统。我相信他们，他们不会欺骗我们。"相反，低信任会破坏正式传播，并且增加群体对集体（非正式的）意义建构的需要。"管理层会对我们撒谎，他们是无情的、卑鄙的！我不相信他们的解释；他们要把工作节奏减缓作为裁员的借口。"因此，低信任会导致更多的谣言活动。这个观点与让－诺埃尔·卡普费雷（Jean-Noel Kapferer，1987/1990）对谣言是非官方或不被认可的信息的强调非常吻合，也与我们对谣言的定义（见本书第 1 章）——谣言是一种管理风险的手段部分吻合。总之，当人们不信任正式的意义建构网络（如老板或者管理层）或者感到被正式的意义建构网络威胁时，会更依赖并更频繁地参与非正式的意义建构（谣言加工）。

鲁索和蒂约里瓦拉（Rousseau & Tijoriwala，1999）的研究也支持了信任在组织变化管理中的直接作用。美国一家医院的管理层解释称，对已注册的护士进行复杂的重组是提高医疗服务质量的必要措施。信任预测了护士对这个解释的接受度。对管理层信任度低的护士会倾向于质疑官方对改变的解释或基于经济因素的解释，而接受基于自我服务的管理动机的替代性解释。研究者总结道："高信任度很可能与接受管理层提供的信息和减少信息收集存在关联。"（p.524）这里，替代性解释相当于谣言，对于这些替代性解释的信息收集相当于建构意义的谣言活动。简而言之，不信任会导致出现谣言活动。

类似地，近期的组织谣言研究也不经意间发现，信任会抑制谣言活动（DiFonzo & Bordia，1998）。在对企业管理层的采访中，我们观察到不信任态度和谣言活动之间存在联系，而信任态度似乎减少了谣言活动。例如，担心公司有可能出现大型重组的员工表现出高谣言活动水平以及对管理层的不信任。在一个案例中，负责传播的官员被员工认为是恶毒的，这家公司中谣言活动十分猖獗。相反，另一家公司负责传播的官员声称，多年来管理层与员工之间的信任得以建立，这家公司经历的谣言活动历时较短，并且员工都选择信任正式公告。因此我们认为，信任与谣言传播频率之间存在负向关联。

信任的调节作用

在调节效应模型（Dirks & Ferrin，2001）中，信任增强或抑制其他变量之间的关系。德克斯和费林（Dirks & Ferrin，2001）举了一个例子来说明信任的调节作用：高信任使尽责性（conscientiousness，一种人格特质）与组织公民行为（organizational citizenship behavior）之间的关联得以显现。尽责性和组织公民行为本来是存在关联的。然而，低信任会抑制这种关联的强度，即使在特质上存在组织公民行为倾向的人也不会在低信任的情境下表现出组织公民行为，因为这样做会违反社会交换的规范。因而在低信任的情况下，尽责性将与组织公民行为无关。而在高信任的情况下，尽责性可以很好地预测组织公民行为，即两个变量存在相关性。在这个例子中，信任扮演了一个调节变量的角色，一个催化剂（catalyst）的角色，一个放大器（amplifier）的角色，起着必要但不充分的作用。

必须注意到，一个变量可能既产生直接作用也产生调节作用。如果继续看德克斯和费林（Dirks & Ferrin，2001）举的例子，我们可以看到信任既直接影响组织公民行为（对管理层的信任会促进其成为一个好的组织公民），也调节尽责性和组织公民行为之间的关系。我们将在后面的讨论中回到这一点。

德克斯和费林（Dirks & Ferrin，2001）提出，信任发挥调节作用的一种机制是影响"一个人对其他人过去的行为或与过去行为相关的事件的解释：比起低信任，在高信任的情况下，人们会更积极地回应伙伴的行为"（p.459）。信任会促使人们将别人模糊的行为解释为友好的而不是带有恶意的。相反，低信任会导致对事件恶意的而不是友好的解释，在人们看来，即使是明确的、不会引起焦虑的事件可能也带有恶意。

在谣言情境中，信任可能会调节谣言传播与其前因变量之间的关系。不确定感、焦虑被认为与谣言传播存在关联（见第 3 章）。正如图 8-1 所描绘的，信任应该会以一种相似的方式来调节上述关系。首先，当信任度高的时候，不确定感和焦虑都可以预测谣言的传播。如果人们信任管理层，那就只有在感到焦虑或不确定的时候才会参与到谣言讨论中。当信任度低的时候，因为对管理层的不信任——"管理层是邪恶的（或不公平的、不称职的）"，不确定感和焦虑并不能预测谣言的传播，即使不确定感和焦虑的程度很低，这种不信任也会直接导致谣言的传播。信任度低的时候，管理层的行为会被视为是有恶意的，即使是很微小的焦虑或不确定感也会被放大，导致谣言的产生。对管理层的不信任还会造成群体敌意谣言（即主要出于自我提升动机的谣言）。不确定感和焦虑来自对他人行为的解释，而这些解释取决于信任。

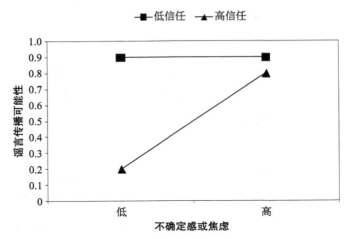

图 8-1 对信任在"不确定感 – 传播"和"焦虑 – 传播"关系中的
调节作用的假设

近来的组织谣言研究发现与信任作为调节变量的观点相一致。信任可能在我们分析的组织谣言情节（DiFonzo & Bordia，1998）中也扮演着调节变量的角色。在这项研究中，不论不确定感和焦虑的程度如何，对公司的不信任似乎都带来了一些有利于谣言产生的观念。也就是说，在员工对公司持有不信任态度的公司中，即使不确定感或焦虑程度很低，也会为谣言的滋长提供沃土，对行为和事件的消极解释最终将导致谣言猖獗。当然，高水平的不确定感和焦虑也会导致很多的谣言活动。这样，在低信任的情况下，谣言和不确定感、焦虑之间的关联会变得很微弱，因为人们会一直是谣言"积极分子"。

现在请思考一个我们研究中的谣言情节，这个情节中的情境是高信任的：在一家大消费品生产商的管理层通过划定大体的裁员范围、公布提供更多信息的时间线以及解释为什么目前无法提供更多信息来减少员工的不确定感之后，该公司中的裁员谣言迅速消减（DiFonzo & Bordia，1998）。在对公司员工的采访中，我们注意到员工之所以信任管理层的公告，是因为之前双方有着建立信任（trust-generating）的经历，例如管理者与员工之间频繁的沟通交流，以及每季度公司的全体会议。公司曾出现过一些谣言，但很快谣言就消失了。对公司的信任会减少轻微的不确定感和焦虑所带来的影响。换句话说，在员工对公司持有信任态度的公司中，轻微的不确定感和焦虑不会导致谣言活动。当然，高水平的不确定感和焦虑会导致出现很多谣言。换言之，在高信任的情况下，不确定感和谣言传播之间的关联，以及焦虑和谣言传播之间的关联都得以显现。

总之，我们认为，在谣言传播中，信任同时产生着直接作用和调节作用。在直接作用方面，信任会抑制谣言的传播。在调节作用方面，不管不确定感和焦虑程度如何，低信任都会引起更多的谣言传播；而在高信任的条件下，不确定感和焦虑可以预测谣言传播。我们以一家正在经历大规模裁员的公司中一个部门的员工为样本，使用追踪调查四次施测中的两次施测的数据来检验上述观点。我们在第 2 章中对这项研究进行过概述，在这里我们将进行更详细的描述。

样本、程序和工具

这项研究在一家大企业分公司内进行。受试者包括公司一个部门的 75 名员工。⊖两名员工分发和收集每一次施测（T1、T2、T3、T4）的问卷。每两次施测间大约间隔一个月，每次调查都隐去了身份识别信息。工作放缓和重组（即该部门和其他部门间的合并）发生在第一次和第二次施测之前。裁员公告出现在第二次和第三次施测之间。约有 50% 的员工在第三次和第四次施测之间被解雇。

不确定感、焦虑和信任用 7 点量表（见展示 2-2）测量。受试者记录了在过去一个月内听到的不同谣言的数量。其中，受试者传播的不同谣言的数

⊖ 这个部门的全部 75 名员工在第一次施测中收到了问卷；61（81%）人完成并交还问卷。72 名员工在第二次施测中收到问卷；48（67%）人交还。T3（$n=40$）和 T4（$n=29$）准确的回收率无法计算；我们基于 T3 和 T4 中裁员的数量进行估计，结果表明至少 50% 留下的员工交还了问卷。样本中年龄组 $F(3, 163)=0.22$，$p=0.88$，职位 $F(3, 163)=0.17$，$p=0.92$，以及性别比例 $\chi^2(3)=2.76$，$p=0.43$ 在几次施测间不存在显著差异。

量也被记录下来。用人们传播的谣言数量除以人们听到的谣言数量，我们得出谣言传播的比例，这个变量就是传播可能性（likelihood of transmission，LOT）。LOT 将谣言传播操作定义为一个人听到谣言后的传播倾向。LOT 建立在先前研究要求受试者列举听到的谣言以及是否传播这一方法的基础上（Rosnow，Yost，& Esposito，1986；K. Davis，1972；Esposito，1986/1987；Rosnow，Esposito，& Gibney，1988；Schachter & Burdick，1955）。为了让 LOT 的信度和效度最大化，我们让受试者简要记录他们听到的谣言。与之前关于谣言传播的测量结果一致（例如 DiFonzo & Bordia，2000），LOT 与焦虑和不确定感相关（见表 8-1），即证明了该测量的信度和效度。此外，LOT 的组成部分——听到和传播的谣言数量都在 T2 达到最大值，这与组织消息提供者向我们传达的非正式印象相一致。

表 8-1　零阶相关和 α 系数

	1	2	3	4	5	6	7	8
1. T1 LOT								
2. T1 不确定感	0.36**	0.77						
3. T1 焦虑	0.39**	0.69**	0.87					
4. T1 信任	−0.47**	−0.41**	−0.32*	0.86				
5. T2 LOT	0.60**	0.22	0.23	−0.49**				
6. T2 不确定感	0.32*	0.52**	0.46**	−0.33*	0.28	0.84		
7. T2 焦虑	0.40**	0.61**	0.68**	−0.22	0.27	0.65**	0.96	
8. T2 信任	−0.55**	−0.44**	−0.30*	0.83**	−0.61**	−0.41**	−0.37**	0.87

注：T1-T1 相关中，$N = 60$；其他相关对应样本数量分别为 $N = 46$、47 或 48。LOT 指听到的谣言被传播的比例。不确定感和焦虑在计算相关前都已经过转换。对角线上的值为 α 系数。由于 T1 和 T2 的 LOT 为单条目测量，因此无法计算 α 系数。$*p < 0.05$，$**p < 0.01$。

考虑到在一段时间内有很多不同的谣言在流传（这种情况在组织谣言情节中很常见），用这种方式操作定义谣言传播很合适。此外，LOT 独立于个体听到的谣言数量。如果你认为替代性的操作化定义——传播谣言的数量很大程度上依赖于个体听到的谣言数量，那么 LOT 独立于谣言数量的优势就变得很明显，LOT 能降低个体差异造成的干扰。LOT 还能排除一些其他已知会影响人们听到的谣言数量的因素，例如个体是不是组织中的联络人（K. Davis，1972），或是不是一个紧密网络的成员（Buckner，1965）。因此，LOT 的优点在于，它排除了研究结果来自与听到的谣言数量有关的因素的可能性。

结果

图 8-2 描绘了每一次施测中原始变量的均值。T1 是紧张程度上升的时期。工作放缓和部门合并在这一阶段发生，不确定感和焦虑水平很高。员工都清楚地听到裁员的谣言，包括具体的裁员人数（25 ～ 60 名员工）、日期（第一季度）、目标小部门，以及关于部门会不会被出售或者外包的推测。似乎在工作安排上也有一些混乱：参与者在开放性问答中说，工作任务"不详细""不明确"和"不具体"。呈现出的情形是员工感到工作量不足，猜测这对于组织和他们的工作来说意味着什么，而管理层保持沉默。这些评论证明了员工知道部门正处于困境，但是仍对管理层可以用"一个明确的、深思熟虑的计划"来引导他们抱有一线希望（我们在这一阶段注意到，一个人对管理层的信任程度会对其对处境的解释有很大影响）。

T2 是一段高潮期：焦虑到达顶峰。T2 正是裁员公告公布前夕。谣言活动、不确定感和焦虑达到高点，信任动摇。员工在问卷中的评论反映了与 T1 中相同的疑问，但也反映出不信任的增加——"公司挣了比预期多一倍的钱"，总公司并没有支持这个部门，管理层应该"向我们展示他们对项目承诺"，管理层应该"正面回答对他们提出的问题而不是拖延"，以及管理层"在最后一刻之前一直将所有人蒙在鼓里"；也反映出焦虑的增加："我的工作安全吗？"许多员工惊慌失措，因为他们没有被尽早告知真相。

T3 和 T4（在裁员之后）是充满愤怒的变迁时期。不确定感和焦虑减少，谣言活动也骤然减少（虽然 LOT 依旧保持稳定）。这时出现了一些有关未来裁员和部门被出售的谣言。虽然信任的平均水平上升了，但很多员工在问卷中的评论表明他们仍处于气愤的状态："管理层不诚实""管理层为了保持员工的生产力，只告诉员工他们想告诉员工的信息""员工一直被愚弄""谁在乎呢""没有一个信源可以信任"。

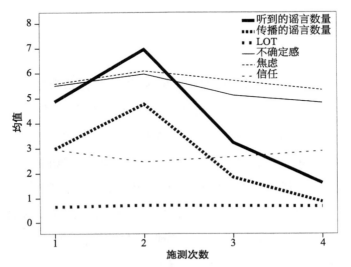

图 8-2　每一次施测中人们听到的谣言数量、传播的谣言数量、
传播可能性、不确定感、焦虑和信任的均值

在这一章的剩余部分，我们描述了对影响 LOT 的因素的检验结果。我们主要分析以下这些问题：不确定感、焦虑和信任对 LOT 的主效应如何？信任的调节效应如何？我们进行了八个分层调节线性回归分析⊖。在这些回归分析中我们只用了 T1 和 T2 的数据，因为 T3 和 T4 样本量太小。其中，四

⊖ 我们首先对缺失值模式进行纵向分析，未发现系统性的损耗（attrition）模式。例如，参加 T1 和 T2 两次实测这一行为与 T1 的不确定感、焦虑、LOT 和信任无关。所有可能的施测次数组合（T1 vs T2、T1 vs T3、T2 vs T3 等）被用于检验。在计算每一次施测中变量的均值和标准差后，我们用 Tabachnick & Fidell（1996/2001）的方法对数据进行了筛查，以便进行相关分析和回归分析。极端值（ z 分数在均值 ±3 SD 以外的值）被变更为次极值（不确定感为 1；焦虑为 3；听到的谣言数量为 6；传播的谣言数量为 5）。多重共线性通过马氏距离进行检验，T1 的一个数据点被删除。之后我们计算了零阶相关系数（表 8-1 呈现了 T1 和 T2 的组间相关）。所有相关系数都没有超过 ±0.85，证明没有变量共线性。二维散点图是椭圆形的，表明变量的线性和方差齐性。

个回归分析检验了不确定感、信任的主效应，以及信任对于不确定感–LOT关系的调节效应，结果如表 8-2 所示。另外四个回归分析检验了焦虑、信任的主效应，以及信任对于焦虑–LOT 关系的调节效应，结果如表 8-3 所示。在这四组分析中，两组是横断的，两组是纵向的。

不确定感和焦虑的主效应

结果得到了不确定感（表 8-2）和焦虑（表 8-3）的主效应。当不确定感作为每一次横断分析中 LOT 的唯一预测变量时，它可以预测 LOT，因此不确定感存在主效应。这个结果重复了之前关于不确定感和谣言传播之间关系的研究结果（Rosnow，1991）。然而，在模型中加入信任之后，不确定感的主效应消失了，这表明大部分由不确定感引起的 LOT 变异可以由不信任解释。简单地说，在不信任和不确定感的比较中，不信任的作用更强。

表 8-2 在 T1、T2 用不确定感预测 LOT 的分层调节回归分析

变量	主效应模型	调节模型
\multicolumn{3}{c}{T1 横断分析 调节变量：T1 信任 结果变量：T1 LOT（$N=60$）}		
T1 不确定感	0.09*** (0.032)	0.05 (0.033)	0.05 (0.033)
T1 信任		−0.13*** (0.043)	−0.13*** (0.043)
T1 不确定感 ×T1 信任			0.02 (0.022)
ΔR^2		0.12***	0.009
模型 R^2	0.13***	0.25****	0.26****
调整后 R^2	0.11	0.22	0.22
\multicolumn{3}{c}{T2 横断分析 调节变量：T2 信任 结果变量：T2 LOT（$N=47$）}		
T2 不确定感	0.06^ (0.032)	0.02 (0.028)	0.02 (0.028)
T2 信任		−0.18**** (0.039)	−0.16**** (0.043)
T2 不确定感 ×T2 信任			0.03 (0.021)
ΔR^2		0.30****	0.03
模型 R^2	0.08^	0.38****	0.41****
调整后 R^2	0.06	0.35	0.37

（续）

	纵向分析 A 调节变量：T1 信任 结果变量：T2 LOT（$N=46$）		
变量	主效应模型		调节模型
T2 不确定感	0.06^（0.033）	0.04（0.031）	0.03（0.030）
T1 信任		−0.14***（0.042）	−0.12**（0.043）
T2 不确定感 ×T1 信任			0.04^（0.025）
ΔR^2		0.19***	0.04^
模型 R^2	0.07^	0.26****	0.31****
调整后 R^2	0.05	0.23	0.26

	纵向追踪分析 B 调节变量：T1 信任 结果变量：T2 LOT（$N=46$）		
变量	主效应模型		调节模型
T1 不确定感	0.05（0.035）	0.002（0.035）	0.003（0.036）
T1 信任		−0.15***（0.046）	−0.15***（0.047）
T1 不确定感 ×T1 信任			0.003（0.020）
ΔR^2		0.19***	0.001
模型 R^2	0.05	0.24***	0.24**
调整后 R^2	0.03	0.20	0.19

注：报告的数据是 β 系数，括号中为标准误。LOT = 传播可能性（听到的谣言中被传播的比例）。T1 = 第一次施测的时间；T2 = 第二次施测的时间。^$p<0.10$，**$p<0.01$，***$p<0.005$，****$p<0.001$。

表 8-3 在 T1、T2 用焦虑预测 LOT 的分层调节回归分析

	T1 横断分析 调节变量：T1 信任 结果变量：T1 LOT（$N=60$）		
变量	主效应模型		调节模型
T1 焦虑	0.13***	0.09*（0.038）	0.09*（0.037）
T1 信任		−0.13***（0.041）	−0.11**（0.040）
T1 焦虑 ×T1 信任			0.07*（0.029）
ΔR^2		0.13***	0.06*
模型 R^2	0.15***	0.28****	0.34****
调整后 R^2	0.13	0.26	0.31

	T2 横断分析 调节变量：T2 信任 结果变量：T2 LOT（$N=47$）		
变量	主效应模型		调节模型
T2 焦虑	0.09^（0.048）	0.04（0.041）	0.05（0.041）

（续）

变量			
T2 信任		−0.18****（0.038）	−0.16****（0.039）
T2 焦虑 ×T2 信任			0.06（0.040）
ΔR^2		0.31****	0.034
模型 R^2	0.07^	0.39****	0.42****
调整后 R^2	0.05	0.36	0.38

纵向分析 A 调节变量：T1 信任
结果变量：T2 LOT（$N = 46$）

变量	主效应模型		调节模型
T2 焦虑	0.09^（0.049）	0.07（0.044）	0.09*（0.044）
T1 信任		−0.14****（0.040）	−0.14****（0.040）
T2 焦虑 ×T1 信任			0.08^（0.042）
ΔR^2		0.21****	0.05^
模型 R^2	0.07^	0.28****	0.33****
调整后 R^2	0.04	0.25	0.28

纵向分析 B 调节变量：T1 信任
结果变量：T2 LOT（$N = 46$）

变量	主效应模型		调节模型
T1 焦虑	0.06（0.042）	0.03（0.039）	0.06（0.038）
T1 信任		−0.14****（0.042）	−0.11**（0.042）
T1 焦虑 ×T1 信任			0.08*（0.037）
ΔR^2		0.20****	0.08*
模型 R^2	0.05	0.25***	0.33****
调整后 R^2	0.03	0.22	0.29

注：报告的数据是 β 系数，括号中为标准误。LOT = 传播可能性（听到的谣言中被传播的比例）。T1 = 第一次实测的时间；T2 = 第二次实测的时间。^$p < 0.10$, *$p < 0.05$, **$p < 0.01$, ***$p < 0.005$, ****$p < 0.001$。

焦虑也表现出相似的模式；当焦虑作为每一次横断分析中 LOT 的唯一预测变量时，它可以预测 LOT，因此焦虑存在主效应。这个结果重复了之前关于焦虑和谣言传播之间关系的研究结果（Rosnow, 1991）。然而，在模型中加入信任之后，焦虑的主效应消失或大幅度减弱，表明大部分由焦虑引起的 LOT 变异可以由不信任解释。简单地说，在不信任和焦虑的比较中，不信任的作用再次胜出。

这些结果表明，信任扮演了一种比先前理论所认为的更核心、更直接的

角色。相比于不加入信任的模型，加入信任的模型可以解释远远更高比例的
LOT 变异。这些结果也将先前的谣言传播研究结果拓展到一种对谣言传播新
的操作化——LOT。

信任的主效应

与我们预测的一样，结果强有力地支持了信任在横向和纵向谣言传播中
的负向主效应。如表 8-2 和表 8-3 所示，对 T1 的横断分析表明，在纳入不确
定感或焦虑的主效应模型中，信任对 LOT 起到显著的负向预测作用。信任
在调节效应模型中仍是显著的负向预测因素。换言之，在不确定感、焦虑的
主效应以及它们与信任的交互作用的基础上，信任为同一时间 LOT 的减少
贡献了更多的解释率。这种模式同样存在于 T2 的横断分析，并且它也存在
于每一个纵向分析中。⊖在同一时间和未来的不确定感、焦虑的主效应以及
它们与信任的交互作用的基础上，信任为未来 LOT 的减少贡献了更多的解
释率。总之，在考虑了不确定感和焦虑的效应的基础上，信任仍会抑制同一
时间和未来的 LOT。信任的主效应是强大而持续的。

信任的调节作用

与我们预测的一样，表 8-3 中的结果强有力地支持了信任在横向和纵向
的焦虑 –LOT 关系中的调节作用。⊖在 T1 的横断分析中，加入焦虑和信任之
间的交互项可以使模型对 LOT 变异的解释率提高 6.1%。这个交互项的 β 系

⊖ 在纳入 T1 焦虑或不确定感的主效应模型中，T1 信任对 T2 LOT 有显著的负向预测作
用，这一负向预测作用在调节效应模型中仍然显著。甚至在纳入 T2 焦虑或不确定感
的主效应模型中，T1 信任仍然对 T2 LOT 有显著的负向预测作用，同时在调节效应模
型中也仍然有显著的负向预测作用。

⊖ 我们也通过分层线性回归检验了我们假设的 T1 和 T2 中的交互作用。在检验程序中，
先对预测变量和调节变量进行中心化处理，再计算交互项（Aiken & West，1991）。中
心化指对变量中的每一个值进行减去变量均值的操作。接下来，代表调节作用的交互
作用在纳入所有主效应（中心化变量）的回归方程中进行检验。

数是正向且显著的，表明高信任可以强化焦虑与 LOT 之间的关联，而低信任会弱化焦虑和 LOT 之间的关联。图 8-3 通过展示在低、中等、高信任水平下焦虑和 LOT 之间的回归直线斜率，展示了信任的调节作用。⊖因为整个样本中信任都比较低，所以应该注意，这些值不是绝对的。事实上，高信任大约处于量表的中点位置。图 8-3 表明：在信任低的时候，LOT 始终保持高水平；不管焦虑程度如何，低信任的受试者都会传播他们听到的大部分谣言。而在高水平的信任下，焦虑与 LOT 之间表现出共变性。T2 的横断分析也表现出相同的模式，但是不显著⊜。

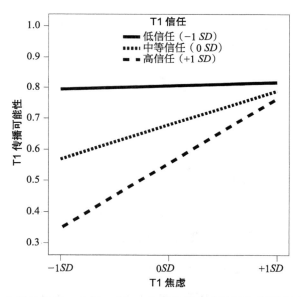

图 8-3　在对公司低、中等、高 T1 信任的样本中计算出的回归直线斜率
（预测变量：T1 焦虑；结果变量：T1 传播可能性）

在检验 T1 信任对于 T1 焦虑 –T2 LOT 关系的调节作用的纵向分析中，交互项的纳入提供了 8.3% 的额外解释率，并且该作用是显著的，详见

⊖　这些斜率是根据表 8-3 中的调节模型回归系数，纳入不同的信任值计算得出的（Aiken & West, 1991），用于反映高 / 低信任的值分别是样本均值以上 1SD 和以下 1SD。

⊜　$p = 0.12$。

图 8-4。横断研究结果中表现出来的模式在这里也得到了验证。接下来的纵向分析检验了 T1 信任对于 T2 焦虑 –T2 LOT 关系的调节作用。结果又发现了相似的模式，但只达到了显著性水平惯例中的边缘显著。[⊖]不过即使遵循显著性水平惯例，我们也发现 T1 信任能够显著调节 T1 焦虑与 T1 LOT 以及 T2 LOT 的关系。

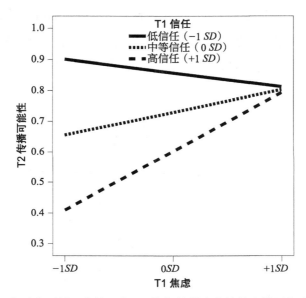

图 8-4　在对公司低、中等、高 T1 信任的样本中计算出的回归直线斜率
（预测变量：T1 焦虑；结果变量：T2 传播可能性）

评估信任对于横向和纵向的不确定感 –LOT 关系的调节作用的结果表现出与信任对焦虑 –LOT 关系的调节作用相似的模式（如图 8-2 所示），但作用较弱。横断分析中的交互项不显著，纵向分析中的交互项在惯例水平上也不显著。[⊜]

总之，信任能够调节焦虑 –LOT 之间的关系：在 T1 阶段，信任调节焦虑与 T1 LOT 之间的关系；在 T2 阶段，信任边缘调节焦虑与 T2 LOT 之间的

　⊖　$p = 0.07$。
　⊜　显著性分别为 $p = 0.11$ 和 $p = 0.14$。

关系。T1 信任甚至还能纵向地调节 T1 焦虑和 T2 LOT 的关系，并且边缘调节 T2 焦虑和 T2 LOT 之间的关系。以不确定感作为预测变量的分析中也呈现出类似但不显著的模式。

信任是谣言传播中的关键变量

研究结果表明，比起不确定感和焦虑，信任也许是谣言传播中更重要、更基本的变量。结果支持了信任在横断和纵向焦虑 –LOT 关系中的主效应和调节作用。信任可以负向预测同时段和未来的谣言传播。一段时间内的信任还会调节同时段的焦虑与当前和未来谣言传播之间的关系。虽然作用的方向与预测相同，但信任对不确定感 –LOT 关系的调节作用并不显著。

这些研究结果不仅拓展了正在快速增长的探讨信任在组织中扮演的各种角色的文献资料（Kramer，1999），还与德克斯和费林（Dirks & Ferrin，2001）提出的解释信任在什么时候会表现出主效应或调节效应的框架相一致。他们认为，在"弱"情境强度下，即"不提供清晰且有力的线索以引导人们采取相似方式解释事件"（p.462）的情况下，信任会表现出主效应；在情境强度处于"中等"的情况下，信任将退而产生调节作用。在情境强度处于弱和中等程度之间的某些情境下，信任既产生主效应，也产生调节作用。我们的研究结果在以下两方面支持上述观点：第一，研究发现不确定感对谣言传播的预测效应（虽然在实际中很重要）为弱到中等（$r = 0.19$；Rosnow，1991），因此我们预期信任在不确定感 – 传播关系中仅表现出主效应，在我们的每个分析中结果的确如此。第二，研究发现焦虑和传播之间存在强相关（$r = 0.48$；Rosnow，1991），因此我们预期信任在焦虑 – 传播关系中仅作为一个调节变量，也可能同时发挥主效应和调节作用。结果支持了后者：信任始终表现出主效应，并且有时也表现为调节变量。

这些结果帮助我们对正式信源不被信任的情况下典型的高谣言活动水平

取得了更深入的理解。不信任可能为谣言滋长提供了肥沃的土壤，这些谣言难以被通过消除不确定感和减少焦虑而轻易压制。1991 年困扰软饮"热带幻想"的外部组织谣言中就出现了这种情况。非裔美国人的社区流传着这样一则虚假谣言："热带幻想"饮料为 3K 党所拥有，其中所含物质会致使黑人男性不育。这则谣言导致"热带幻想"饮料的销量下降了 70%。类似的谣言在非裔美国人社区中流传甚广，非裔美国心理学家洛兰·黑尔（Lorraine Hale）评论称：

> 从长期受到残酷对待的奴隶制历史背景下走来，我们作为一个族群的恐惧是非常真实的。人们存在一种妄想，认为这里的人都希望尽可能轻易和迅速地杀死我们。虽然我们没有明确地把这种想法表达出来，但我们采取了行动。这带来了警觉、谨慎和怀疑，足以让我们去质疑软饮中的成分。（引自 Lerbinger，1997，p.159；也见 P. A. Turner，1993）

用我们的术语来说，在有些许不确定的情境下，不信任会引起高水平的谣言传播。不管当时的媒体和政府机构如何消除不确定感，这则谣言一直存在，直至时任纽约市市长的非裔美国人大卫·丁金斯（David Dinkins）公开喝了这种饮料（Freedman，1991）。用我们的术语来说，在这种情况下，对正式信源的信任恢复了。其中的关键仍是信任。

研究结果也支持信任是一个稳定变量的观点。研究证据表明信任态度随时间推移具有稳定性。罗宾森（Robinson，1996）的纵向追踪研究发现，员工刚入职时的信任与 30 个月后的信任之间存在中等强度、显著的相关性（$r = 0.34$）。我们发现在我们的研究中，相隔一个月的 T1 和 T2 之间信任的组间相关性是所有研究变量配对中最高的（$r = 0.83$；见表 8-1）。

信任也可能是一种在谣言社会机制辅助下的自我延续（self-perpetuating）态度。罗宾森（Robinson，1996）的研究表明，员工刚入职时的信任在 18

和 30 个月后仍具有主效应和调节作用。尤其值得关注的是，最初的信任可以预测和调节后来员工对心理契约被打破的解释。与这项研究相一致，我们的结果也证明了信任会纵向影响人们对常常被认为不公平的裁员的解释。低信任的个体会更多地参与谣言传播。对于信任较低的人群而言，更多传播负面谣言有助于巩固对事件的解读，这将导致信任进一步恶化（流言的类似影响参见 Burt & Knez，1996）。我们的研究主要关注关于负面后果的谣言，未来的研究可在经历过正面谣言的组织中检验这个观点。这些正面谣言也许有助于增强信任。我们还认为未来的研究应该探索除自我报告之外的其他测量方法。

在实践方面，这些结果启示我们关注人们对于正式信源的信任态度（也见 DiFonzo & Bordia，2000）。如果没有关注组织内部的信任水平，消除不确定感和减少焦虑的做法就可能无法抑制谣言。例如，关于工厂倒闭和裁员的谣言不会被辟谣声明所抑制，除非辟谣的信源被认为是诚实可信的（Bordia，DiFonzo，& Schulz，2000）。这些启示在组织变化情境（这项研究的关注点）中尤为适用。管理层的解释对于不信任管理层的员工起不了效果。员工在感知到公司是关心员工、诚实、可信的基础上对事件的解读，可能决定了官方解释被接受和被执行的程度。

结论

总而言之，我们的研究结果表明，信任在谣言传播中是一个关键变量，它通过至少两种方式在组织谣言活动中扮演核心角色。第一，对组织的不信任会助长谣言活动。例如，如果一个员工认为公司不关心员工且不诚实，他就不会相信公司对于近来会影响他们工作的人事变动的解释。第二，信任会改变不确定感、焦虑和谣言之间的关系。当对公司的信任很低时，不管员工的不确定感和焦虑程度如何，他们都倾向于参与到谣言讨论中；当信任高时，只有员工的不确定感和焦虑程度高时，他们才可能讨论谣言。例如，如果我作为一个员工，认为公司不关心员工且不诚实，那么即使是很微弱的不确定感和焦虑也会让我忧虑，因而我就会参与谣言讨论，因为我认为谣言圈里的同事（而不是管理层）真正关心我的利益。即使出现在平稳时期的谣言也会引起我的注意，因为这可能保护我远离一些公司不关心的可怕后果。然而，如果我信任公司，我就没什么必要去关注谣言，因为我可以信赖公司的解释。只有当公司无法消除我内心的不确定感和焦虑的时候，我才会转向谣言。未来研究应该寻求在其他领域（包括现场和实验情境）复制这些模式，还应该寻求进一步澄清信任和传播之间关系的本质。未来在所有的谣言传播研究中，都应该把测量对正式信源的信任作为常规。

在下一章，我们将继续关注组织，讨论关于谣言控制的实证证据。

第9章

谣 言 控 制

　　20世纪90年代末，宝洁公司——一家大型居家用品制造商聘请我们为专家证人，为20世纪最著名的公司外部谣言案件出庭作证（Fine，1992；Green，1984；Marty，1982；Mikkelson，2003；Pinsdorf，1987；我们在本书的第1章介绍过这则谣言）。这则著名但虚假的关于撒旦教的谣言最开始在20世纪70年代针对过麦当劳公司，并从1981年起困扰着宝洁公司（Koenig，1985，p.42）。这则完全虚假的谣言说宝洁公司总裁在《唐纳休访谈》（*The Phil Donahue Show*）中坦言他崇拜撒旦教。这则谣言无论怎么看都是绝对虚假的，然而当时它被传播得非常广，导致每个月大约有15 000个电话打进宝洁公司。宝洁公司从多方面回应这则谣言。在向地位较高的宗教领袖寻求帮助的同时，宝洁公司向联系他们的人和位于谣言爆发地区的教堂编制了一个《真相工具包》，以此来揭穿谣言。他们不时引领一场全国性的媒体活动来谴责谣言。最后，他们状告散播谣言的竞争对手（并且常常胜诉）。可以说，宝洁公司通过努力抑制住了谣言活动。

在本书中，我们已经说明了有时谣言会带来多么严重的后果。麦当劳在汉堡中加入蠕虫肉的谣言，导致其在一些地区的销量下降高达 30%（Tybout，Calder，& Sternthal，1981）。如之前提到的，宝洁公司和撒旦教有关系的虚假谣言导致公司每个月需处理 15 000 个客服热线电话。一家正在进行重组的都市大医院里盛行的裁员谣言与员工更大的压力有关（Bordia，Jones，Gallois，Callan，& DiFonzo，出版中）。警察追捕导致一个土著男孩意外死亡的谣言在澳大利亚悉尼引起了暴乱和对警察的攻击（Chulov，Warne-Smith，& Colman，2004）。在此类危机情境中，对谣言进行有效的管理和控制尤为重要。那么如何才能有效地控制谣言呢？这一章我们将回顾有关谣言控制的文献，包括我们进行的实证研究，并提供关于预防和应对谣言的指南。我们首先对谣言平息策略进行综述，紧接着更加深入地探讨辟谣（或否认谣言）在降低谣言可信度方面所扮演的角色，最后，我们将提供谣言控制的一般准则。

谣言平息策略

要理解谣言平息策略在抑制谣言中起到的作用，将每一种策略放在谣言的生命周期中来审视将有所帮助。前文提到过，谣言的生命周期可分为三个阶段：产生、评价（或者相信）和传播（DiFonzo，Bordia，& Rosnow，1994）。当人们对某个特别重要的话题感到不确定或者焦虑时，谣言便会产生。接下来，个体或者群体便会根据合理性或者相信程度对谣言进行评价。达到合理性标准的谣言便会在传播阶段被广泛传播。谣言平息策略可以运用在上述每个阶段。有些策略可以减少谣言的产生（从而预防谣言或者降低人们参与谣言讨论的倾向），另一些能减少谣言相信，还有一些能减少谣言的传播。

表 9-1 概述了心理学和商学文献中的谣言平息策略。我们从列出的每一篇文献中收集了关于遏制谣言的建议，并将具体的建议概括成平息策略的一般类别。表 9-1 中总结了谣言生命周期中三个阶段的应对策略。最常见的关于减少谣言产生建议是减少不确定感，这一目标可以通过提供准确、及时的信息和公开的讨论渠道实现。然而，只有少数几位研究者建议减少焦虑，这或许反映了减少焦虑存在一定的困难。戴维斯（K. Davis，1975）和赫尔歇（Hershey，1956）倡议为雇员提供情绪和经济上的安全感，以此减少焦虑；克纳普（R. H. Knapp，1944）则提出培养员工对领导者的信任。

最常被提及的旨在降低谣言相信的建议是辟谣（rebuttal），有建议提到赢得中立发言人的支持以加强辟谣力度。例如，特纳（R. H. Turner，1994）发现，中国采取的地震谣言减少策略不是笼统的否认，而是集合当地的专家小组，对谣言进行评估，然后逐点反驳谣言。研究报告显示，这些方法几乎都是成功的。提高怀疑意识（Koenig，1985），培养合作、信任的社会环境（K. Davis，1975）甚至使用反宣传手段（Goswamy & Kumar，1990）等方式也可以降低谣言相信。最后还有几个谣言平息策略旨在减少谣言的传播，这些策略包括劝阻散播谣言的人，包括采用一些处罚性措施，如警方调查（Kapferer，1989）和诉讼（Austin & Brumfield，1991）。当然，减少谣言产生和谣言相信也会间接地减少谣言的传播。

表 9-1 谣言平息策略的文献梳理

参考文献/书籍	研究或提出的谣言平息策略	策略类别（根本目标）
F. H. Allport & Lepkin, 1945	"谣言诊所"：将谣言和强有力的辟谣信息整理发布	降低谣言相信
Austin & Brumfield, 1991	1. 运用中立方提供的事实对质询者进行辟谣	降低谣言相信
	2. 提起诽谤诉讼，使用私人侦探	减少传播
	3. 撤销或改变商标（减少消极线索的激活）	降低谣言相信
	4. 对受到影响区域的消费者（非质询者）进行辟谣	降低谣言相信
	通过以下方式预防谣言：	
	1. 提供重要事件的信息	降低不确定感
	2. 提供情绪和经济上的安全感	降低焦虑
	3. 创造合作的氛围	降低谣言相信
	通过以下方式驳斥谣言：	
K. Davis, 1972, 1975	4. 用事实击破谣言	降低不确定感
	5. 不要重复谣言	减少传播
	6. 尽早辟谣	减少传播
	7. 由合适的发言人进行辟谣	降低谣言相信
	8. 面对面辟谣	降低谣言相信
	9. 倾听信息的差距	降低不确定感
	10. 倾听感受	降低焦虑
	内部谣言：	
Esposito & Rosnow, 1983	1. 保持与员工的信息畅通	降低不确定感
	2. 留心谣言（评估和处理潜在的问题）	降低焦虑
	3. 迅速行动，不要重复	减少传播
	4. 开导人员	降低谣言相信
	外部谣言：	
	5. 辟谣	降低谣言相信

来源	策略	结果
Festinger et al., 1948	1. 提供细节信息	消除不确定感
	2. 将老领导融合到新活动中	减少传播
	3. 领导在公共场合进行辟谣	降低不确定感、焦虑和谣言相信
	4. 开除谣言煽动者	减少传播
Gosawamy & Kumar, 1990	1. 下达禁止集会的禁止性命令	减少传播
	2. 逮捕或拘留反对派领导人	减少传播
	3. 增加反宣传	降低谣言相信
Gross, 1990	来自传谣方的辟谣	降低谣言相信
Hershey, 1956	1. 保持正常沟通渠道的畅通	降低不确定感
	2. 不使用公共广播系统进行辟谣	减少传播
	3. 提供与话题有关的事实，而不是直接反驳谣言	降低不确定感
	4. 预防懒散和单调	减少传播
	5. 开展反对谣言的活动，嘲笑谣言的信任	降低谣言相信
	6. 增强对管理层的信源的信任	降低不确定感、谣言相信、减少传播
	7. 对身处谣言之中的中层管理者进行教育	降低焦虑和减少传播
	8. 分散人们对谣言的注意力	降低焦虑
	9. 同一问"谣言反映出怎样的焦虑或态度"，接下来通过修正导致焦虑的情境来缓解焦虑	
Iyer & Debevec, 1991	1. 辟谣	降低谣言相信
	2. 不辟谣	降低谣言相信
Jaeger, Anthony, & Rosnow, 1980	辟谣	降低谣言相信
Kapferer, 1989	1. 辟谣	降低谣言相信
	2. 警方调查	减少传播
Kapferer, 1990	通讯稿	降低不确定感和谣言相信

（续）

参考文献/书籍	研究或提出的谣言平息策略	策略类别（根本目标）
Kimmel & Keefer, 1991	降低对于疾病的不确定感	降低不确定感
R. H. Knaap, 1944	1. 提供完整、准确的信息（仔细审查）	降低不确定感
	2. 创造和维持对领导人的信任	降低焦虑
	3. 完整、迅速地告知消息	降低不确定感和焦虑
	4. 使信息容易获取（如举行教育会议）	降低不确定感
	5. 避免懒散、单调和个人混乱	减少传播
	6. 举行刻意打击谣言传播的活动	减少传播
Koenig, 1985	1. 开设商业谣言控制中心（24小时运营）	降低不确定感
	2. 持怀疑的观点	降低谣言相信
Koller, 1992	1. 辟谣	降低谣言相信
	2. 积极广告宣传	正面宣传
	3. 不回应	降低谣言相信
Litwin, 1979	让主要的传播者传播正确的信息	降低不确定感
McMillan, 1991	1. 去除门槛（增加与经理交流的机会）	降低不确定感
	2. 证实谣言	降低不确定感
	3. 每月定期举办城镇会议	降低不确定感
	4. 安装免费的查询电话线路	降低不确定感
Ponting, 1973	谣言控制中心	减少传播
R. H. Turner, 1994	1. 迅速干预	降低不确定感
	2. 收集谣言，组织独立的专家小组对它们进行检验，并且进行逐点的反驳而不是笼统的否认	降低谣言相信
	3. 通过正式渠道传播辟谣信息	减少传播
Weinberg & Eich, 1978	通过中立信源（可信的"谣言控制中心"）进行辟谣	降低谣言相信

我们想知道这些谣言平息策略的使用普遍性如何，以及效果如何。这些问题是我们在第 2 章介绍的 74 位资深公关人员调查（DiFonzo & Bordia，2000）中的一部分。在该调查中，受试者平均有超过 26 年的公关或者企业传播经验，而且他们来自不同的领域，包括电影、航空航天、银行金融、卫生保健、零售和交通。在这项研究的一部分中，我们向公关人员展示了 17 种谣言预防或应对策略，这些策略（见图 9-1 和附录 2A）包含了我们从现有的谣言控制文献以及我们对企业经理和公关官员的访谈中收集到的所有策略。对于每一种策略，受试者会被问到他们在预防或应对谣言的过程中是否运用过该策略，然后评价该策略的有效性。研究结果显示上述策略被普遍使用，17 种策略中有 15 种被超过 1/3 的受试者使用过。谣言预防策略是最为普遍的策略，如陈述指导组织变化的价值观和程序。含反攻措施的策略则最少被采用，如寻找并惩罚散布谣言的人，以及传播反向谣言。

为了将这些策略归类成基本维度，我们对有效性评分进行了主成分分析。分析显示出两个潜在的维度：结构化不确定感（structuring uncertainty）和加强正式传播（enhancing formal communications）。结构化不确定感意味着将不确定感限制在一定程度。不确定感是谣言产生的主要原因，因此结构化不确定感无疑是预防或控制谣言的一种途径（Davis，1972；Hirschhorn，1983）。结构化不确定感策略包括陈述用于指导即将到来的变化的价值观与程序，或者提供发布官方公告的时间线。这些策略限制了不确定感的范围（"我不知道将会发生什么，但我下周就会知道"或者"我不知道是否会被这次调整影响，但我知道在决定谁被解雇时，公司会把工作单位的绩效纳入考量"）。受试者普遍认为结构化不确定感策略比加强正式沟通策略更加有效。

加强正式沟通策略包括由内部或外部信源对谣言进行否认，或者证实（confirm）谣言。尽管证实谣言这一策略很少被使用，但受试者认为它非常有效。这一策略只在很少的情况下适用，但对于消除谣言非常有效。一旦谣言被证实，谣言就失去了它独一无二的信息价值，热度也随之消退。接下来我们介绍辟谣策略以及辟谣在平息谣言中的有效性。

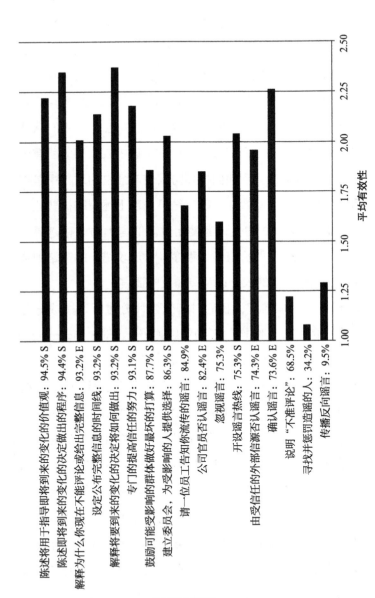

图 9-1 谣言控制策略和有效性评分均值

注：控制策略按接受试者（n 的范围为 72～74）使用每一条以预防和应对谣言的百分比降序排列。平均有效值评分置表中 1、2 和 3 分分别代表低、中等和高平均有效性。S 代表结构化不确定感策略，E 代表加强正式沟通的策略。引自 DiFonzo, N., Bordia, P.（2000）. How top PR professionals handle corporate rumors, their effects, and strategies to manage them. *Public Relations Review, 26*, p.182. Copyright 2000 by Elsevier. 经许可重印。

辟谣

用以应对有害谣言的最常用策略之一是否认谣传的陈述（Kimmel，2004b）。这种否认可能采取多种形式，如通讯稿、整版的报纸广告、CEO 在公司网站上的声明、第三方机构的证明，等等。辟谣虽然被广泛使用，却是一种具有争议性的策略。商业作家欧文·爱德华兹（Owen Edwards，1989）断言："可能唯一不能用来反击谣言的方法就是否认它，因为任何否认都会为谣言增加影响力。否认越激烈，谣言就会变得越可信。"（p.228）然而，社会学教授弗雷德里克·凯尼格（Frederick Koenig）对辟谣十分推崇："如果一家公司被谣言针对，它就应该尽可能迅速地、公开有力地否认它，出示证据证明谣言是毫无根据的。"（引自 Goleman，1991）

如第 4 章所述，对谣言的反驳可以降低谣言相信。然而，学术文献表明一些变量可能调节这种效应。伊耶和德贝维奇（Iyer & Debevec，1991）向受试者呈现对环境烟草烟雾（environmental tobacco smoke，ETS）的有害性的指控。受试者被告知这个指控来自三种信源中的一种：中立信源（一家电视台）、消极的利益相关者（雷诺烟草公司）、积极的利益相关者（美国癌症协会）。接下来，这个指控被一个中立的信源（《波士顿环球报》）或者低信誉的信源（雷诺烟草公司）以激动或者平和的语气反驳。伊耶和德贝维奇也设置了一个不包含辟谣的条件。因变量是受试者对 ETS 的态度。研究结果显示，当指控由积极的利益相关者发起时，平和的否认是有效的（对于 ETS 的态度更积极）。当指控由中立信源发起时，中立信源的否认更加有效。而当指控的信源是消极的利益相关者（雷诺烟草公司），不反驳指控能导致对 ETS 最积极的态度。这个结果并不令人吃惊，指控和辟谣均为雷诺公司这同一信源会是一个奇怪的现象。因此，总的来说，伊耶和德贝维奇（Iyer & Debevec，1991）的发现支持了反驳（辟谣）的有效性，但结果表明辟谣的信源特征（中立 vs 低可信度信源）可能让否认更有效或更无效。

在我们的实验中，我们将辟谣信息视为说服信息，其目标就是说服受众不要相信谣言。有关说服和态度改变的社会心理学文献已经指出，信源特征和信息内容能决定信息的说服力（Petty & Wegener，1998）。例如，高可信度信源发布的信息比低可信度信源发布的信息更具有说服力，论据质量高的信息比论据质量低的信息更容易说服受众。在这个框架的帮助下，我们现在来讨论我们研究的两组调节变量：辟谣的信源特征和辟谣的信息特征。

辟谣的信源特征

当辟谣信源与谣言范围相匹配时，辟谣的有效性就会增强。例如，在组织环境中，如果谣言关于某一部门的政策或流程，那么部门主管就是辟谣的合适信源。一名生产线上的员工则由于职位太低，不承担决策职责，因而不是一个有说服力的信源。相反，组织的 CEO 远离具体的部门事务，因此员工也不会期待他针对部门层面的谣言发表言论。实际上，CEO 的介入甚至可能引起员工的怀疑，让问题变得更严重。一名公关人员这样说：

> 如果一栋建筑物着火了，董事长应该去接管消防工作，因为形势非常严峻。然而，如果一名经理位于 6 楼的办公室起了火，你不该让董事长过去，因为这只是一场小火。而如果董事长跑过去了，他全身的衣服就会有烟火味，并且烟火味需要很长时间才能消散（DiFonzo et al.，1994，pp.59-60）。

以一则有关澳大利亚某大学心理系学生入学要求的谣言为背景，我们检验了上述观点（Bordia，DiFonzo，& Travers，1998）。由于本科教育名额的需求量很大，学生经常为录取感到焦虑，因此关于入学要求的谣言广泛传播。这项研究在实验室环境中进行，受试者被告知"进入本科二年级课程的平均课程绩点要求将在明年提高"的谣言。由于受试者均为一年级学生，因此这则谣言是逼真且重要的。这则谣言被四种信源否认：一名同学、一名心理系的讲师、系主任、学校的 CEO（即校长）。我们预期系主任的辟谣在降低谣言相信和谣言给人们带来的焦虑方面是最有效的，因为系主任是做出入学要求决定的人，对系内事务最为了解。因此，我们假设系主任被评定为最恰当的辟谣信源。学生和讲师没有做出决定的职能，因此缺少辟谣所要求的可信性。校长位于学校行政管理的高层，因此看起来与一个系级别的问题不相关。最后，我们假设辟谣在降低人们的谣言相信和焦虑方面是有效的，我们在呈现辟谣陈述的前后对谣言相信和焦虑进行测量。结果与我们的预测一致，总体来说，辟谣确实可以降低人们的谣言相信和焦虑。此外，如图 9-2 所示，在系主任辟谣的条件下，谣言相信和焦虑的下降幅度最大。另外，图 9-2 也表明系主任被评定为最恰当的信源。

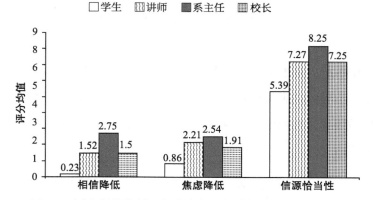

图 9-2　谣言相信降低、焦虑降低以及信源恰当性评分均值

注：谣言为进入本科二年级课程所要求的平均绩点将在明年有所提高，数据来自 Bordia et al.，1998。

我们关于信源恰当性的预期得到了证实，但我们还想知道判断恰当性的依据是什么。正如我们在第 8 章看到的，谣言经常在充斥着紧张和冲突的环境（如组织重组）下流传。在这种情况下，员工可能会怀疑管理者的意图，不相信辟谣信息。因此，对信源诚实性的感知可能对有效辟谣十分重要。有关说服信源特征的研究发现信源诚实性在人们对消息准确性的评估中扮演着重要的角色（Priester & Petty，1995）。我们进行了另一项研究来检验这些观点（Bordia，DiFonzo，& Schulz，2000）。在这项研究中，我们预测具备高诚实性和恰当性的信源能够有效降低人们的谣言相信和焦虑。这项研究在澳大利亚的一所大学校园中进行，这所大学的本科生中传播着本科生图书馆将被关闭的谣言。我们采取组间设计，用下面的三种信源辟谣：在借书台工作的图书馆员工、图书管理员和校长。

辟谣有效性的结果重复了波迪亚等人（Bordia et al.，1998）的研究发现：对谣言进行否认之后，谣言相信和焦虑都明显地下降了。此外，如我们预测的一样，当信源的诚实性和恰当性都很高时，辟谣在降低人们的谣言相信方面最具成效（见图 9-3，注意诚实性不是一个被操纵的变量，它只是被测量而已）。换句话说，诚实性和恰当性在降低谣言相信方面有累加的影响。而在降低焦虑方面，只有信源的诚实性有主效应。也就是说，当信源被感知为诚实可靠的时候，焦虑下降幅度最大。这些结果完美吻合了第 8 章中我们关于信任对谣言传播的调节作用的发现。当信源被信任（即诚实）时，辟谣能有效地驱散不确定感和焦虑；当信源不被信任时，辟谣便不能有效地驱散不确定感和焦虑。

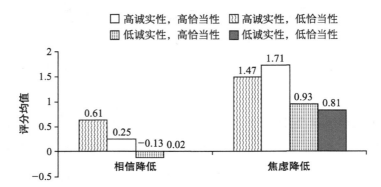

图 9-3　来自高、低恰当性和诚实性信源的辟谣带来的谣言相信和焦虑降低的均值

注：谣言为本科生图书馆将会关闭，数据来自 Bordia et al.，2000。

研究结果帮助我们理解信源恰当性背后的因素。恰当性与知识丰富性（"你对谣言的信源了解多少"）以及在管理结构中的地位呈正相关。因为研究中的谣言与关闭一所大学的基础设施有关，是一个组织层面的话题，因此校长被认为是最恰当的信源。

辟谣的信息特征

另一组研究关注了降低谣言相信和焦虑所需的信息特征。首先，帮助谣言接收者获得对潜在威胁的控制感的辟谣可以缓解焦虑（Bordia，DiFonzo，Haines，& Chaseling，2005）。在这些研究中，我们检验了辟谣在降低人们对"好时光"病毒谣言的相信程度和焦虑方面的有效性。一则在 20 世纪 90 年代末遍布网络的谣言宣称，某种病毒正在通过电子邮件流传，只要用户读取了文本信息，病毒就会感染计算机。这则谣言使电子邮件使用者产生忧虑，并将有关这个所谓病毒的警告转发给朋友和同事，导致网络堵塞，越来越多人因为担忧而向技术支持人员咨询。而揭穿谣言的准确信息在网上就能找到。

在我们的研究中，我们向受试者呈现了恶作剧邮件，并测量了他们对于这则谣言的相信程度和焦虑。接下来，我们向受试者呈现了一封反驳谣言的邮件，并再次测量他们对于这则谣言的相信程度和焦虑。在第一项研究中，我们发现辟谣能成功降低人们对谣言的相信程度和焦虑，并且辟谣的效果强于控制组中向受试者呈现的无关信息。在第二项研究中，我们将辟谣与不直接否认谣言的控制组信息进行对比，后者提供的是关于如何保护计算机免受病毒攻击的信息。有趣的是，虽然辟谣在降低谣言相信方面的效果明显优于控制组，但在降低人们的焦虑方面两组却没有明显差异。提供信息和应对策略的控制组信息也能缓解一些焦虑。在第三项研究中，我们将这些缓解焦虑的因素融合进辟谣信息中（"了解病毒能最好地帮助你保护计算机文件。计算机病毒是一段计算机代码，必须通过感染宿主程序来传播。检测这些致病的计算机代码的最佳方法是安装一款病毒查杀软件"）。这种辟谣能帮助受试者重新获得控制感，有效降低谣言相信和焦虑。以上结果可见图9-4。

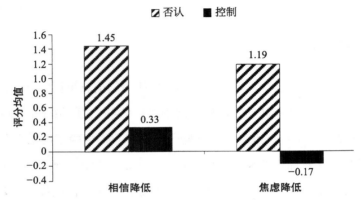

图 9-4 对"好时光"谣言的辟谣带来的谣言相信和焦虑降低均值
注：数据来自 Bordia, DiFonzo, Haines, & Chaseling, 2005, Study 3。

另一组研究表明反驳背景的引入可能会影响否认的有效性。这些研究分别在有和没有先前指控的情况下，对否认的效果进行了检验。科勒（Koller，1993）发现，在没有先前指控的情况下，受众对否认信源的评价更为负面。在没有先前指控的情况下，受众会对否认感到困惑和怀疑，进而负面地评价否认者。一项证实这一效应的早期研究（Yandell，1979）设计了三种实验条件。第一种条件下，一名演员被指控弄坏了一台打印机，随后他对此进行了否认。第二种条件下，这名演员在没有被指控的情况下，否认自己弄坏了打印机。第三种条件下，这名演员承认弄坏了打印机。与第一种条件（指控＋否认）相比，演员在第二种条件（否认）下更有可能被认为是有过失的。事实上，在第二种条件下，过失评分与演员承认弄坏了打印机的条件下一样高。扬德尔（Yandell，1979）以归因的术语总结道，指控为否认提供了一个情境性解释。然而，在没有指控的情况下，否认被认为是良心不安，并给人留下有过失的印象。韦格纳、文茨拉夫、克尔克和贝蒂（Wegner，Wenzlaff，Kerker，& Beattie，1981）在关于报纸标题的影射效应的研究中，也注意到了相似的效应。他们发现，虽然否认（鲍勃·塔尔伯特（Bob Talbert）与黑手党无关；$M = 3.73$）比断言（鲍勃·塔尔伯特与黑手党有关；$M = 4.25$）导致更低的负面印象评分，但否认条件下的负面印象评分却比控制组（鲍勃·塔尔博特庆祝生日；$M = 3.00$）更高。事实上，否认条件与断言和控制条件之间没有显著差异。

我们如何理解这些结果呢？霍尔特格拉弗斯和格雷尔（Holtgraves & Grayer，1994）使用了归因理论和格莱斯（Grice，1975）的会话准则（maxims of conversation）对法庭中的否认进行了研究。格莱斯的数量准则（maxim of quantity）指出，讲话人提供信息的数量应视情境需要而定。霍尔特格拉弗斯和格雷尔认为，在缺少指控的情况下，否认违反了数量准则。当面对这种信息过量的否认时，听众就有了解释这种违反准则的行为的动机，进而导致一种对过失的归因，以及在可信度等方面负面评价当事人。他们的发现证实了这一观点。由此可见，辟谣的背景会影响辟谣的有效性。

这一系列研究主要关注针对个人的指控。我们将其拓展到产品污染谣言以及公司对此进行辟谣的背景下（Bordia，DiFonzo，Irmer，Gallois，& Bourne，2005）。我们探究了引入辟谣背景是否会影响辟谣效果。第一，我们想要比较两类信息：先陈述谣言再进行辟谣的信息（谣言 + 辟谣）和不重复谣言而直接进行辟谣的信息（仅辟谣）。第二，我们也想将上述辟谣方式与公关人员所建议的仅回复"我们的政策是不回应谣言"（即不回应策略）的方式进行比较。第三，我们想知道这三种策略（仅辟谣、谣言 + 辟谣、不回应）与只有谣言（无回应）的情境相比较的情况。

这项研究在实验室进行，我们向受试者呈现了一个虚构的报纸故事。故事提到，一家名为 PBR 的消费品生产商被一则谣言所困扰，该谣言称其产品含有一种对消费者有害的成分。我们创设了四种新闻报道条件，这四种条件的文本见展示9-1。在只有谣言的条件下，这份报纸只报道了有关PBR的谣言。在谣言＋辟谣条件下，谣言报道后附上了PBR的一份声明，声明中先复述了谣言，再加以反驳。在仅辟谣条件下，报道中没有提及谣言，而PBR直接采取辟谣的姿态，坚称它的产品对消费者来说是安全的。最后，在不回应条件下，谣言报道后，PBR的声明中说PBR对谣言不做评论。我们测量了以下对新闻故事的反应：对新闻声明原因的不确定感、对PBR的怀疑、对新闻声明进行内部（PBR）而非外部（环境）归因的倾向、对PBR进行掩盖的感知度、对PBR的总体评价，以及购买PBR产品的意向。

研究的结果明确支持了辟谣策略，而没有为不回应策略提供支持（见图9-5；这里所有的条件间的差异都是基于统计上的显著差异）。在不回应条件下，大部分指标评分与只有谣言的条件非常相似。事实上，在对掩盖的感知度上，不回应条件比只有谣言的条件表现更差。也就是说，当读到公司拒绝对谣言发表评论时，受试者会认为公司在隐瞒某些事情。

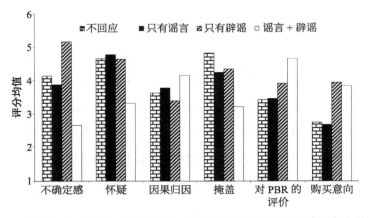

图9-5　不确定感、怀疑、外部归因、掩盖意图、公司评价和购买意向的均值

注：谣言为PBR的产品很危险。所有的变量使用1～7分李克特量表测量。数据来自Bordia, DiFonzo, Irmer, et al., 2005。

展示 9-1　反驳背景研究中每个条件中的文本

只有谣言	谣言+辟谣	只有辟谣	不回应
PBR产品安全谣言	PBR说："谣言是虚假的、恶意的。"	PBR说："我们的产品是安全的。"	PBR产品安全谣言
尼格尔·威尔逊，经济通讯作者	尼格尔·威尔逊，经济通讯作者	尼格尔·威尔逊，经济通讯作者	尼格尔·威尔逊，经济通讯作者
PBR是澳大利亚最大的食品生产商之一。近期关于PBR产品安全的谣言流传。这则谣言称PBR产品中含有一些对消费者有害的成分。当我们就此事询问PBR时，他们回应明天会公布关于这一谣言的官方声明。	PBR是澳大利亚最大的食品生产商之一。近期有一则关于PBR产品安全的谣言流传。这则谣言称PBR产品中含有一些对消费者有害的成分。在昨天的记者发布会上，一名PBR公司发言人做了如下声明："PBR受到了一则虚假的、恶意的攻击，谣言称我们的产品被污染了，对我们的消费者有害。这些谣言毫无根据，却被试图破坏我们的竞争对手对手传播。我们的声誉和销量能达到最高的安全标准。为了证实我们的产品能达到最高的安全标准。为了证实我们的产品是完全安全的，国家卫生行政部门对产品进行了独立检验。国家卫生行政部门发现我们的产品是完全安全的，不仅达到了更超越了国家食品安全标准。"	PBR是澳大利亚最大的食品生产商之一。在昨天的记者发布会上，一名PBR公司发言人做了如下声明："我郑重说明，我们的产品对消费者是无害的。这些谣言流传。这则谣言称，对我们的产品的声誉的竞争对手对手传播。我们定期对我们的产品进行广泛试验，以确保我们的产品能达到最高的安全标准。为了证实我们的产品我们还邀请了国家卫生行政部门对产品进行了独立检验。国家卫生行政部门发现我们的产品是完全安全的，不仅达到了更超越了国家食品安全标准。"	PBR是澳大利亚最大的食品生产商之一。近期有食品生产商之一。近期有一则关于PBR产品安全的谣言流传。这则谣言称PBR产品中含有一些对消费者有害的成分。在昨天的记者发布会上，一名PBR公司发言人拒绝做出回应。这名发言人说："PBR的政策是不做任何回应。"

接下来，我们将仅辟谣条件与谣言＋辟谣条件进行比较。和我们预期的一样，在仅辟谣条件下，人们对于新闻声明原因的不确定感最高。此外，相比于谣言＋辟谣条件，仅辟谣条件下的新闻声明更多地被归因于内部原因。同时，与谣言＋辟谣条件相比，在仅辟谣条件下，对于掩盖的感知度更高，受试者对公司的评价更低。最后，在两种辟谣条件下，受试者在购买意向上没有差别。

总的来说，结果说明：①不回应策略至多能与什么都不说达到相同的效果，其最大的问题在于导致人们感知到更强的掩盖意图。②仅辟谣策略和谣言＋辟谣策略在带来更高的公司评价和购买意向方面明显优于什么都不说（即只有谣言或者不回应）。③在辟谣中复述谣言能为辟谣声明提供背景，从而降低人们对于反驳声明原因的不确定感。同时它也有助于将发表否认声明的原因转移到外部，使人们整体上对公司有更积极的评估。

这些结果为辟谣策略提供了一些支持，但我们并没有暗示谣言控制是件容易的事，或者辟谣是根除谣言的灵丹妙药。众所周知，谣言难以控制。正如我们在第 3 章所讨论的，谣言服务于各种需要和动机，因此会抵抗证伪信息。有关信念固着的社会认知文献已经发现，印象一旦形成，就会对与之相反的证据有很强的抵抗力。在下一节中，我们将运用信念固着及其背后的过程，来更好地理解为什么有些谣言不容易被驳倒。

为什么一些谣言能抵抗反驳

一系列研究已经证明，即使是完全不可信的初始印象也能存留一段时间（Anderson，1983，1985；Anderson，Lepper & Ross，1980；Ross，Lepper，& Hubbard，1975）。在这些研究中，受试者基于被操纵的信息，形成正面或者负面的印象。比如，受试者被操纵形成具有辨别真假自杀遗书能力的印象（他们能或不能成功分辨遗书的真假）。在另一个实验中，受试者被操纵形成危险行为倾向纸笔（paper-and-pencil）测验结果和成为一名成功的消防员之间存在关联的印象（他们被引导认为危险行为测量结果和成功之间存在正向或负向关联）。实验中的操纵信息的形式为实验者的反馈（你答对或者答错了）或者有关风险行为测量和成功消防员的有偏差的案例。之后进行了操纵检验以测量印象形成的方向和强度。

接下来，受试者被以某种方式告知他们形成初始印象所基于的数据资料是实验者预先设定的。在上述的危险行为测量和消防员的例子中，实验者向受试者解释提供的反馈是预先设定的，和他们的实际反应无关，或者向受试者说明消防员的案例是虚构的。随后受试者独立完成因变量——印象形成的方向和强度的测量。结果表明，解释过后初始印象虽然有所减弱，但仍然存在。这些结果与我们在辟谣研究中的发现一致。例如，在"我能或不能判断遗书的真假"这一研究中，当受试者被给予与他们的信念一致的反馈时，他们的信念强度达到最高；当得到证据不可信的解释时，他们的信念强度会降低，但不会消失。我们同样发现，当人们接收到谣言时，他们对谣言的相信程度最高；通常在辟谣之后，人们对谣言的相信程度会下降，但不会消失。换句话说，谣言被证明不可信后依然存续，尽管力量有所减弱。

研究者已经提出三种机制来解释这种信念持续现象：确认偏误（confirmation bias）、因果推论（causal inference making）和否认透明度（denial transparency）。确认偏误即使接收到的矛盾信息与已有的偏见保持一致而不冲突的倾向（Nisbett & Ross，1980）。在信念持续中，确认偏误体现在无视与初始印象相矛盾的证据（受试者无视实验者的解释，以此来维持他们对自身判别遗书能力的信念）。确认偏误也体现在选择性地解释一致信息（对虚假反馈的反应），以此支持自己的印象（Ross et al.，1975）。印象一旦形成，就会相对地独立于它们所来自的证据。"印象持有者不会'重议'其对与印象有关的信息的相关性和有效性的解读。"（Ross et al.，1975，p.890）因此，至少理论上，我们很容易理解印象如何对逻辑挑战产生免疫。另外，如我们在第 3 章提到的，谣言服务于多种心理需要，人们有可能进行动机性推理（motivated reasoning）以坚持或合法化他们珍视的信念。

因果推理是指在连续性事件中没有根据地得出因果关系的偏好（Nisbett & Ross，1980）。解释一个事件增加了该事件的主观可能性（Ross，Lepper，Strack，& Steinmetz，1977）。正如我们在第 5 章提到的，谣言能影响行为是因为它提供现成的因果解释，使人们做出因果推断，即使因果关系并不存在。

最后，韦格纳、库尔顿和文茨拉夫（Wegner，Coulton，& Wenzlaff，1985）提出，否认透明度是对持续现象的一种更简明的解释。否认透明度指在否命题中否认是无效的（当人们无视否认时，否认就是透明的，即否认无效）。该理论认为，一开始人们认为所有命题都为真，不管这种看法持续时间多么短。随后，人们为他们认为虚假的命题贴上"不真实"的标签，相比于肯定命题，这些虚假命题更难以记忆。比如，在没有其他信息的情况下，"鲍勃·塔尔伯特与黑手党无关"会倾向于被记忆为"鲍勃·塔尔伯特与黑手党有关"。否认并不会消除一个命题，而是会伴随着它。

要让否认变得有效，否认应该与目标和指控一同被回忆起。由于回忆否认的内容需要付出更多的努力，韦格纳（Wegner，1985）提出，如果一个否命题（我没有撒谎）被表述成肯定命题（我很诚实），它更有可能被人们回忆起。换句话说，谣言的受害者应该努力营造正面印象，替代谣言造成的负面印象。蒂伯特等（Tybout et al.，1981）也提出了类似的观点，在麦当劳的汉堡里有蠕虫肉的谣言传出后，他们发现当蠕虫肉被标注为法国美食，或要求受试者回想去麦当劳的具体细节（如是否有室内座位）时，人们对于麦当劳的态度有所好转。换句话说，控制谣言应该多管齐下，包括直率的辟谣以及其他增强声誉的策略。事实上，大多数有效的反驳采取了这种策略。想一想施特罗啤酒公司的例子（Koenig，1985）：1983 年，施特罗啤酒公司被一则捐助杰西·杰克逊⊖竞选总统的谣言所困扰。该公司在《芝加哥论坛报》

⊖ 杰西·杰克逊（Jesse Jackson）：美国黑人民权领袖和演说家。——译者注

（*Chicago Tribune*）刊登广告，除了说明"谣言是完全错误的"，还提供了捐款给自由女神像整修工作的信息。

控制谣言的建议

了解了这些研究发现之后，我们可以回答最开始的问题：如何有效地控制谣言？在工作场所降低不确定感和焦虑可以预防谣言的产生。管理者需要预料哪些事件会引发不确定感、焦虑和控制感缺失（由此导致谣言），并通过系统的传播策略解决这些问题（Clampitt，DeKoch，& Cashman，2000）。虽然管理者不能消除所有不确定感的来源（总是不可能做出所有需要的决定），但针对结构化不确定感的策略可能可以预防谣言（DiFonzo & Bordia，1998）。正如第 8 章提到的，信任对于人们对正式和非正式传播的感知有着重要的影响。在不信任的环境中，即使少量的不确定感都会带来威胁，导致人们更加轻信。而在信任的环境中，威胁型谣言难以找到立足点。因此，信任构建措施（如开放式和参与式的沟通）能够降低人们的轻信，减少消极谣言的传播。

遏制谣言的行动必须迅速，否则，谣言流传的时间越长，就越难控制。这是因为谣言的动态变化存在两大特征：第一，在谣言流传过程中，它往往会演变成一个更加可信的版本，因此更难被控制。第二，人们听说谣言的时间越长，就越倾向于相信谣言（第 4 章提到的重复效应）。因此，传播管理者需要介入非正式传播网络，尽可能快地了解到存在的谣言。现实中，在很多情况下，管理者与一线员工缺乏沟通。等到管理层听到谣言的时候，谣言可能已经流传一段时间了。一名管理者建议任命一位"声呐人"，即一个可以告知管理者员工中流传的谣言的可以信任的下属。

面对谣言的爆发，应第一时间决定是忽略谣言还是有所行动。如图 9-1 所示，对公关专业人士的调查表明，超过 75% 的人曾选择忽视谣言，然而这个策略是相当无效的（Smeltzer，1991）。只有当一个谣言被认为无害且会自我消失时，才能忽视它（DiFonzo et al.，1994）。特别是，如果被要求回应，管理者一定要对谣言做出评论。不回应表明隐藏了某些事情，会增加围绕谣言的不确定性。比如，弗里特（Frith，2001）描述了由 AMP 公司采取的不回应策略如何进一步煽动了谣言。如果谣言是真的（或至少谣言的某些要素是真的），那么它必须被证实。这一策略被我们调查的公关专业人士评定为非常有效。谣言虽然夸张，但也往往包含着一些事实，证实这一部分是真实的能降低谣言的不确定性。有这样一个案例，一家银行无意中将几张信用卡邮寄到错误的地址，于是有谣言开始传播，声称大量信用卡被邮寄到错误地址。这家银行很快通知用户，承认一些卡的邮寄地址不正确，同时指出谣言夸大了这一问题（DiFonzo et al.，1994）。

很多情况下，要降低谣言相信、减少未来可能接收到谣言的人数、控制谣言造成的危害或仅仅澄清真相，辟谣都是必要的（事实上，辟谣的缺失被当作有过失的证据）。重要的是，辟谣应基于事实。一方面，这是伦理的要求，承担责任并做出合乎伦理的行动能提高人们对公司的评价。另一方面，组织很少能长时间保守秘密。等事实泄露、真相大白时，管理层也就失去了信誉。一家公司出现了一起造成严重损失的人为失误，公关人员未被告知，因此没有为回应做出准备。一名记者发现了该事件，并在公司没有回应的情况下发表了新闻。这家公司的公关人员对这一事件的描述如下。

星期一早上，一名记者打电话来说她知道我们遇到了问题。我与管理层进行核对，虽然他们知道确实有问题，但再也没有提及问题究竟是什么。第二天记者再次打电话给我，她看起来真的掌握了一些事实。等到第四天，她告诉我这很严重，她知道这个错误会造成上千万美元的损失。所以我又去问管理层："到底发生了什么？"他们说："是的，我们确实有这个问题。"她当天下午就发表了这篇报道（DiFonzo et al., 1994, p.59）。

说服性信息的有效性取决于信源的可信度和信息质量，辟谣也是一样。应使用与谣言的范围和严重性相匹配的信源。辟谣的信源应该是被受众感知为诚实且值得信任的，中立的外部信源通常非常有效。比如，有谣言指控在阿尔帕克装瓶公司（Alpac Bottling Company）的软饮罐里发现了注射器。一名独立的装罐检查员说："我已经检查这种类型的产品设备多年了，我知道这不可能发生，这是一个骗局。"这番话让阿尔帕克公司的辟谣得以推进（FearnBanks, 2002, p.233）。辟谣信息应该表述清楚、容易理解并包含揭穿谣言的证据（如果有的话）。例如，有谣言称设计师汤米·希尔费格（Tommy Hilfiger）在《奥普拉脱口秀》中发表种族主义言论，汤米·希尔费格的辟谣中包含了奥普拉·温弗瑞（Oprah Winfrey）的声明，表明汤米·希尔费格没有出现在节目中，她甚至从未见过他（"Tommy Rumor", 1999）。

最后，如果辟谣信息可能传到此前没有听过谣言的人们耳中，那么辟谣中应该提供辟谣的原因和背景（即承认谣言的存在）。比如，施特罗啤酒公司在对捐助总统竞选一事进行的辟谣中清晰地陈述并否认了这则谣言："在伊利诺伊和印第安纳地区，有谣言称施特罗啤酒公司正在捐助美国总统竞选，这则谣言是虚假的。"（Koenig, 1985, p.61）他们在《芝加哥论坛报》上用半个版面的广告来说明公司在非政治项目中的贡献、这则谣言的诽谤性质，以及他们愿意悬赏25 000美元来找到谣言的源头。

在这一章中，我们回顾了与谣言控制有关的研究，并探讨了这些研究对于尝试预防或控制谣言的人的启示。在下一章也是最后一章中，我们通过回应在开篇提出的问题，对全书涉及的概念进行总结，并提出一份更全面的研究蓝图。

第 10 章

总结、模型和研究蓝图

2005 年，卡特里娜飓风摧毁了新奥尔良。在飓风发生后，有一则极为离奇的谣言流传：美国海军训练了一些海豚来保卫靠岸的潜艇，它们可以向恐怖分子潜水者喷射毒性的麻醉枪。由于飓风，这些海豚进入海中。因此，所有的潜水员和海岸边沿的游泳者都有被海豚攻击的危险（Mikkelson，2005）。这则由辟谣网站 http://www.snopes.com 判断为"可能不实"的谣言广为流传。

在本书中，我们讨论了一系列与谣言相关的新老问题。我们将这些问题与社会心理学、组织心理学的相关理论相结合，并基于实证研究得出大部分结论。在这一章中，我们会先总结我们对每个问题的结论，然后提出了一个关于谣言现象的综合模型。最后，我们提出一份详细的研究蓝图。

总结

什么是谣言

在第 1 章中，我们将谣言定义为流传中的未经证实、具有工具性意义的信息陈述，它产生于模糊、危险和具有潜在威胁的环境，其作用在于帮助人们理解和管理风险。这个定义特别关注谣言的内容、出现情境和作用，我们在这些方面将谣言与流言、都市传说进行了对比。谣言内容是未经证实且具有工具性意义的信息，而流言是评价性的社会谈话，都市传说则是有趣的故事。谣言在模糊、危险和具有潜在威胁（可能是生理上的，也可能是心理上的）的环境中产生，其作用是帮助人们理解和管理风险。相反，流言是在社会网络的形成和维持的情境中产生的，它让集体变得更有凝聚力，定义群体的成员、规范和权力结构。都市传说产生于更具社会凝聚力的情境中，旨在娱乐和传达群体习俗、规范和文化真理。我们采用信息维度量表（IDS）区分了信息的六个维度，其中的四个维度——证据基础、重要程度、内容与个人的相关程度、内容的诽谤程度与内容有关，其余两个维度——信息的娱乐程度以及有用程度与功能有关。接着我们测量了谣言、新闻、流言和都市传说样例的信息维度，不同种类的样例呈现了不同的信息维度模式，符合我们对每一类传闻的概念化。比如，谣言的证据基础得分很低，而重要程度和有用程度得分很高。这些因素在对新闻的评判中也有体现，但新闻的证据基础得分很高。而流言则在重要程度和有用程度方面得分都很低，但在与个人相关程度、诽谤程度和娱乐程度方面得分都很高。都市传说在证据基础、重要程度和有用程度方面得分都很低，但在娱乐程度方面得分很高。

运用信息维度区分不同传闻类型有助于推进谣言研究。和生物种类、疾病类型一样，分类需要依靠一系列特征来进行。信息维度的区分也表明模糊信息形式的存在，即有时候很难将一些信息准确地归类为谣言或者流言，有些信息可能同时表现出二者的模式特征。"老板和 CEO 有外遇"一方面像谣言——它在证据基础方面得分很低（没有证据），重要程度很高（因为它会影响工作进展），但另一方面又像流言——它涉及诽谤个人、具备娱乐属性。IDS 预见到了这些模糊的形式，并提出一种连续地而不是离散地描绘信息特点的方式。我们不将一则信息简单地区分为谣言和非谣言，而是评定它表现出的信息维度模式与谣言的特征性信息维度模式的近似程度。

谣言的类别有哪些

在第 2 章中，我们讨论了基本的描述性问题。谣言有几种不同的划分方式，最常见的是根据动机特征对谣言进行分类：恐惧型谣言、希望满足谣言和群体敌意谣言（R. H. Knapp，1944）。在组织情境下，基于谣言的意义建构和威胁管理等核心功能，我们提出了一套自己的分类体系。我们的体系根据谣言受众（组织内部或组织外部）、集体关切的对象（如工作保障、股价）和内容（如人事变动、重大失误）对谣言进行分类。我们也对组织变化期间的内部谣言进行了分类，这一分类基于组织变化中员工想要理解和应对其影响的四个方面——工作和工作条件的变化、组织变化的实质、变化管理不善以及变化对组织绩效的影响。像这样的分类体系很重要，因为它们体现了人们关切的事物以及潜在的态度和信念，并帮助从业者在谣言预防和控制方面做好准备。

谣言的出现有多频繁

虽然有关谣言频率的研究很少，但已有的证据表明，组织性谣言出现的频率相当高："平均每周有一条有害或潜在有害的谣言传到企业高层的公关人员耳中。"（DiFonzo & Bordia，2000）大部分组织谣言是内部谣言，关注人事变动和工作保障；而外部谣言通常关注组织声誉和股价。在这方面的研究中，一个反复出现的主题是组织性谣言通常产生于组织变化的情境中，如裁员、兼并、新技术和重组。我们对一家大型公立医院的内部变化谣言进行了分析（Bordia，Jones，Gallois，Callan & DiFonzo，出版中），发现关于组织变化的内部谣言中占比最大（近乎一半）的是与工作和工作条件的变化有关的谣言。此外，绝大多数的内部变化谣言由对可怕后果的恐惧所驱动（即它们是恐惧型谣言）。我们将这种频率模式解读为对谣言的意义建构和风险管理功能的进一步佐证：员工对变化所带来后果感到担忧，便积极参与到谣言中，为潜在的消极事件做好积极的心理准备。

谣言有什么影响

很明显，谣言对于很多态度和行为有着因果性或促进性的影响。一系列谣言研究已经指出，即使人们并不强烈地相信谣言，谣言依然导致恐慌、影响经济活动、加剧种族矛盾、煽动骚乱以及影响健康行为。一则虚假谣言宣称，晚上向未开车灯的来车闪前车灯会带来致命的后果。我们讨论了这一则谣言如何导致了友善提醒来车开车灯这种亲社会的交通文化衰落，尽管我们调查的样本是一群受过高等教育、具备高度怀疑意识、善良的心理学教师和大学生。这些发现与人们对失去极其敏感这一理论（Kahneman & Tversky，1979）相一致——尽管事实上谣言宣称的消极事件极不可能发生，但人们仍会尝试阻止。相似地，据称来自"姐夫哈里"的谣言虽然被评定为不可信，却能像《华尔街日报》的头版新闻一样系统性地影响人们的股票交易行为。与控制组的受试者相比，这些谣言使得投资者放弃了低买高卖的策略，由此导致了收益的下降（DiFonzo & Bordia，1997）。我们对 74 名经验丰富的公司公关人士的研究结果也证实了谣言具有的影响力，总体上，受试者评定谣言影响具有中等程度的严重性（DiFonzo & Bordia，2000）。谣言影响可以归为外部后果、内部态度和内部行为三类。其中，人们认为谣言对内部态度的影响是最严重的，这一发现在波迪亚等（Bordia et al.，出版中）有关医院变化的研究中得到证实。其研究结果显示，听到负面谣言的员工比未听到谣言的员工压力更大。

我们也报告了一项更全面的谣言影响研究的结果，这项研究是对一家正在经历大规模裁员的组织进行的纵向研究。人们听到负面谣言的数量与不确定感和焦虑之间存在正向关联，与核心员工态度存在负向关联，这些态度包括对正式传播质量的正面评价、对公司的信任、工作满意度以及组织承诺。人们听到负面谣言的数量也与离职意图存在关联，有时也与组织的低生产效率存在关联。此外，人们听到谣言的累积数量也与上述结果变量存在关联，并且通常比近期听到的谣言数量能更好地预测这些结果。这一结果模式表明听到负面谣言与各种各样的消极结果有关。另外，长年累月听到谣言会引发大量消极的组织态度、意图和行为。

人们为什么传播谣言

在第 3 章中，我们以一个动机框架重新审视谣言传播的前因变量。谣言的传播由三大心理需要引起，第一种需要是了解并理解自身处境以有效应对环境。这一需要推动人们采取事实寻求策略：如果某一事件的结果和人们高度相关，该事件的不确定性就会导致控制感缺失和焦虑，进而激发人们去寻找信息（即事实寻求）。谣言提供了针对不确定事件的解释和预测，满足了人们的这一需要。第二种需要是发展和维持社会关系，这种需要推动人们采取关系增强策略。在谣言的情境下，人们将互动的背景纳入考虑，可能会利用谣言与谈话的伙伴建立联系，或实现其他关系增强目标。例如，为了提高自己在社会网络中作为可靠信源的地位（一个关系增强目标），人们会更倾向于传播他们认为是真实的谣言。第三，有关自我的物质和心理需要推动人们采取自我提升策略。受自我提升的驱动，人们传播谣言以暗害对手、贬低外群体或者为持有的（通常是带有偏见的）信念和态度辩护。

　　我们呈现了探究动机在人们传播谣言的意图中起到的作用的实证研究结果。在这项研究中，我们操纵了谣言的效价（负面或正面谣言）、对象（内群体或外群体谣言）和接收者（一个来自内群体或外群体的熟人），询问受试者传播谣言的意图和背后的动机。我们发现，当情境是一则有关内群体的负面谣言传播给内群体成员时，事实寻求动机最强。中介分析表明，向内群体成员（相较于外群体成员）传播有关内群体的负面谣言的基础是事实寻求动机。也就是说，人们这么做是为了确认这则谣言的真实性。而当情境是一则有关外群体的正面谣言传播给外群体成员时，关系增强动机最强。中介分析显示，人们更可能将有关外群体的正面谣言（相较于有关外群体的负面谣言）传播给外群体成员，关系增强动机是背后的推动因素。通过传播好消息，人们希望对话伙伴会对他们产生好感。最后，当情境是一则有关内群体的正面谣言被传播给外群体成员时，自我提升动机最强。然而，在这种情境下，传播者的传播意图较低，或许因为这种情况会威胁到关系增强动机。因此，在我们的实验环境中，自我提升动机让步于关系增强动机。这种基于动机的研究取向凸显了谣言传播的多种影响因素，将已有研究整合成关于谣言传播动机性因素的三元模型（tripartite model），启发未来的研究应该结合事实寻求、关系增强和自我提升动机，以实现对于谣言传播更全面的理解。

人们为什么相信谣言

在第 4 章中，我们运用埃贡·布伦斯维克提出的判断的透镜模型回答了"人们为什么相信谣言"这一问题。根据这一模型，人们从近端线索推断出远端属性。具体而言，我们回答了这一问题：人们运用哪些线索来判断谣言的真实性？我们对关于这一问题的研究进行了综述和元分析，识别出四种线索：如果一则谣言符合接收者的态度（尤其是与某种特定态度相吻合）、来源可靠、被反复接收并且尚未被辟谣，那么人们更可能相信该谣言。例如，特别反感时任政府（如罗斯福政府，而非笼统的政府）的接收者更可能相信有关政府贪污、浪费的谣言（F. H. Allport & Lepkin，1945），特别是如果他们反复从他们认为可信的信源听到该谣言，并且没有听到辟谣。我们报告了一项针对股票经纪人和交易员的研究，在这项研究中，我们发现上述四种线索和其他一些线索被用来推断股市谣言的可信度。这里的其他线索包括信源的利益相关状况（他们是否在传播谣言中有利可图）、与普遍模式的一致性、与最新数据的一致性，以及与专家共识的契合度。

谣言如何帮助人们在不确定性中建构意义

在第 5 章中，我们在个人和人际层面探讨了意义建构过程中的心理机制。在个人层面，我们运用社会认知的框架（解释理论、因果归因、虚假相关和反回归预测）来阐述谣言的意义建构。谣言通过以下方式影响个体的解释过程：吸引个体注意某一事件或事件的某一方面、提供对于事件的初始解释、激活影响人们获取进一步信息的知识框架，以及推动个体继续寻找令人满意的解释（一般通过引发焦虑的谣言内容）。认知性的知识结构在解释过程的每一阶段都很重要，其中关于归因的知识结构对于理解谣言对个体意义建构的影响而言尤为重要。我们认为，谣言中往往内含现成的和稳定的因果归因，因而能帮助人们建构意义。我们所说的"现成的"是指谣言中内含的大多数解释来自社会环境，而不太可能源于个人的因果分析。例如，人们在发现办公室正在装修时，可能通过听到的谣言形成一个现成的解释：公司在重组。我们所说的"稳定因果解释"是指原因具有持续性，而不是暂时的。例如，重组发生是因为管理层具有一个稳定的特征：贪婪。在细读已发表的谣言和实验证据的基础上，我们推测大多数谣言包含这种稳定因果归因。

谣言中内含着稳定因果归因这一观点有重要意义，因为研究已发现稳定因果归因与几种著名的系统性判断偏差有关。我们探讨了一些与谣言有关的判断偏差。首先，谣言经常导致错误的相关判断，它们引导人们关注实际上并不存在的关系。当我们向股市"投资者"呈现与股价变化无关的谣言时，他们深深地相信这些谣言与股价变化之间存在关联（DiFonzo & Bordia，1997）。其次，谣言经常导致人们做出反回归预测（近期的趋势仍将继续），并放弃更具预测力的基本比率信息。很多研究者观察到有关股市的谣言与反回归的交易行为有关（如 Rose，1951）。比如，固特异轮胎公司利润上升的谣言导致投资者预测该公司的股价会上涨，而不是回到过去的平均价格。我们自己的实验研究发现，稳定性归因是由谣言引起的反回归交易行为的核心影响因素（DiFonzo & Bordia，2002b）。有趣的是，在我们的研究中，并非受试者相信的谣言才会产生这种影响，只要谣言讲得通就行。

在第 5 章中，我们还通过考察网络谣言讨论中产生的信息的内容、功能和流动，探讨了集体谣言意义建构的动力。我们先回答了"谣言讨论由哪些类型的陈述构成，以及在典型的谣言事件中，它们的相对普遍性如何"这一问题。我们回顾了我们使用谣言互动分析系统（RIAS）对网络谣言讨论进行的内容分析。我们发现占比最大的一类讨论内容是关于意义建构的：参与者尝试确认谣言是否真实。参与者还会提供信息、提出问题、鉴别凭据和信息、分享相关的个人经验、表达信任或怀疑以及尝试说服他人，这些活动都为集体意义建构的目标提供支持。我们接下来回答了"参与谣言讨论的人的典型陈述集组成方式是什么样的"这一问题，也就是当人们参与谣言讨论时，他们在讨论过程的任一时间上发言的陈述类型组成是怎样的？我们发现了讨论者在谣言讨论过程中做出的 11 种不同的陈述集模式，我们将其称为传播姿态，并在集体意义建构的框架中对其进行解释。例如，解释提供姿态由大量审慎的陈述（如我不知道这是否正确，但是我听说……）和提供信息的陈述（为讨论带来信息的陈述）组成。其他姿态包括评估、证实、证伪或接受解释，分享或寻求信息，建议行动方案，以及维持继续进行意义建构的动机。人们在谣言讨论中的任一时间所采用的传播姿态都实现了一个重要的集体意义建构功能。

我们最后回答了"在谣言讨论的生命周期中姿态和陈述典型的变化规律是什么"这一问题。意义建构同样是理解姿态在谣言讨论生命周期中的发展的关键。我们观察到互动情节通常的发展路径如下：在谣言经历的四个阶段中，解释提供和指导姿态在谣言互动的第一阶段最为常见，解释评估在第三阶段达到顶点，非正式参与（一种与意义建构无关的姿态）在最后达到顶点。我们对谣言生命周期内的陈述类型所做的类似分析也得到了相似的模式。由此可见，网络谣言的集体意义建构是一个多阶段的过程：引起群体对谣言的注意（阶段 1）、分享信息（阶段 2）、评估解释（阶段 3）和解决问题（阶段 4）。谣言讨论随着时间的推移会发挥不同作用的观点并不新颖（Shibutani，1966；R. H. Turner & Killian，1972），然而，我们的讨论发展了这一观点，并对其进行了操作化和检测。

个人和集体通过谣言来建构意义，但有时候建构起来的意义却很离奇。意义建构上可能出现的不准确引出一个问题：谣言到底有多准确？谣言如何变得更准确或更不准确？在第 6 章和第 7 章中，我们回答了一些有关谣言内容准确性变化的问题。

谣言内容如何变化

研究已发现四种谣言内容变化模式：磨平（细节数量减少）、添加（谣言的细节变得更加丰富，谣言变得更加复杂）、削尖（突出某些细节）和同化（通过磨平、添加或削尖塑造内容，使其变得更加契合认知图式）。学者普遍认为谣言总会被削尖和同化，但对于谣言是否总会被磨平或添加，学者有不同的观点。也就是说，现实生活中的谣言是否总会变小（细节减少）或变大（细节增加）？我们认为这取决于谣言传播模式，具体而言，取决于其中的情境模糊性和谣言重要性。在对谣言的实验室研究（受试者仅仅需要传递信息）和预先散布谣言的现场研究（预先散布谣言，受试者通常仅传播谣言，而不会过多讨论谣言）中，谣言内容会倾向于被磨平，而不是添加。在现实生活中，当情境的模糊性较低，或当群体参与连续的信息传播时，磨平就会发生。相反，现场观察研究表明，在高模糊性和高重要性的情境（如灾难和谋杀）中，谣言内容会倾向于添加，而不是磨平。换句话说，在不确定的重要现实情境中，群体尝试互动式、协作式地讨论谣言，此时添加就会发生。我们的论证凸显了谣言的社会学和心理学研究取向之间的鸿沟。自奥尔波特和波兹曼（G.W. Allport & Postman，1947b）起，心理学家倾向于将谣言视作从一个人到另一个人连续传播的信息，着重研究在每个传输节点上个人对谣言的影响。社会学家则倾向于认为谣言循环传播，以实现集体意义建构的目标，并且他们关注集体作为一个整体如何合作影响谣言的内容。我们认为谣言的主要功能是帮助人们进行意义建构，但意义建构的动力有所不同。一些谣言情节（我们推测是少数）中只包含简单的连续传播，而其他谣言情节则更类似于互动讨论。前者倾向于导致磨平，后者则会导致添加。

什么是谣言的准确性

在第 6 章中，我们还对术语"准确性"进行了概念化。我们提出谣言准确性有两种类型：真实性和精确性。前者指与事实一致，后者指与之前的谣言版本一致。谣言准确性取决于其真实性，也取决于其传播精确性。谣言的真实性类似于效度，谣言的精确性则类似于信度。我们基于谣言的真实性和偏向真实或不真实的失真情况，提出了一个谣言分类方案。方案中包括三种真实的谣言："星星"是被精确传播的内容，"皈依者"在传播过程中变得更加真实，"粗糙者"在传播过程中会被轻微地扭曲（虽然它们仍然是真实的）。同时也包括三种虚假的谣言，分别是："伪造品"是被精确传播的虚假谣言；"坠落的星星"指一开始比较准确，但结局却变得虚假的谣言；"有希望者"指虽然虚假，但在传播过程中朝真实方向转变的谣言（虽然它们仍然是虚假的）。

如何测量谣言的准确性

有关准确性的现场观察研究倾向于测量谣言的真实性。这些研究通常收集在现场环境中流传的谣言和谣言元素，判断其中哪些是真实的，并计算真实的部分所占的百分比。实验室和现场实验倾向于测量谣言的精确性。其中，实验室实验通常测量在连续传播信息（有或没有讨论）的过程中产生的失真，信息往往是对一种刺激物的描述，如一幅画。这种方法类似于电话游戏或耳语传话。现场实验通常在特定环境中预先散布一则谣言，一段时间后再收集流传中的谣言，将最终的谣言版本与最初的版本进行对比。需要注意的是，这些研究将谣言的精确性近似看作谣言的真实性。也就是说，就像研究者之所以对测量信度感兴趣，是因为信度对效度有影响，这些谣言研究者测量的是精确性，但他们最终感兴趣的仍是真实性，他们也想要将研究结果推广到真实性上。虽然准确性有两种不同类型，但我们认为推广使用这两个术语对推进研究并无助益。相反，研究者只需要在设计有关谣言准确性的研究时清楚这两者间的差别就足够了。因此，当我们和其他谣言研究者提到谣言准确性时，我们所指的是谣言的真实性。

谣言总体上有多准确

谣言通常被认为是虚假信息，这正确吗？答案似乎是，不同谣言的真实性差别很大，但在一些情况下（一个明显的例子是组织性的小道消息），谣言往往是准确的（即真实的）。我们考察了为数不多的有关谣言准确性的研究，发现不同谣言间准确性差别很大，但那些在组织性的小道消息网络中流传的谣言具有很高的准确性。我们呈现了与几家组织的管理者和传播人员所做的关于谣言准确性的访谈结果。他们对具体谣言的准确性估值非常高，特别是流传了一段时间的谣言。我们还报告了另外两项研究：我们向美国和澳大利亚已就业的本科生收集他们在工作中遇到的真实和虚假谣言，评估它们的准确性，并测量了准确性的变化趋势（即随着时间推移，它们的准确性升高还是降低）。当他们可以选择回想一则真实的还是虚假的谣言时，大多数人会回想真实的谣言。事实上，大多数学生回想起的是"皈依者"（随着时间推移变得更加真实的真实谣言）。当要求学生既回想真实的又回想虚假的谣言时，绝大多数真实谣言仍是"皈依者"，虚假谣言要么是"伪造品"，要么是"坠落的星星"。这些研究表明：之后被证明为真或假的组织性谣言往往是准确的，认为职场谣言不准确这一想法本身就是不准确的。这些研究也表明了我们所称的马太准确性效应：在这些被证明真假的组织性谣言中，随着时间的推移，真实的谣言往往变得更加真实，而虚假谣言要么保持不变，要么变得更加虚假。

什么原因导致了准确和不准确

更具体地说，准确（或不准确）的谣言内容产生和变化的机制是什么？在第 7 章中，我们回顾了与谣言内容准确性的变化有关的文献，并提出五组谣言变得更准确或更不准确的机制——认知、动机、情境、网络和群体机制。认知上的扭曲来自注意和记忆的限制以及图式激活（schema activation）：在无讨论的序列传播中，听众注意的窄化会导致以强调凸显或中心信息为特征的不准确。在同样的情境下，记忆限制会导致以保留容易被记忆的信息为特征的不准确。而人们以符合激活的认知结构（如图式和刻板印象）的方式解读信息的倾向则会导致知觉偏差。

动机机制也会影响谣言内容：在有所需的资源的情况下，谣言参与者追求准确的动机可能导致出现更加准确的谣言。关系增强动机会导致人们选择性地传播接收者更乐于接受的谣言，这些谣言可能准确，也可能不准确。自我提升动机会导致人们传播能增强自尊、对内群体有利或对外群体不利的谣言，这些谣言往往是不够准确的。

影响准确性的情境特征包括高集体兴奋、检验谣言真实性的能力以及时间：高群体兴奋会导致更强的不确定感，因为人们变得更易受暗示，批判能力降低，从而采取更低的信息接收标准。检查谣言真实性的能力无疑会提高谣言的准确性，这种检查能力可能受到多方面的限制：无讨论的序列传播、来自可靠信源的错误信息、新的沟通渠道、对迅速行动以避免威胁的迫切需求、缺乏有关事件的重要信息、与有效信源的距离以及无法将谣言与其他人的信息进行比较。时间则往往使得谣言要么变得更准确，要么变得更不准确。

群体机制包括从众、文化和认知规范。从众会使个人行为和态度与群体共识相一致，进而使谣言更准确或更不准确，具体取决于群体共识的准确性。谣言同样倾向于与群体文化中的信仰、价值观和实践相一致。这种文化的一部分是认知规范——群体对证据的判断标准；如果群体标准高，那么谣言的准确性会更高。

网络机制包括互动、传播架构和渠道历史（即沟通渠道建立的时间长度）。互动（即在谣言传播过程中进行讨论）能让谣言变得更加准确。我们区分了三种传播架构：序列传播、集群传播（一个人告诉群体中的其他人，这些人中的一些人再将这些信息告诉其他群体）和多重互动（MI；谣言被人们活跃地讨论和循环），序列传播和集群传播一般不如 MI 模式活跃。我们推测因为前面讨论过的认知过程，序列传播和集群传播会导致每一个传播节点出现失真。MI 模式则会减轻或加重这些偏差或其他一些偏差。具有泰勒·巴克纳（H. Taylor Buckner）所说的"批判力集合倾向"（critical set orientation）

的群体会通过多级传播产生准确性更高的谣言；而具有"无批判力集合倾向"的群体会产生准确性更低的谣言（Buckner，1965）。这里的群体倾向指的是影响群体查明事实的能力和倾向的变量集合，包括检验能力、对证据的高标准和确立的沟通渠道的存在。最后，沟通渠道的历史也和谣言的准确性有关。通过已确立的渠道传播的谣言往往更加准确，因为听者可以较容易地辨别讲述者的可信度，而新的沟通渠道的可信度不太容易确定。

在第 7 章中，我们还呈现了一些探讨并检验动机、群体和网络机制的最新研究结果。与组织传播人员的访谈结果与我们的观点一致，即批判力集合倾向与更高的谣言准确性存在关联。当具备准确性动机且群体有能力查明事实情况时，他们就会去查明事实。针对已就业学生的调查显示，渠道历史和怀疑性的群体认知规范能预测谣言的准确性。此外，MI 能调节怀疑和准确性之间的关系，也就是说，MI 使持有怀疑态度的群体产生准确性更高的谣言，使容易上当的群体产生准确性更低的谣言。然而，MI 不能调节渠道历史和准确性之间的关系。这些初步的结果与巴克纳（Buckner，1965）提出的谣言准确性理论的核心原则相一致，但这一领域仍需要更多的研究支持。

信任如何影响谣言的传播

我们经常看到，当不信任滋长时，谣言就会流传。在第 8 章中，我们系统地研究了这个观点。我们报告了对一个正在经历大规模裁员的组织进行的纵向研究。在信任研究者（Dirks & Ferrin，2001）提出的框架的基础上，我们假设员工的不信任（即一种对管理层意图恶意性的预期）会导致员工对模糊事件做出更多的负面评价（即负面谣言），以及与这些负面评价相一致的行为。我们确实发现了预期的结果：不信任对于人们传播听到的负面谣言的概率有很强的预测力，其预测力强于不确定感和焦虑。当正式的信源不被信任时，人们便会诉诸有意义的谣言讨论。此外，当管理层不被信任时，他们的行为会被评估为潜在的威胁，从而增加了人们对重新获得控制感和理解的需要。因此，员工参与谣言讨论以求重新获得控制感和对事件的理解。

研究结果也表明，信任能调节焦虑和谣言传播之间的关系。当信任度高时，谣言活跃度取决于焦虑水平；而当信任度低时，谣言活跃度始终处于较高水平。有关不确定感的研究也发现了相似的模式，虽然其中信任的效应较弱。换句话说，如果一个人不信任管理层，那么不管他的不确定感和焦虑水平如何，他都会倾向于传播听到的谣言。管理层的行为被认为是敌对性的，即使少量的焦虑和不确定感也会被放大。同时，传播诋毁管理层的负面谣言可能有助于自我提升。这些研究表明，相比于不确定感和焦虑，信任是一个在谣言传播中更重要的变量。在未来有关谣言传播的研究中，至少应将信任作为常规测量变量。

如何控制有害的谣言

在第 9 章中，我们回顾并总结了有关谣言平息策略的文献，总结的依据是它们干预谣言的产生（如降低不确定感）、评价（如通过辟谣降低谣言相信）还是传播（如威胁采取法律手段）。大部分关于谣言控制的文章都提出了针对预防谣言产生和降低谣言相信的策略。我们也回顾了一项针对经验丰富的公关人士（平均工作经验超过 26 年）的调查结果，该调查探究了谣言平息策略使用的普遍性和有效性。结果表明，最受欢迎的是谣言预防策略（如通过说明指导组织变化的价值观和程序来降低不确定感），最不受欢迎的则是惩罚策略（找到并惩罚造谣者）。同时，与事后通过正式的沟通方法对谣言进行控制（如由内部和外部信源辟谣）相比，预先结构化不确定感的策略被认为更为有效。然而，不是所有的谣言都能被预防，辟谣仍然是一个重要的谣言控制工具（Koenig，1985）。

辟谣在降低谣言相信方面的有效性如何

我们将辟谣视作说服性信息，它们的目的是说服人们不要相信谣言。我们回顾的实证研究表明，和其他说服性信息一样，当辟谣来源与谣言范围相匹配、辟谣来源被感知为诚实、辟谣信息揭示了谣言不可信且提供了谣言话题方面的有效（缓解焦虑的）信息，以及反驳信息中提供了反驳的背景（即建立在先前指控或谣言的基础上）时，辟谣最为有效。我们也发现辟谣比不回应策略更为有效。然而，辟谣不是万能的，有些谣言会抵抗辟谣。这种抵抗可以用信念固着现象来解释：虽然辟谣后人们对谣言的相信程度有所下降，但谣言中一些被内化的信念和谣言带来的负面印象仍会持续存在。令人信服地否认谣言且将目标与积极特征联系起来的辟谣更有助于恢复人们对谣言目标的积极态度。

综合模型

　　图 10-1 提供了本书中讨论的一些主要元素的图示。我们简单描述模型中每一个组成部分。首先回想我们对谣言的定义：流传中的未经证实、有工具性意义的信息陈述，产生于模糊、危险或具有潜在威胁的环境，其作用在于帮助人们理解和管理风险。谣言活动的背景（或环境特征）是模糊和威胁，这种环境特征可能让人们感到生理或心理上的威胁。在组织情境中，变化常常是模糊和威胁背后的原因，重组、裁员、新技术和人员变动等事件会为员工带来疑惑和潜在的有害影响。

　　在变化、模糊性和威胁之中，群体和个体会进行意义建构，这一过程在图中用一个大椭圆来表示。谣言是意义的建构，在我们的模型中以一块集体试图组装的拼图表示。意义建构发生在群体和个体两个层面，称为群体意义建构和个体意义建构。在群体层面上，谣言是在谣言受众之间流传的信息陈述，这一点由两个相互环绕的箭头表示。另外，群体特征在群体意义建构过程中发挥着重要作用，这些特征包括群体文化（包括信念、价值观、群体认知规范）以及网络特征（关于网络特征和谣言传播的讨论见 DiFonzo & Bordia，出版中）。

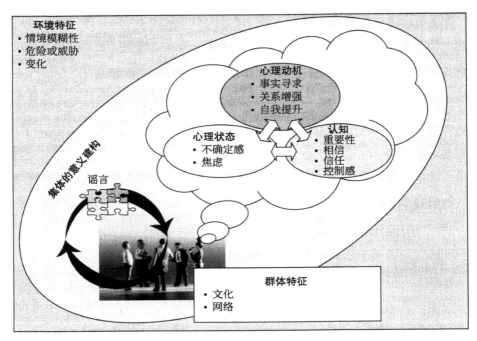

图 10-1　谣言的综合模型

在个体层面，意义建构过程通常受动机、心理状态和认知的影响。谣言传播的动机包括事实寻求、关系增强和自我提升。不确定感和焦虑是令人不快的心理状态。认知包括个体对官方信源和特定群体的信任程度、对谣言真实性和重要性的信念，以及控制感的缺失。因素之间会相互影响。例如，不确定感通常会激发事实寻求动机；对特定群体的不信任会激发自我提升动机，导致更多的焦虑；关系增强动机则会使人们对群体认可的谣言更加相信。

未来研究蓝图

谣言研究接下来应该如何开展？在这一节中，我们将阐述一份研究蓝图，突出新的发展趋势，指出目前知识的缺口，并概述具体的研究大纲。

谣言、流言和都市传说的概念化和分类

在第 1 章中，我们介绍了将谣言与流言和都市传说区分开来的 IDS 模型，并在实验室条件下检验了我们关于 IDS 模型的假设。我们发现我们编制的信息样例符合我们预测的 IDS 模式。那么在非实验室环境下传播的信息会出现怎样的 IDS 模式呢？要回答这一问题，可以从存档资料（如 snopes.com、urbanlegends.com 以及线上的谣言讨论）收集谣言、流言、都市传说和很多模糊形式的信息，在公共场所记录对话，或使用日记法，然后用 IDS 模型对收集到的信息进行评定。要特别注意我们所假设的内容和功能差异的模式。这些研究将帮助我们了解很多关于每种交流方式在日常社会话语中的角色（独特、互补或者共同）的知识，这些知识是非常重要的。

这方面的研究将澄清长久以来这些传播形式之间的模糊性。研究还应扩展、完善和验证 IDS 模型。我们假设人们参与谣言讨论的主要动机是了解事实、寻求归属和自我提升，而流言和都市传说的焦点则是寻求归属和自我提升。我们也注意到，有些谣言得以"生存"下来，有些则没有，这两类谣言在 IDS 模式上有什么区别？我们认为"生存"能力最强的谣言应该能促进理解、群体归属和自我提升。最后，我们提出这样一种可能性：无法证伪的谣言更有可能"生存"下来。未来研究中在扩展 IDS 模型时应该加入可被证伪性这一维度。

谣言的形式、频率、影响和作用机制

在第 2 章中，我们综述了有关谣言类型、发生频率和影响的研究，我们主要关注了组织情境。在其他领域，谣言的类型、频率和影响如何呢？其他领域包括宗教团体、充满矛盾的民族或种族领地、从事有害健康行为的人群、考虑环境政策的当地社区、公职选举、恐怖组织、抗议人群、受自然灾害影响的人群、博客网站、学龄儿童的友好小组以及考虑采购产品的消费

者。在这些情境中，对谣言进行分类和计数，并对谣言影响进行评估将帮助我们更好地理解这些情景中的谣言意义建构。也许最受关注的谣言是对健康和健康检测行为有不利影响、激化种族矛盾、干扰人们对自然灾害的应对以及被故意捏造用于宣传的谣言。

一个特别有趣的现象是接收谣言的累积效应。我们报告的纵向研究表明，连续数月听到负面谣言会影响员工的工作满意度、信任、生产效率和回避行为等。这项研究需要得到重复，还可以对正面谣言进行同样的分析：反复听到正面谣言可能会对组织的态度和行为产生相反的影响。在这方面的研究中，应该特别注意谣言影响结果变量的中介机制，即谣言影响是否通过社会学习、公正计算或图式激活而产生。最后，我们对谣言宣传对谣言目标和造谣者造成的影响的理解还非常有限——谣言宣传指的是故意被散布以影响公众舆论和行为的谣言（DiFonzo & Bordia，出版中）。谣言经常在群体竞争或冲突的情境中传播，在这种情境中，听到关于群体 A 的负面谣言如何影响人们对群体 B 的评价呢？它们会产生预期的效果吗（即使这些谣言不可信）？这些知识在当今高度极化、充满冲突的世界中是及时的，非常有实际意义。

谣言传播的动机

在第 3 章中，我们提出了一个谣言传播动机的三元框架，包含三种主要动机：事实寻求、关系增强和自我提升。有关事实寻求这一谣言传播动机的大部分研究工作已经完成，尽管是间接地完成，但还有一些有趣的问题没有得到回答。研究者反复强调，人们传播谣言是为了减少焦虑，或者通过理解和解释来间接应对不利的情况（这就是事实寻求动机）。然而我们还没有看到任何有关谣言减少焦虑这一功能（即谣言减少焦虑的有效性如何）的研究。

与事实寻求相反，我们对谣言传播的关系增强动机了解甚少，很多问题没有得到回答。例如，谣言传播对于人们对传播者的评价会产生什么影响？举个例子，一个人可能不会向外群体成员分享有关外群体的负面谣言，因为他认为这么做不礼貌。第二个例子：与内群体成员分享有关内群体的负面谣言，尤其是在内外群体高度冲突的情境下，会导致个体损失大量的内群体社会资本。研究这些问题有助于更全面地理解关系增强动机，探究出传播谣言的社会成本。

关于谣言传播的自我提升动机，也有很多问题尚未得到回答。第一，自我提升指渴望提升自我形象的人通过传播关于外群体的消极故事来打压别人以抬高自己。这一观点需要得到进一步的系统研究，在研究中尤其要剥离出关系增强动机。与室友分享竞争学校的负面谣言能同时实现自我提升和关系增强。事实上，人们分享这类谣言主要是为了获得社会效益，而不是为了提升自尊。两种目标也许可以通过暂时性提高或降低受试者的自尊、向受试者呈现自我提升和非自我提升谣言等实验操纵加以区分，被降低自尊的受试者更可能传播自我提升谣言。第二，自尊有很多维度（Baumeister，Campbell，Krueger & Vohs，2003），具有不稳定型或自恋型自尊的人（尤其是以所在群体作为自尊基础的人），会更倾向于通过传播外群体谣言以保护和提升自我形象，而那些将自尊建立在对成就和关系的现实评估基础上的人则不会如此。对于受到威胁的自恋者来说，负面的外群体谣言可以作为一种攻击性的提升自尊的方式，检验这一观点的时机已经成熟。第三，正如第 3 章所讨论的，自我提升动机经常被有意识地散布谣言的人利用，造成群体间的矛盾。然而研究者尚未关注这些策划和散布谣言的人的动机。谣言宣传的程度和效果如何？如何预防和降低它们的影响？我们在其他地方已经概述了这些有趣又非常实用的问题（DiFonzo & Bordia，出版中）。

关于这三种动机如何整体运作，我们有几个有趣的假设。第一，每一种动机在什么情况下产生作用？我们推测关系增强动机是一种对话规范，人们只有在明显地察觉到遭受有形损失的可能性（引起事实寻求动机）或自我意识受到威胁（引起自我提升动机）时，才可能偏离这种规范。第二，我们认为焦虑、不确定感和涉入会导致事实寻求动机（直接作用），从而导致谣言传播。换句话说，事实寻求动机能够中介焦虑、不确定感和涉入与谣言传播之间的关联。这一假设还未得到实证研究验证。第三，我们认为关系增强动机能调节谣言相信和谣言传播之间的关系。当人们有增强长期关系的动机时，他们会倾向于只传播他们相信的谣言。如果没有这个动机，谣言相信和谣言传播的关系可能就没那么紧密。这一假设也还没得到实证研究验证。

从更广的视角来看，在思考和研究每一种动机与各种前因变量的关联方面仍有很多工作需要完成。我们推测不同类型的消极事件会导致不同的动机：对可能失去幸福的焦虑感会引发事实寻求动机，对关系可能恶化的焦虑会引发关系增强动机，对自我形象的潜在威胁的焦虑会引发自我提升动机——焦虑提供了动机的目标。我们进一步推测不确定感、涉入和谣言相信能强化动机。比如，在裁员中对失去工作的担忧会引发事实寻求动机，当管理层没有发布任何声明（不确定性很高），裁员发生在自己所在的部门而不是其他部门（涉入很高），并且裁员看起来是合理的，因为管理层之前在相似的经济环境下进行过裁员（相信程度高）时，事实寻求的动机会特别强烈。

当然，还有一些有趣的问题涉及每一种动机对谣言选择、相信和内容变化的影响，特别是在一段时间中的累积效应。我们推测，随着时间流逝，关于外群体的负面谣言在主要由自我提升和关系增强动机（而不是事实寻求动机）引导的群体中"生存"能力最强。这个假设可以这样检验：采用一个广泛的研究范式，操纵以激发受试者的不同动机，并向具有不同动机的受试者呈现有关内/外群体的正面/负面谣言，随后测量他们将谣言传播给内/外群体接收者的可能性。如果允许受试者有不止一次传播谣言的机会，并且可以传播给多个接收者，那么这一研究方法将更有成效。例如，允许属于同一内群体的受试者A、B、C和D在几轮互动中彼此分享有关外群体正面或负面的谣言。在操纵受试者产生更强的自我提升或关系增强动机的实验条件下，这些动机会受社会性规范的影响（如态度一致）而凸显，并导致受试者迅速选择（也更加相信）有关外群体的负面谣言（相比于有关外群体的正面谣言）。

在激发受试者事实寻求动机的实验条件下，这种结果模式会相对较弱。

最后，我们做一点关于方法学的提醒。在第 3 章报告的研究中，我们看到动机受到不同的谣言效价（正面或负面）、谣言对象（内群体或外群体）和谣言接收者（内群体或外群体）的影响。例如，当有关外群体的正面谣言的接收者是外群体成员时，关系增强动机最强。这种范式确实可以用于检验动机对谣言传播和内容的影响，但我们认为实验程序仍需完善，并需要以其他场景为背景重复检验。

影响谣言相信的线索

谣言相信是一个未得到充分研究但很有趣的话题，其中有几个问题需要得到回答。第一，一个描述性问题：人们对普遍流传的谣言有多相信？在一项未发表的预实验中，我们请大学生对一系列从 snopes.com 选取的外部组织谣言进行相信程度评分。我们发现总体上相信程度很低，但是我们的谣言样本和受试者样本都是相当狭窄的。未来研究中特别重要的一个方面是与特定态度（如对敌对群体的态度）相关的谣言的相信程度评分。例如，一则虚假谣言称 AIDS 病毒由西方实验室研发，并在 100 000 名非洲人身上进行了实验。在一个美国黑人教堂的样本中，1/3 的人相信这则谣言（还有 1/3 感到不确定；"Black Beliefs"，1995）。对这则谣言的高相信程度告诉了我们美国种族关系的现状。同时，我们也需要更详细地描述谣言相信和其他结果变量之间的关系。换句话说，我们想知道，怎样的相信程度对于谣言传播或影响态度和行为而言是必要的。谣言相信和传播之间的关系可能是线性的，也可能是非线性的（一点点相信就会产生巨大的影响）。相似地，即使是相信程度低的负面谣言也可能会影响行为，正如人们会拒绝购买一个传言称含有致癌物的产品。

第二，人们为什么会相信谣言？在第 4 章中，我们运用了布伦斯维克的判断的透镜模型来审视这个问题，并识别出某些关键的线索，如谣言与态度的一致性、来源可信度、重复接收和辟谣的缺失。我们首先发现前三种线索（与态度的一致性、来源可信度、重复接收）都缺少实验证据，对这些线索在谣言相信判断中的运用进行检验是容易进行的，检验也可以探明每个线索的相对影响权重。其次，和前一章提到的动机一样，态度一致性线索可以分为冷（谣言和人们目前持有的与自我认同无关的态度一致）和热（谣言和与自我认同紧密相连的态度一致）两个线索子集。区分冷热线索的关键标志是它是否导致对感知到的威胁做出防御性的反应，因此热线索是自我提升的。例如，在美国 2004 年大选中强烈认同民主党的人，更有可能相信小布什错误引用《圣经》这一谣言，因为这则谣言有助于他们自我提升。也就是说，这是一个应对潜在威胁的诽谤故事（感受到了约翰·克里参议员的威胁的共和党人也可能相信针对克里的诽谤谣言）。这些线索需要得到实验验证。我们推测自我提升线索比仅仅与态度一致的线索更强大。在更广义的层面上，自我提升谣言可能更容易被相信，特别是对于低自尊、具有不稳定型或自恋型自尊的人而言。用透镜模型的术语来说，在评估对某一谣言的相信程度时，自我提升线索可能被赋予更大的比重。

谣言意义建构

在第 5 章中，我们在个体和群体层面考察了谣言意义建构。在个体层面，我们认为很多谣言都带有稳定因果解释。这是真的吗？这个假设可以这样检验：邀请盲审员（blind judge）对来自各领域的谣言样本进行评价，之后对它们是否包含稳定因果解释（X 导致 Y，并且这一原因随时间推移是相对稳定的）进行编码。若要采取回溯性更低的研究方法，可以向受试者询问近期的谣言。

想想你（或你的团队、熟人、朋友、同事或家人）最近听到的一则感到不确定的信息。描述一下这则信息和它出现的情况（这些描述可以编码为是否包含稳定因果解释）。评估这则信息能解释当前情况或事件的程度，这则信息有解释了当前的什么情况或事件？根据这则信息，当前情况或事件出现的原因是什么？最后，评估这个原因随着时间推移能不能持续。

我们报告的研究表明，谣言会导致人们将变量间微弱或不存在的关联感知为很强的关联。这个观点可以被运用到对种族偏见如何传播的研究中：人们会因为听到内含了稳定因果解释的谣言而将种族和特定行为关联起来。这一想法可以通过收集种族谣言进行探究："想想你（或你的团队、熟人、朋友、同事或家人）最近听到的感到不确定并涉及另一种族成员的消息。"受试者接下来描述这则信息和当时的情况，这些描述可以编码为是否包含稳定因果解释。对儿童和学龄期人群进行这类研究将特别有趣。

在群体层面，第 5 章中综述的关于网络谣言互动情节中的陈述内容、传播姿态和动力流动的研究发现需要得到重复研究。这些研究也应采用录音或转录的方法，探究在面对面谣言互动情节中相似的现象：是否能得到与网络谣言互动情节中相同的模式？其他一些有趣的问题：在高度焦虑的或感知到迫切威胁的群体中，谣言的内容模式、姿态和流动是怎样的？在这样的群体中，意义建构的过程可能会更迅速、更不慎重。类似地，在与外群体之间有族群冲突的高度认同的内群体中，谣言的内容模式、姿态和流动又是怎样的？在这种情况下，意义建构的过程可能包含了一个不允许内群体批评的要求一致的姿态。最后，在一个有更强凝聚力的参与者群体，比如一个非常紧密的社会单位中，这些模式将如何变化？我们推测相比于我们分析的网络谣言讨论，在这种情况下意义建构过程会进行得更快。

谣言准确性

在第 6 章和第 7 章，我们回顾了几个与谣言内容变化、准确性以及谣言变得更准确或不准确的机制有关的问题。我们探讨了谣言内容变化的有关文献，提出磨平（损失细节）在现实生活中通常发生在低模糊性的谣言情境中，其中群体只是简单地传递信息；而添加（增加细节）一般发生在信息高度模糊且重要的情况下，群体成员在这种情况下是相互协作的。这一假设应该通过实验来验证，以推翻谣言总是被磨平的这一"科学传说"。关于这个话题的研究正好与社会心理学对在交流行为的背景中理解社会过程的强调相吻合。

关于谣言准确性的基准率，我们呼吁重新在自然条件下对准确性进行研究。随着计算机信息档案的发展，这方面的研究应该比20世纪六七十年代的大部分实验需要更少的工作量。研究者应该从各种领域收集通过网络传播的谣言，囊括多种情境类型，如高涉入的协作和低涉入、少有讨论的序列传播（与此同时，也可以确定这两种情况出现的相对频率）。收集之后，应确定真实的谣言或谣言元素所占的百分比。当然，如果能测量本书第7章讨论的影响谣言准确性的机制就更好了。这些数据很难以自然、回溯性的方式收集，一系列基于网络的日记类研究可能是在自然环境中收集此类信息最有效的方法。可以要求受试者记下他们每天遇到的谣言，并每天回答旨在测量认知、动机、情境、群体和网络数据的题目。如果准确性趋势也被记录下来，就可以评估马太准确性效应（准确性趋势的分岔）的影响范围有多广。

第7章中回顾的影响准确性的机制中有很多有待探索和检验的理论命题，我们在这里提出与每类机制相关的一些研究想法。关于认知机制，运用讲者-听者-极端化效应范式——采用序列传播但允许在每个节点上讨论，能够带来很多研究发现（Baron，David，Brunsman，& Inman，1997）。因为讨论使谣言在传播过程中有更高的精确性，所以准确性也会提高。此外，我们认为焦虑增加了人们在传播过程中对现存的认知结构（如刻板印象）的依赖。未来研究可以评估每个受试者的显性或隐性刻板印象水平，然后在执行涉及讲者-听者-极端化效应范式的任务前操纵受试者的焦虑，以此检验上述假设。低焦虑和允许在传播过程中讨论应该都会导致更不极端的判断。当相关的认知结构（如足球运动员刻板印象）通过实验被阈下启动后（如通过速视仪），这一效应会变得尤为明显。

关于准确性的动机机制，首先可以将里昂和鹿岛（Lyons & Kashima，2001）使用的方法进行扩展，在每一个传播节点都允许讨论。相比于关系增强和自我提升动机，事实寻求动机能提高谣言准确性。其次，对于作为"知情者"或传播谣言以在他人心中留下好的印象这种动机（Sinha，1952），已有研究很少关注。我们推测这个动机对谣言的准确性有很大影响。再者，自我提升动机对谣言准确性（以及谣言内容变化）的影响是一个前景广阔的研究领域，我们已经在之前的谣言动机部分中列出了一些想法。

关于情境特征，据我们所知，特纳和基利安（R. H. Turner, Killian，1972）提出的高集体兴奋导致更不严格的信息接受规范（尤其是在亲密群体中）的观点没有得到实验研究跟进。此外，群体检查谣言真实性的能力需要得到更清晰的概念化和测量。这项工作的一个目标是可靠地测量群体的检查能力，并在任一给定的谣言情节中，在群体检查能力与整体的谣言准确性之间建立关联。这里有一个有趣的问题：检查能力相较于反准确动机孰强孰弱？也就是说，如果一个群体具有高检查谣言真实性的能力，但群体成员有强烈的动机去相信或不相信谣言，那么这时谣言有多准确呢？这个问题看起来很适合实验研究。我们认为当这种冲突发生时，群体检查真实性的能力会战胜动机。因此，即使群体强烈希望一些明显虚假的谣言是真实的，这些谣言也不可能长久存在。我们认为在谣言可以被客观地检查的情况下，即使是关系增强和自我提升动机也都会服务于准确性，因为传递真实信息是根深蒂固的社会规则。这个研究问题具有重要的现实意义，正如之前讨论的，许多麻烦的谣言正是在这样的情境中产生：人们处于冲突中，有强烈的动机去相信有关敌对群体最坏的消息。

关于群体机制，将从众研究应用到谣言现象中似乎是一个有前景的研究方向。在什么情况下，一则未经证实的信息的传播不再是意义建构活动，而成为一种影响力手段？什么时候接受谣言成为一种要求？更具体来说，那些众所周知的影响从众的因素（如全体一致、公众投票、群体凝聚力、低自我监控、群体大小）如何影响对谣言的接受？这类研究将探讨一系列问题，例如，"种族化叙事"（Maines，1999）不仅是一套在群体内流传的共同信念，也是强制性的。第二个群体机制——文化正在见证社会心理学的复兴。里昂和鹿岛（Lyons & Kashima，2001）发现，在序列传播中，文化能预示谣言的内容变化。涩谷保（Shibutani，1966）提出谣言受"文化锚定"，其程度究竟如何呢？在回答这个问题之前，我们首先需要更清晰地概念化和测量我们所说的"文化锚定"。这个问题最好在跨文化研究中进行探讨，如在个人主义和集体主义等文化差异的背景下进行探讨。例如，巴伦等人（Baron et al.，1997）在讲者－听者－极端化效应研究中使用了醉酒足球运动员的故事，这个故事在中国受试者（相比于美国受试者）中传播时，会更多包含集体主义（而非个人主义）主题吗？

最后，对于网络机制的研究肯定是当前最有前景的谣言准确性研究领域。这方面的研究可以从巴克纳（Buckner，1965）提出的群体取向和 MI 概念中获益匪浅。研究者可以先细化这些概念，然后系统地检验巴克纳和我们提出的关于它们如何影响准确性的假设。在这一未得到充分研究的领域中最有意义的研究问题之一，是网络传播架构，即信息流动的网络结构如何影响谣言的准确性。在第 7 章中，我们首先提出在不同的传播架构中，信息联络人的影响力不同：相比于 MI 传播架构，联络人在序列传播和集群传播中有更强的影响力。这一假设可以这样检验：实验操纵网络传播架构，并记录每个传播节点上的内容变化。在 MI 条件下，联络人对内容的影响更小。

其次，巴克纳提出，相比于其他架构，MI 加快了谣言变化的速度，但其变化方向朝向还是远离准确性受到群体取向的调节。例如，相比于受关系增强动机驱动的群体，受准确性动机驱动的群体能产生更准确的谣言；并且相比于序列或集群传播架构，MI 能更快地产生高准确性的谣言。而受关系增强动机驱动的群体产生的谣言准确性更低；并且相比于序列传播或集群传播，MI 能更快产生这些低准确性的谣言。这个想法还没有得到实证检验。未来研究也可以对我们提出的这些假设背后的机制进行调查：相比于序列传播和集群传播，MI 能提供更多的信息检查的机会（既包括不同信源间的交叉检查——如 C 听到来自 A 和 B 的两个不同版本的谣言，也包括对精确性的检查——如 C 与 A 讨论以确认 C 没有听错）。MI 似乎能提供更大的群体力量，如服从、文化和由群体兴奋激起的认知偏差，特别是在检查能力较弱的情境中。

上面已经讨论了信息流动的架构——MI、序列传播和集群传播如何影响谣言的准确性，我们将这些架构称为网络传播架构。然而，这些结构显然发生在现实的社会网络语境中，而这些社会网络本身具备不同的结构形态，因此我们将网络称为社会空间结构。我们在其他地方回顾了社会空间结构以及它们如何随着时间和社会空间的推移影响谣言传播（DiFonzo & Bordia，出版中）。以下举三个社会空间结构的例子：在通常的环形（torus）结构中，每个个体在二维均匀分布的网格中，与最接近的四位"邻居"——东、南、西、北紧密相连。当与个体相连的四个"邻居"在同一条线上，左右各有两个时，我们称这种结构为带状（ribbon）结构。当与一个个体相连的人们彼此也相连时，典型的家族（family）结构便出现了，进而形成社区。这些概念与准确性研究很有关联，理论家和研究者可以调查网络传播架构如何与社会空间结构相联系。社会空间结构似乎会影响甚至限制某些网络传播结构。例如，鉴于家族结构倾向于导致社区中的互动，我们推测相比于带状结构，MI 更有可能发生在家族结构中。另一个有趣的问题是，随着时间的推移，社会空间结构如何影响谣言准确性的空间分布？我们推测准确和不准确的谣言更有可能发生在"成丛"的社会空间结构中，如家族结构（关于随时间推移谣言空间分布的相关假设见 DiFonzo & Bordia，出版中）。这是一个很有潜力、尚未得到开发的研究领域。

信任和谣言传播

在第 8 章中，我们通过报告对一家正在经历大规模裁员的组织进行的纵向研究的结果，探讨了信任对谣言传播的影响。一个主要的发现是，相比于不确定感和焦虑，对管理层的不信任能更好地预测谣言的传播。之前少有实验谣言研究关注信任，这项研究的发现是开创性的，需要在其他组织环境中得到重复。在以后的谣言传播研究中，和焦虑、不确定感、谣言相信、控制感缺失和重要性等因素一样，信任应该成为一个核心的前因变量和必测变量。除了在意义建构（解决困惑）的背景下考察谣言，我们也应该常在群际冲突和威胁的背景下分析谣言，这些都涉及对信任的感知。

进一步拓展这一具有重要实践意义的研究领域的时机已经成熟：除了管理层和员工之外，信任在与其他群体（特别是陷入冲突的群体）有关的负面谣言的传播过程中扮演着怎样的角色？此前，谣言在群际关系中的作用很少得到系统性研究（如 Kakar，2005；Knapp，1944）。除了揭示每一方潜在的恐惧、信念和态度外，未来的研究还可以直接测量对敌对阵营的信任。我们认为，即使控制焦虑和不确定感的影响，不信任与人们对负面谣言的相信和传播之间仍存在密切相关。（此外，更普遍的态度如基本不信任、失范和无力感应该与人们对各种负面谣言的相信和传播有关。）可以使用纵向研究以探究因果关系的方向，与本书第 2 章的分析相似：是不信任导致了负面谣言的传播，还是负面谣言的传播（通过图式激活或认知失调）导致了不信任？我们推测两个方向的因果关系都存在。我们还推测焦虑和不信任之间也有双向因果关系，不过鉴于将事件归因于恶性意图必然会导致担忧，我们认为不信任导致焦虑的因果关系更强一些。最后，在探究谣言干预的研究中，可以对信任进行实验操纵。信任的提高本身能减少负面谣言的传播。此外，信任的提高也应该有助于减少不确定感和焦虑。

要扩展这一研究领域，有一个问题需要得到概念澄清。在我们的纵向研究中，我们测量了对管理层的信任度。在这种情况下，管理层既是正式信源，也是裁员背景下的外群体（逸事性报告和对谣言内容的观察证明了"我们和他们"思维模式的存在）。那么，在外群体和正式信源是不同的实体时（这种情况常见于冲突情境），情况又会如何呢？对每个实体的信任度（如对敌对群体的信任度和对媒体的信任度）都需要得到测量。每一方在负面谣言的产生和生存中扮演着怎样的角色？我们推测，二者中对于媒体的不信任影响更为严重。

在本书第 2 章和第 8 章，我们介绍了一些新的与谣言传播有关的因变量：听到不同谣言的数量、传播不同谣言的数量和传播的可能性（听到的谣言中被传播的比例）。这些测量需要进一步测试和验证。我们建议未来研究使用日记法收集数据，详细记录接收和传递的谣言，并且描述谣言的传播情节。同时，我们也建议将这些变量的自评（自我报告）与他评（朋友和同事的报告）结果进行对比。其他的测量，如谣言出现的不同场合的数量、被传播到的人的数量（Pezzo & Beckstead，2006）等，都应该得到考量。每一个构念都需要进行概念细化：每一个构念意味着什么？我们认为传播的可能性应该被未来研究采用为谣言传播的标准结果变量，理由如第 8 章所述。这样得到的研究结果与实验室研究中对行为意图的相似测量（如从 0% 到 100%，你有多大意愿会与同事分享这一信息）在概念上类似。

谣言控制

在很多领域（如公共健康、自然灾害和危机管理、民生和军事管理、组织沟通和公共关系），对有害谣言进行有效控制都有重大的现实意义。在第 9 章中，我们回顾了这个领域的研究。显然，仍有很多研究需要完成。虽然文献中已经给出了很多明智的建议，但目前很少有关于谣言控制的系统性实证研究。

如何预防谣言这一主题需要得到更多的研究。群际不信任（即管理层和员工之间的不信任或对立的种族群体之间的不信任）在谣言传播中扮演着重要角色。当不信任程度高时，模糊事件就会被解读为威胁。如何减少这种情况出现的可能性呢？敌对群体间更多的接触（如既包含管理层也包含员工代表的委员会，以及多种族代表参与的公民讨论会）可以促进信任、减少不确定感并降低外群体贬损谣言出现的可能性。在变化过程中管理不确定感和焦虑是很困难的，结构化不确定感的策略在预防谣言方面应该有显著效果。我们建议研究者进行包含实验条件（有结构化不确定感的传播策略）和控制条件的实验室和现场研究，以评估谣言预防策略的有效性。

辟谣的有效性也需要得到更多的研究。辟谣信源非常重要，但同时这一方面也存在几个问题：对信源的信任如何影响辟谣的有效性？高信任会带来更好的辟谣效果，但这是一个线性关系还是单调非线性关系？多高的信任对于有效辟谣而言是必要的？辟谣之后，人们对辟谣信源的感知如何变化？内群体信源通常被感知为更可靠，能带来更好的辟谣效果。然而，当内群体信源反驳一则贬损外群体的谣言时，会出现什么情况？信源会因为站出来说出真相而受到尊重，还是因为背叛而失去尊重和权威？辟谣信源的动机如何影响辟谣的有效性？如果辟谣者能因为辟谣获得一些利益，那么辟谣的有效性就会降低。类似地，辟谣目标（即谣言受众）的动机如何影响他们对辟谣的接受程度？我们认为，怀有事实寻求动机的人更有可能被可信的论据说服，而怀有自我提升动机的人更有可能被减轻尊严受损的策略说服。为验证这些想法，不妨开展这样的研究：操纵受众的动机，再测量不同辟谣的有效性。最后，辟谣的长期效果如何？是否会存在睡眠者效应（辟谣后对谣言的相信程度下降，但不久后反弹）？纵向研究将有助于探讨记忆在辟谣的长期有效性中所起的作用。

大量有关辟谣的研究在实验室环境中进行，未来需要多进行现场研究。此外，谣言控制的研究需要采用跨学科的方法，认知心理学、社会心理学、修辞学和沟通学的理论视角需要与营销、危机管理和公共关系的方法相结合，以取得对谣言控制更具外部效度的理解，得出更切实有效的策略。

结论

　　谣言在社会和组织中始终存在。我们希望通过本书帮助你对谣言的概念、影响、传播背后的动机、意义建构功能、准确性，信任在谣言传播中的作用以及如何对谣言进行控制等方面建立起更清晰的认识。我们提出了一个谣言的综合模型，并概述了一份全面的谣言研究蓝图。在本书中，我们突出了与谣言有关的新旧问题，将来自社会和组织心理学文献的有用的新框架运用于研究谣言现象的中心环节。我们相信，本书中论述的心理学和社会学综合取向、提供的社会和组织研究框架，以及提出的现有研究方法和尚待解决的问题，将有助于未来的谣言研究。

参 考 文 献

10 die in Haiti as a false rumor is met by violent street protests. (1991, January 28). *The New York Times*, p. A3.

Abalakina-Paap, M., & Stephan, W. G. (1999). Beliefs in conspiracies. *Journal of Political Psychology, 20*, 637–647.

Abelson, R. P., & Lalljee, M. (1988). Knowledge structures and causal explanation. In D. J. Hilton (Ed.), *Contemporary science and natural explanation: Commonsense conceptions of causality* (pp. 175–203). New York: New York University Press.

Åckerström, M. (1988). The social construction of snitches. *Deviant Behavior, 9*, 155–167.

Adams, J. S. (1965). Inequity in social exchange. In L. Berkowitz (Ed.), *Advances in experimental social psychology* (Vol. 2, pp. 267–296). New York: Academic Press.

Agnes, M. (Ed.). (1996). *Webster's new world dictionary and thesaurus*. New York: Simon & Schuster.

Aiken, L. S., & West, S. G. (1991). *Multiple regression: Testing and interpreting interactions*. Newbury Park, CA: Sage.

Ajzen, I. (1977). Intuitive theories of events and the effects of base-rate information on prediction. *Journal of Personality and Social Psychology, 35*, 303–314.

Allport, F. H., & Lepkin, M. (1945). Wartime rumors of waste and special privilege: Why some people believe them. *Journal of Abnormal and Social Psychology, 40*, 3–36.

Allport, G. W., & Postman, L. J. (1947a). An analysis of rumor. *Public Opinion Quarterly, 10*, 501–517.

Allport, G. W., & Postman, L. J. (1947b). *The psychology of rumor*. New York: Holt, Rinehart & Winston.

Ambrosini, P. J. (1983). Clinical assessment of group and defensive aspects of rumor. *International Journal of Group Psychotherapy, 33*, 69–83.

Anderson, C. A. (1983). Abstract and concrete data in the perseverance of social theories: When weak data lead to unshakable beliefs. *Journal of Experimental Social Psychology, 19*, 93–108.

Anderson, C. A. (1985). Argument availability as a mediator of social theory perseverance. *Social Cognition, 3*, 235–249.

Anderson, C. A., Krull, D. S., & Weiner, B. (1996). Explanations: Processes and consequences. In E. T. Higgins & A. W. Kruglanski (Eds.), *Social psychology: Handbook of basic principles* (pp. 271–296). New York: Guilford Press.

Anderson, C. A., Lepper, M. R., & Ross, L. (1980). Perseverance of social theories: The role of explanation in the persistence of discredited information. *Journal of Personality and Social Psychology, 39*, 1037–1049.

Anderson, C. A., & Slusher, M. P. (1986). Relocating motivational effects: A synthesis of cognitive and motivational effects on attributions for success and failure. *Social Cognition, 4,* 270–292.

Andreassen, P. B. (1987). On the social psychology of the stock market: Aggregate attributional effects and the regressiveness of prediction. *Journal of Personality and Social Psychology, 53,* 490–496.

Antaki, C. (1988). Explanations, communication and social cognition. In C. Antaki (Ed.), *Analysing everyday explanation: A casebook of methods* (pp. 1–14). London: Sage.

Antaki, C., & Fielding, G. (1981). Research on ordinary explanations. In C. Antaki (Ed.), *The psychology of ordinary explanations of social behaviour: Vol. 23. European Monographs in Social Psychology* (pp. 27–55). London: Academic Press.

Anthony, S. (1973). Anxiety and rumour. *Journal of Social Psychology, 89,* 91–98.

Anthony, S. (1992). The influence of personal characteristics on rumor knowledge and transmission among the deaf. *American Annals of the Deaf, 137,* 44–47.

Arndt, J. (1967). *Word of mouth advertising: A review of the literature.* New York: Advertising Research Foundation.

Asch, S. E. (1955). Opinions and social pressure. *Scientific American, 193,* 31–35.

Ashford, S., & Black, J. (1996). Proactivity during organizational entry: The role of desire for control. *Journal of Applied Psychology, 81,* 199–214.

Austin, M. J., & Brumfield, L. (1991). P&G's run-in with the devil. *Business and Society Review, 78*(Summer), 16–19.

Back, K., Festinger, L., Hymovitch, B., Kelley, H., Schachter, S., & Thibaut, J. (1950). The methodology of studying rumor transmission. *Human Relations, 3,* 307–312.

Bacon, F. T. (1979). Credibility of repeated statements: Memory for trivia. *Journal of Experimental Psychology: Human Learning and Memory, 5,* 241–252.

Bandura, A. (2001). Social cognitive theory: An agentic perspective. *Annual Review of Psychology, 52,* 1–26.

Baron, R. M., & Kenny, D. A. (1986). The moderator–mediator variable distinction in social psychological research: Conceptual, strategic, and statistical considerations. *Journal of Personality and Social Psychology, 51,* 1173–1182.

Baron, R. S., David, J. P., Brunsman, B. M., & Inman, M. (1997). Why listeners hear less than they are told: Attentional load and the Teller-Listener Extremity effect. *Journal of Personality and Social Psychology, 72,* 826–838.

Bartlett, F. C. (1932). *Remembering.* Cambridge, England: Cambridge University Press.

Bauer, R. A., & Gleicher, D. B. (1953). Word-of-mouth communication in the Soviet Union. *Public Opinion Quarterly, 17,* 297–310.

Baumeister, R. F., Bratslavsky, E., Finkenauer, C., & Vohs, K. D. (2001). Bad is stronger than good. *Review of General Psychology, 5,* 323–370.

Baumeister, R. F., Campbell, J. D., Krueger, J. I., & Vohs, K. D. (2003). Does high self-esteem cause better performance, interpersonal success, happiness, or healthier lifestyles? *Psychological Science in the Public Interest, 4*(1), 1–44.

Baumeister, R. F., & Leary, M. R. (1995). The need to belong: Desire for interpersonal attachments as a fundamental human motivation. *Psychological Bulletin, 117,* 497–529.

Baumeister, R. F., Zhang, L., & Vohs, K. D. (2004). Gossip as cultural learning. *Review of General Psychology, 8,* 111–121.

Beal, D. J., Ruscher, J. B., & Schnake, S. B. (2001). No benefit of the doubt: Intergroup bias in understanding causal explanation. *British Journal of Social Psychology, 40,* 531–543.

Begg, I. M., Anas, A., & Farinacci, S. (1992). Dissociation of processes in belief: Source recollection, statement familiarity, and the illusion of truth. *Journal of Experimental Psychology: General, 121,* 446–458.

Belgion, M. (1939). The vogue of rumour. *Quarterly Review, 273,* 1–18.

Bennett, G. (1985). What's modern about the modern legend? *Fabula, 26,* 219–229.

Berger, C. R. (1987). Communicating under uncertainty. In M. E. Roloff & G. R. Miller (Eds.), *Interpersonal processes: New directions in communication research* (pp. 39–62). Newbury Park, CA: Sage.

Berger, C. R., & Bradac, J. J. (1982). *Language and social knowledge: Uncertainty in interpersonal relations.* London: Edward Arnold.

Bird, D. A. (1979). *Rumor as folklore: An interpretation and inventory.* Unpublished doctoral dissertation, Indiana University, Bloomington, IN.

Black beliefs on AIDS tallied. (1995, November 2). *Rochester Democrat and Chronicle,* p. B1.

Blake, R. H., McFaul, T. R., & Porter, W. H. (1974, November). *Authority and mass media as variables in rumor transmission.* Paper presented at the annual meeting of the Western Speech Communication Association, Newport Beach, CA.

Blake, R. R., & Mouton, J. S. (1983). The urge to merge: Tying the knot successfully. *Training and Development Journal, 37,* 41–46.

Blumenfeld, L. (1991, July 15). Procter & Gamble's devil of a problem: Anti-Satanism watchdogs turn up the heat. *Washington Post,* pp. B1, B6.

Bobo, L., & Kluegel, J. R. (1993). Opposition to race-targeting: Self-interest, stratification ideology, or racial attitudes. *American Sociological Review, 58,* 443–464.

Boehm, L. E. (1994). The validity effect—a search for mediating variables. *Personality and Social Psychology Bulletin, 20,* 285–293.

Bordia, P. (1996). Studying verbal interaction on the Internet: The case of rumor transmission research. *Behavior Research Methods, Instruments, & Computers, 28,* 149–151.

Bordia, P., & DiFonzo, N. (2002). When social psychology became less social: Prasad and the history of rumor research. *Asian Journal of Social Psychology, 5,* 49–61.

Bordia, P., & DiFonzo, N. (2004). Problem solving in social interactions on the Internet: Rumor as social cognition. *Social Psychology Quarterly, 67,* 33–49.

Bordia, P., & DiFonzo, N. (2005). Psychological motivations in rumor spread. In G. A.

Fine, C. Heath, & V. Campion-Vincent (Eds.), *Rumor mills: The social impact of rumor and legend* (pp. 87–101). New York: Aldine Press.

Bordia, P., DiFonzo, N., & Chang, A. (1999). Rumor as group problem-solving: Development patterns in informal computer-mediated groups. *Small Group Research, 30*(1), 8–28.

Bordia, P., DiFonzo, N., Haines, R., & Chaseling, L. (2005). Rumor denials as persuasive messages: Effects of personal relevance, source, and message characteristics. *Journal of Applied Social Psychology, 35,* 1301–1331.

Bordia, P., DiFonzo, N., Irmer, B. E., Gallois, C., & Bourne, M. (2005). *Consumer reactions to corporate rumor refutations.* Unpublished manuscript.

Bordia, P., DiFonzo, N., & Schulz, C. A. (2000). Source characteristics in denying rumors of organizational closure: Honesty is the best policy. *Journal of Applied Social Psychology, 11,* 2301–2309.

Bordia, P., DiFonzo, N., & Travers, V. (1998). Denying rumors of organizational change: A higher source is not always better. *Communications Research Reports, 15,* 189–198.

Bordia, P., Hobman, E., Jones, E., Gallois, C., & Callan, V. J. (2004). Uncertainty during organizational change: Types, consequences, and management strategies. *Journal of Business and Psychology, 18,* 507–532.

Bordia, P., Hunt, L., Paulsen, N., Tourish, D., & DiFonzo, N. (2004). Communication and uncertainty during organizational change: Is it all about control? *European Journal of Work and Organizational Psychology, 13,* 345–365.

Bordia, P., Jones, E., Gallois, C., Callan, V. J., & DiFonzo, N. (in press). Management are aliens! Rumors and stress during organizational change. *Group & Organization Management.*

Bordia, P., & Rosnow, R. L. (1998). Rumor rest stops on the information superhighway: A naturalistic study of transmission patterns in a computer-mediated rumor chain. *Human Communication Research, 25,* 163–179.

Brock, T. C. (1968). Implications of commodity theory for value change. In A. Greenwald, T. C. Brock, & T. M. Ostrom (Eds.), *Psychological foundations of attitudes* (pp. 243–276). New York: Academic Press.

Brunswik, E. (1952). The conceptual framework of psychology. *International encyclopedia of unified science.* Chicago: University of Chicago Press.

Brunvand, J. H. (1981). *The vanishing hitchhiker.* New York: Norton.

Brunvand, J. H. (1984). *The choking Doberman.* New York: Norton.

Buckner, H. T. (1965). A theory of rumor transmission. *Public Opinion Quarterly, 29,* 54–70.

Burlew, L. D., Pederson, J. E., & Bradley, B. (1994). The reaction of managers to the pre-acquisition stage of a corporate merger: A qualitative study. *Journal of Career Development, 21,* 11–22.

Burt, R., & Knez, M. (1996). Third-party gossip and trust. In R. M. Kramer & T. R. Tyler (Eds.), *Trust in organizations: Frontiers of theory and research* (pp. 68–89). Thousand Oaks, CA: Sage.

Calvo, M. G., & Castillo, M. D. (1997). Mood-congruent bias in interpretation of ambiguity: Strategic process and temporary activation. *The Quarterly Journal of Experimental Psychology, 50,* 163–182.

Cantera, K. (2002, January 3). Vigilant Utahns. *The Salt Lake Tribune,* p. A1.

Caplow, T. (1947). Rumors in war. *Social Forces, 25,* 298–302.

Cato, F. W. (1982). Procter & Gamble and the devil. *Public Relations Quarterly, 27,* 16–21.

Chapman, L. J., & Chapman, J. P. (1969). Illusory correlation as an obstacle to the use of valid psychodiagnostic signs. *Journal of Abnormal Psychology, 74,* 271–280.

Choe, S., Hanley, C. J., & Mendoza, M. (1999, October 17). GIs admit murdering civilians in S. Korea. *Rochester Democrat and Chronicle,* pp. 1A, 3A.

Chulov, M., Warne-Smith, D., & Colman, E. (2004, February 17). Rumour the spark that fired racial tinderbox. *The Australian,* pp. 1, 6.

Cialdini, R. B., & Trost, M. R. (1998). Social influence: Social norms, conformity, and compliance. In D. T. Gilbert, S. T. Fiske, & G. Lindzey (Eds.), *The handbook of social psychology* (4th ed., Vol. II, pp. 151–192). Boston: McGraw-Hill.

Clampitt, P. G., DeKoch, R. J., & Cashman, T. (2000). A strategy for communicating about uncertainty. *Academy of Management Executive, 14,* 41–57.

Cohen, G. L., Aronson, J., & Steele, C. M. (2000). When beliefs yield to evidence: Reducing biased evaluation by affirming the self. *Personality and Social Psychology Bulletin, 26,* 1151–1164.

Cohen, J. (1988). *Statistical power analysis for the behavioral sciences* (2nd ed.). Hillsdale, NJ: Erlbaum.

Cornwell, D., & Hobbs, S. (1992). Rumour and legend: Irregular interactions between social psychology and folklorists. *Canadian Psychology, 33,* 609–613.

Creed, W. E. D., & Miles, R. E. (1996). Trust in organizations: A conceptual framework linking organizational forms, managerial philosophies, and the opportunity costs of controls. In R. E. Kramer & T. R. Tyler (Eds.), *Trust in organizations: Frontiers of theory and research* (pp. 16–38). Thousand Oaks, CA: Sage.

Crick, N. R., Nelson, D. A., Morales, J. R., Cullerton-Sen, C., Casas, J. F., & Hickman, S. (2001). Relational victimization in childhood and adolescence: I hurt you through the grapevine. In J. Juvonen & S. Graham (Eds.), *School-based peer harassment: The plight of the vulnerable and victimized* (pp. 196–214). New York: Guilford Press.

Davis, K. (1972). *Human behavior at work.* San Francisco: McGraw-Hill.

Davis, K. (1975, June). Cut those rumors down to size. *Supervisory Management,* 2–6.

Davis, W. L., & O'Connor, J. R. (1977). Serial transmission of information: A study of the grapevine. *Journal of Applied Communication Research, 5,* 61–72.

Day, R. S. (1986). Overconfidence as a result of incomplete and wrong knowledge. In R. W. Scholz (Ed.), *Current issues in West*

German decision research (pp. 13–30). Frankfurt am Main, Germany: Lang.

DeClerque, J., Tsui, A. O., Abul-Ata, M. F., & Barcelona, D. (1986). Rumor, misinformation, and oral contraceptive use in Egypt. *Social Science and Medicine, 23,* 83–92.

Deener, B. (2001, September 20). Rumors rattle market. *The Dallas Morning News.*

De Fleur, M. L. (1962). Mass communication and the study of rumor. *Sociological Inquiry, 32,* 51–70.

DePaulo, B. M., & Kashy, D. A. (1998). Everyday lies in close and casual relationships. *Journal of Personality and Social Psychology 74,* 63–79.

Dewey, J. (1925). *Experience and nature.* Chicago: Open Court.

Dietz-Uhler, B. (1999). Defensive reactions to group-relevant information. *Group Processes and Intergroup Relations, 2,* 17–29.

DiFonzo, N. (1994). *Piggy-backed syllogisms for investor behavior: Probabilistic mental modeling in rumor-based stock market trading.* Unpublished doctoral thesis, Temple University, Philadelphia.

DiFonzo, N., & Bordia, P. (1997). Rumor and prediction: Making sense (but losing dollars) in the stock market. *Organizational Behavior and Human Decision Processes, 71,* 329–353.

DiFonzo, N., & Bordia, P. (1998). A tale of two corporations: Managing uncertainty during organizational change. *Human Resource Management, 37,* 295–303.

DiFonzo, N., & Bordia, P. (2000). How top PR professionals handle hearsay: Corporate rumors, their effects, and strategies to manage them. *Public Relations Review, 26,* 173–190.

DiFonzo, N., & Bordia, P. (2002a). Corporate rumor activity, belief, and accuracy. *Public Relations Review, 150,* 1–19.

DiFonzo, N., & Bordia, P. (2002b). Rumor and stable-cause attribution in prediction and behavior. *Organizational Behavior and Human Decision Processes, 88,* 329–353.

DiFonzo, N., & Bordia, P. (2006). Rumor in organizational contexts. In D. A. Hantula (Ed.), *Advances in psychology: A tribute to Ralph L. Rosnow* (pp. 249–274). Mahwah, NJ: Erlbaum.

DiFonzo, N., & Bordia, P. (in press). Rumors influence: Toward a dynamic social impact theory of rumor. In A. R. Pratkanis (Ed.), *The science of social influence.* Philadelphia: Psychology Press.

DiFonzo, N., Bordia, P., & Rosnow, R. L. (1994). Reining in rumors. *Organizational Dynamics, 23*(1), 47–62.

DiFonzo, N., Bordia, P., & Winterkorn, R. (2003, January). *Distrust is a key ingredient in negative rumor transmission.* Paper presented at the 4th Annual Meeting of the Society for Personality and Social Psychologists, Los Angeles, CA.

DiFonzo, N., Hantula, D. A., & Bordia, P. (1998). Microworlds for experimental research: Having your (control and collection) cake, and realism too. *Behavior Research Methods, Instruments, & Computers, 30,* 278–286.

Dirks, K. T., & Ferrin, D. L. (2001). The role of trust in organizational settings. *Organizational Science, 12,* 450–467.

Dirks, K. T., & Ferrin, D. L. (2002). Trust in leadership: Meta-analytic findings and implications for research and practice. *Journal of Applied Psychology, 87,* 611–628.

Donnelly, F. K. (1983, Spring). People's Almanac predictions: Retrospective check of accuracy. *Skeptical Inquirer,* 48–52.

Dunbar, R. I. M. (1996). *Grooming, gossip, and the evolution of language.* Cambridge, MA: Harvard University Press.

Dunbar, R. I. M. (2004). Gossip in evolutionary perspective. *Review of General Psychology, 8,* 100–110.

Dwyer, J. C., & Drew, C. (2005, September 29). Fear exceeded crime's reality in New Orleans. *The New York Times,* pp. A1, A22.

Eder, D., & Enke, J. L. (1991). The structure of gossip: Opportunities and constraints on collective expression among adolescents. *American Sociological Review, 56,* 494–508.

Edwards, O. (1989, April). Leak soup. *GQ Magazine,* p. 228.

Einhorn, H. J., & Hogarth, R. M. (1986). Judging probable cause. *Psychological Bulletin, 99,* 3–19.

Ellis, R. J., & Zanna, M. P. (1990). Arousal and causal attribution. *Canadian Journal of Behavioural Science, 22,* 1–12.

Emory, D. (n.d.) *Does Osama bin Laden own Snapple?* Retrieved December 13, 2005, from http://urbanlegends.about.com/library/blsnapple.htm

Esposito, J. L. (1986/1987). Subjective factors and rumor transmission: A field investigation of the influence of anxiety, importance, and belief on rumormongering (Doctoral dissertation, Temple University, 1986). *Dissertation Abstracts International, 48*, 596B.

Esposito, J. L., & Rosnow, R. L. (1983, April). Corporate rumors: How they start and how to stop them. *Management Review, 44*–49.

Fama, E. F., Fisher, L., Jensen, M. C., & Roll, R. (1969). The adjustment of stock prices to new information. *International Economic Review, 10,* 1–21.

Fearn-Banks, K. (2002). *Crisis communications: A casebook approach.* Mahwah, NJ: Erlbaum.

Fein, S., & Spencer, S. J. (1997). Prejudice as self-image maintenance: Affirming the self through derogating others. *Journal of Personality and Social Psychology, 73,* 31–44.

Festinger, L. (1957). *A theory of cognitive dissonance.* Evanston, IL: Row, Peterson.

Festinger, L., Cartwright, D., Barber, K., Fleischl, J., Gottsdanker, J., Keysen, A., et al. (1948). A study of rumor: Its origin and spread. *Human Relations, 1,* 464–485.

Fine, G. A. (1985). Rumors and gossiping. In T. Van Dijk (Ed.), *Handbook of discourse analysis* (Vol. 3, pp. 223–237). London: Academic Press.

Fine, G. A. (1992). *Manufacturing tales: Sex and money in contemporary legends.* Knoxville: University of Tennessee Press.

Fine, G. A. (2005, April 1–3). *Does rumor lie: Narrators and the framing of unsecured information.* Paper presented to the Sante Fe Institute's Conference on Deception: Methods, Motives, Contexts, and Consequences, Santa Fe, NM.

Fine, G. A., Heath, C., & Campion-Vincent, V. (Eds.) (2005). *Rumor mills: The social impact of rumor and legend.* Chicago: Aldine.

Fine, G. A., & Turner, P. A. (2001). *Whispers on the color line: Rumor and race in America.* Berkeley: University of California Press.

Firth, R. (1956). Rumor in a primitive society. *Journal of Abnormal and Social Psychology, 53,* 122–132.

Fisher, D. R. (1998). Rumoring theory and the Internet: A framework for analyzing the grass roots. *Social Science Computer Review, 16,* 158–168.

Fischle, M. (2000). Mass response to the Lewinsky scandal: Motivated reasoning or Bayesian updating? *Political Psychology, 21,* 135–159.

Fiske, S. T. (2003). Five core social motives, plus or minus five. In S. J. Spencer & S. Fein (Eds.), *Ontario Symposium on Personality and Social Psychology: Vol. 9. Motivated social perception* (pp. 233–246). Mahwah, NJ: Erlbaum.

Fiske, S. T. (2004). *Social beings: A core motives approach to social psychology.* Hoboken, NJ: Wiley.

Fiske, S. T., Lin, M., & Neuberg, S. L. (1999). The continuum model: Ten years later. In S. Chaiken & Y. Trope (Eds.), *Dual process theories in social psychology* (pp. 231–254). New York: Guilford Press.

Fiske, S. T., & Taylor, S. E. (1991). *Social cognition* (2nd ed.). New York: Random House.

Flanagan, J. C. (1954). The critical incident technique. *Psychological Bulletin, 51,* 327–358.

Foster, E. K. (2004). Research on gossip: Taxonomy, methods, and future directions. *Review of General Psychology, 8,* 78–99.

Foster, E. K., & Rosnow, R. L. (2006). Gossip and network relationships: The processes of constructing and managing difficult interaction. In D. C. Kirkpatrick, S. W. Duck, & M. K. Foley (Eds.), *Relating difficulty* (pp. 161–201). Mahwah, NJ: Erlbaum.

Freedman, A. M. (1991, May 10). Rumor turns fantasy into bad dream. *The Wall Street Journal,* pp. B1, B5.

Frith, B. (2001, August 29). AMP's silence on NAB merger rumours spoke volumes. *The Australian,* p. M1.

Fromkin, H. L. (1972). Feelings of interpersonal undistinctiveness: An unpleasant affective state. *Journal of Experimental Research in Personality, 6,* 178–185.

Gigerenzer, G., Hoffrage, U., & Kleinbölt-
ing, H. (1991). Probabilistic mental mod-
els: A Brunswikian theory of confidence.
Psychological Review, 98, 506–528.

Gillin, B. (2005, September 28). Tales of
mass murder, rape proving false. *Rochester
Democrat and Chronicle*, p. 7A.

Gilovich, T., Vallone, R., & Tversky, A.
(1985). The hot hand in basketball: On
the misperception of random sequences.
*Journal of Personality and Social Psychology,
17*, 295–314.

Gluckman, M. (1963). Gossip and scandal.
Current Anthropology, 4, 307–316.

Goggins, S. M. (1979). *The wormburger scare:
A case study of the McDonald's corporation's
public relations campaign to stop a damag-
ing rumor.* Unpublished master's thesis,
Georgia State University, Athens.

Goleman, D. (1991, June 4). Anatomy of
a rumor: It flies on fear. *The New York
Times*, p. C5.

Goodwin, S. A., Operario, D., & Fiske S. T.
(1998). Situational power and interper-
sonal dominance facilitate bias and in-
equality. *Journal of Social Issues, 54*,
677–698.

Goswamy, M., & Kumar, A. (1990). Sto-
chastic model for spread of rumour sup-
ported by a leader resulting in collective
violence and planning of control mea-
sures. *Mathematical Social Sciences, 19*,
23–36.

Green, D. F. (1984). *Rumor control strategies
for corporations.* Unpublished master's
thesis, University of Texas at Austin.

Grice, H. P. (1975). Logic and conversation.
The William James Lectures. In P. Cole &
J. L. Morgan (Eds.), *Syntax and semantics:
Vol. 3. Speech acts* (pp. 41–58). New York:
Academic Press.

Gross, A. E. (1990, October 22). Crisis man-
agement: How Popeyes and Reebok con-
fronted product rumors. *Adweek's Market-
ing Week*, p. 27.

Gudykunst, W. B. (1995). Anxiety/uncer-
tainty management (AUM) theory: Cur-
rent status. In R. L. Wiseman (Ed.), *Inter-
cultural communication theory* (pp. 8–57).
Thousand Oaks, CA: Sage.

Guerin, B. (2003). Language use as a social
strategy: A review and an analytic frame-
work for the social sciences. *Review of Gen-
eral Psychology, 7*, 251–298.

Harcourt, J., Richerson, V., & Wattier, M. J.
(1991). A national study of middle man-
agers' assessment of organization com-
munication quality. *Journal of Business
Communication, 28*, 348–365.

Hardin, C. D., & Higgins, E. T. (1996).
Shared reality: How social verification
makes the subjective objective. In R. M.
Sorrentino & E. T. Higgins (Vol. Eds.),
*Handbook of motivation and cognition: Vol. 3.
The interpersonal context* (pp. 28–84). New
York: Guilford Press.

Hari, J. (2002, December 31). Well, they
would say that, wouldn't they? *Australian
Financial Review*, p. 42.

Harris, B., & Harvey, J. H. (1981). Attribu-
tion theory: From phenomenal causality
to the intuitive social scientist and be-
yond. In C. Antaki (Ed.), *The psychology
of ordinary explanations of social behaviour:
Vol. 23. European Monographs in Social Psy-
chology* (pp. 57–95). London: Academic
Press.

Harris, S. G. (1994). Organizational culture
and individual sensemaking: A schema-
based perspective. *Organizational Science,
5*, 309–321.

Hasher, L., Goldstein, D., & Toppino, T.
(1977). Frequency and the conference of
referential validity. *Journal of Verbal
Learning and Verbal Behavior, 16*, 107–112.

Heath, C., Bell, C., & Sternberg, E. (2001).
Emotional selection in memes: The case
of urban legends. *Journal of Personality
and Social Psychology, 81*, 1028–1041.

Heider, F. (1958). *The psychology of interper-
sonal relations.* New York: Wiley.

Hellweg, S. A. (1987). Organizational grape-
vines. In B. Dervin & M. J. Voigt, *Progress
in communication sciences* (Vol. 8, pp. 213–
230). Norwood, NJ: Ablex Publishing.

Hershey, R. (1956). Heed rumors for their
meaning. *Personnel Journal, 34*, 299–301.

Hicks, R. D. (1990). Police pursuit of Sa-
tanic crime: Part 2: The Satanic conspir-
acy and urban legends. *Skeptical Inquirer,
14*, 378–389.

Higgins, E. T. (1981). The "communication
game": Implications of social cognition.
In E. T. Higgins, C. P. Herman, & M. P.

Zanna (Eds.), *Ontario Symposium on Personality and Social Psychology: Vol. 1. Social cognition* (pp. 343–392). Hillsdale, NJ: Erlbaum.

Higham, T. M. (1951). The experimental study of the transmission of rumour. *British Journal of Psychology, 42*, 42–55.

Hilton, D. J., & Slugoski, B. R. (1986). Knowledge-based causal attribution: The abnormal conditions focus model. *Psychological Review, 93*, 75–88.

Hirschhorn, L. (1983). *Cutting back: Retrenchment and redevelopment of human and community services*. San Francisco: Jossey-Bass.

Hogg, M., & Abrams, D. (1988). *Social identifications: A social psychology of intergroup relations and group processes*. London: Routledge.

Holtgraves, T., & Grayer, A. R. (1994). I am not a crook: Effects of denials on perceptions of a defendant's guilt, personality, and motives. *Journal of Applied Social Psychology, 24*, 2132–2150.

Hom, H., & Haidt, J. (2002, January). *Psst, Did you hear? Exploring the gossip phenomenon*. Poster presented at the Annual Meeting of the Society of Personality and Social Psychologists, Savannah, GA.

Horowitz, D. L. (2001). *The deadly ethnic riot*. Berkeley: University of California Press.

Houmanfar, R., & Johnson, R. (2003). Organizational implications of gossip and rumor. *Journal of Organizational Behavior Management, 23*, 117–138.

Hovland, C., & Weiss, W. (1951). The influence of source credibility on communication effectiveness. *Public Opinion Quarterly, 15*, 635–650.

Hunsaker, P. L., & Coombs, M. W. (1988). Mergers and acquisitions: Managing the emotional issues. *Personnel Journal, 67*, 56–78.

Iyer, E. S., & Debevec, K. (1991). Origin of rumor and tone of message in rumor quelling strategies. *Psychology and Marketing, 8*, 161–175.

Jaeger, M. E., Anthony, S., & Rosnow, R. L. (1980). Who hears what from whom and with what effect: A study of rumor. *Personality and Social Psychology Bulletin, 6*, 473–478.

JDBGMGR.EXE. (2002, September). Retrieved June 7, 2004, from http://www.snopes.com/computer/virus/jdbgmgr.htm

Jennings, D. L., Amabile, T. M., & Ross, L. (1982). Information covariation assessment: Data-based versus theory-based judgments. In D. Kahneman, P. Slovic, & A. Tversky (Eds.), *Judgment under uncertainty: Heuristics and biases* (pp. 211–230). New York: Cambridge University Press.

Jones, E. E., & Davis, K. E. (1965). From acts to dispositions: The attribution process in person perception. In L. Berkowitz (Ed.), *Advances in experimental social psychology* (Vol. 2, pp. 220–226), New York: Academic Press.

Jung, C. G. (1916). Ein beitrag zur psycholgie des gerüchtes [A contribution in the psychology of rumor]. In C. E. Long (Trans.), *Collected papers on analytical psychology* (pp. 176–190). New York: Wiley. (Original work published 1910)

Jung, C. G. (1959). A visionary rumour. *Journal of Analytical Psychology, 4*, 5–19.

Jungermann, H., & Thüring, M. (1993). Causal knowledge and the expression of uncertainty. In G. Strube & K. F. Wender (Eds.), *The cognitive psychology of knowledge* (pp. 53–73). Amsterdam: Elsevier Science.

Kahneman, D., & Tversky, A. (1973). On the psychology of prediction. *Psychological Review, 80*, 237–351.

Kahneman, D., & Tversky, A. (1979). Prospect theory: An analysis of decision under risk. *Econometrica, 47*, 263–291.

Kahneman, D., & Tversky, A. (1982). Subjective probability: A judgment of representativeness. In D. Kahneman, P. Slovic, & A. Tversky (Eds.), *Judgment under uncertainty: Heuristics and biases* (pp. 32–47). New York: Cambridge University Press.

Kakar, S. (2005). Rumors and religious riots. In G. A. Fine, V. Campion-Vincent, & C. Heath (Eds.), *Rumor mills: The social impact of rumor and legend* (pp. 53–59). New York: Aldine.

Kamins, M. A., Folkes, V. S., & Perner, L. (1997). Consumer responses to rumors: Good news, bad news. *Journal of Consumer Psychology, 6*, 165–187.

Kapferer, J.-N. (1989). A mass poisoning rumor in Europe. *Public Opinion Quarterly, 53*, 467–481.

Kapferer, J.-N. (1990). Rumor in the stock exchange. *Communications, 52*, 61–84.

Kapferer, J.-N. (1990). *Rumors: Uses, interpretations, and images* (B. Fink, Trans.). New Brunswick, NJ: Transaction Publishers. (Original work published 1987)

Kelley, H. H. (1973). The processes of causal attribution. *American Psychologist, 28*, 107–128.

Kelley, S. R. (2004). *Rumors in Iraq: A guide to winning hearts and minds.* Unpublished master's thesis, Naval Postgraduate School, Monterey, CA. Retrieved November 16, 2004, from http://theses. nps.navy.mil/04Sep_Kelley.pdf

Kenrick, D. T., Maner, J. K., Butner, J., Li, N. P., Becker, D. V., & Schaller, M. (2002). Dynamical evolutionary psychology: Mapping the domains of the new interactionist paradigm. *Personality and Social Psychology Review, 6*, 347–356.

Kerner, O., Lindsay, J. V., Harris, F. R., Abel, I. W., Brooke, E. W., Thornton, C. B., et al. (1968). *Report of the National Advisory Commission on Civil Disorders* (Report No. 1968 O - 291-729). Washington, DC: U.S. Government Printing Office.

Kimmel, A. J. (2004a). *Rumors and rumor control: A manager's guide to understanding and combating rumors.* Mahwah, NJ: Erlbaum.

Kimmel, A. J. (2004b). Rumors and the financial marketplace. *Journal of Behavioral Finance, 5*, 134–141.

Kimmel, A. J., & Keefer, R. (1991). Psychological correlates of the transmission and acceptance of rumors about AIDS. *Journal of Applied Social Psychology, 21*, 1608–1628.

Kirkpatrick, C. (1932). A tentative study in experimental social psychology. *American Journal of Sociology, 38*, 194–206.

Knapp, R. H. (1944). A psychology of rumor. *Public Opinion Quarterly, 8*, 22–27.

Knapp, S. D. (Ed.). (1993). *The contemporary thesaurus of social science terms and synonyms: A guide for natural language computer searching.* Phoenix, AZ: Oryx.

Knobloch, L. K., & Carpenter-Theune, K. E. (2004). Topic avoidance in developing romantic relationships: Associations with intimacy and relational uncertainty. *Communication Research, 31*, 173–205.

Knopf, T. A. (1975). *Rumor, race and riots.* New Brunswick, NJ: Transaction Publishers.

Koenig, F. W. (1985). *Rumor in the marketplace: The social psychology of commercial hearsay.* Dover, MA: Auburn House.

Koller, M. (1992). Rumor rebuttal in the marketplace. *Journal of Economic Psychology, 13*, 167–186.

Koller, M. (1993). Rebutting accusations: When does it work, when does it fail. *European Journal of Social Psychology, 23*, 373–389.

Komarnicki, M., & Walker, C. J. (1980, March). *Reliable and valid hearsay: Convergent and divergent rumor transmission.* Paper presented at the Eastern Psychological Association meeting, Hartford, CT.

Kramer, R. M. (1999). Trust and distrust in organizations: Emerging perspectives, enduring questions. *Annual Review of Psychology, 50*, 569–598.

Krull, D. S., & Anderson, C. A. (1997). The process of explanation. *Current Directions in Psychological Science, 6*, 1–5.

Kuhn, T. S. (1996). *The structure of scientific revolutions* (3rd ed.). Chicago: University of Chicago Press.

Kunda, Z. (1987). Motivated inference: Self-serving generation and evaluation of causal theories. *Journal of Personality and Social Psychology, 53*, 636–647.

Kunda, Z. (1990). The case for motivated reasoning. *Psychological Bulletin, 108*, 480–498.

Kunda, Z. (1999). *Social cognition: Making sense of people.* Cambridge, MA: MIT Press.

Kurland, N. B., & Pelled, L. H. (2000). Passing the word: Toward a model of gossip and power in the workplace. *Academy of Management Review, 25*, 428–438.

Latané, B., & Bourgeois, M. J. (1996). Experimental evidence for dynamic social impact: The formations of subcultures in electronic groups. *Journal of Communication, 46*, 35–47.

Lazar, R. J. (1973). Stock market price movements as collective behavior. *International Journal of Contemporary Sociology, 10,* 133–147.

Leary, M. R. (1995). *Self-presentation: Impression management and interpersonal behavior.* Boulder, CO: Westview Press.

Leavitt, H. J., & Mueller, R. A. (1951). Some effects of feedback on communication. *Human Relations, 4,* 401–410.

Lerbinger, O. (1997). *The crisis manager: Facing risk and responsibility.* Mahwah, NJ: Erlbaum.

Lev, M. (1991, February 6). Carter stock drops again on rumors. *The New York Times,* p. D4.

Levin, J., & Arluke, A. (1987). *Gossip: The inside scoop.* New York: Plenum Press.

Litman, J. A., & Pezzo, M. V. (2005). Individual differences in attitudes towards gossip. *Personality and Individual Differences, 38,* 963–980.

Litwin, M. L. (1979, January). Key communicators—They lock out rumors. *National Association of Secondary School Principals Bulletin,* 17–22.

London, I. D., & London, M. B. (1975). Rumor as a footnote to Chinese national character. *Psychological Reports, 37,* 343–349.

Lord, C. G., Lepper, M. R., & Ross, L. (1979). Biased assimilation and attitude polarization: The effects of prior theory on subsequently considered information. *Journal of Personality and Social Psychology, 46,* 1254–1266.

Lorenzi-Cioldi, F., & Clémence, A. (2001). Group processes and the construction of social representations. In M. A. Hogg & S. Tindale (Eds.), *Group processes* (pp. 311–333). Malden, MA: Blackwell.

Lott, B. E., & Lott, A. J. (1985). Learning theory in contemporary social psychology. In G. Lindzey & E. Aronson (Eds.), *The handbook of social psychology* (3rd ed., Vol. 1, pp. 109–135). New York: Random House.

Lowenberg, R. D. (1943). Rumors of mass poisoning in times of crisis. *Journal of Criminal Pathology, 5,* 131–142.

Lynch, R. D. (1989). Psychological impact of AIDS on individual, family, community, nation, and world in a historical perspective. *Family Community Health, 12*(2), 52–59.

Lynn, M. (1991). Scarcity effects on desirability: A quantitative review of the commodity theory literature. *Psychology and Marketing, 8,* 43–57.

Lyons, A., & Kashima, Y. (2001). The reproduction of culture: Communication processes tend to maintain cultural stereotypes. *Social Cognition, 19,* 372–394.

MacLeod, C., & Cohen, I. L. (1993). Anxiety and the interpretation of ambiguity: A text comprehension study. *Journal of Abnormal Psychology, 102,* 238–247.

Maines, D. R. (1999). Information pools and racialized narrative structures. *The Sociological Quarterly, 40,* 317–326.

Malkiel, B. G. (1985). *A random walk down Wall Street* (4th ed.). New York: Norton.

Marks, A. (2001, October 23). From survival tales to attack predictions, rumors fly. *The Christian Science Monitor,* p. 2.

Marting, B. (1969). *A study of grapevine communication patterns in a manufacturing organization.* Unpublished doctoral dissertation, Arizona State University, Tempe.

Marty, E. M. (1982). Satanism: No soap. *Across the Board, 19*(11), 8–14.

Matthews, L., & Sanders, W. (1984). Effects of causal and noncausal sequences of information on subjective prediction. *Psychological Reports, 54,* 211–215.

Mausner, J., & Gezon, H. (1967). Report on a phantom epidemic of gonorrhea. *American Journal of Epidemiology, 85,* 320–331.

McAdam, J. R. (1962). *The effect of verbal interaction on the serial reproduction of rumor.* Unpublished doctoral dissertation, Indiana University, Bloomington, IN.

McEvily, B., Perrone, V., & Zaheer, A. (2003). Introduction to the special issue on trust in an organizational context. *Organization Science, 14,* 1–4.

McGee, G. W., & Ford, R. C. (1987). Two (or more?) dimensions of organizational commitment: Reexamination of the affective and continuance commitment scales. *Journal of Applied Psychology, 72,* 638–642.

McMillan, S. (1991). Squelching the rumor mill. *Personnel Journal, 70*(10), 95–99.

Merton, R. K. (1968, January 5). The Matthew effect in science. *Science, 159*, 56–63.

Michelson, G., & Mouly, S. (2000). Rumour and gossip in organizations: A conceptual study. *Management Decision, 38*, 339–346.

Michelson, G., & Mouly, V. S. (2004). Do loose lips sink ships? The meaning, antecedents and consequences of rumour and gossip in organizations. *Corporate Communications: An International Journal, 9*, 189–201.

Mihanovic, M., Jukic, V., & Milas, M. (1994). Rumours in psychological warfare. *Socijalna Psihijatrija, 22*, 75–82.

Mikkelson, B. (1999, November 19). *The unkindest cut.* Retrieved November 2, 2004, from http://www.snopes.com/horrors/robbery/slasher.asp

Mikkelson, B. (2001, November 24). *Citibank rumor.* Retrieved December 2, 2005, from http://www.snopes.com/rumors/citibank.htm

Mikkelson, B. (2002, April 28). *You've got to be kidneying.* Retrieved June 7, 2004, from http://www.snopes.com/horrors/robbery/kidney.htm

Mikkelson, B. (2003, January 12). *Trademark of the devil.* Retrieved November 22, 2004, from http://www.snopes.com/business/alliance/procter.asp

Mikkelson, B. (2004a, July 8). *Deja 'roo.* Retrieved November 9, 2004, from http://www.snopes.com/critters/malice/kangaroo.htm

Mikkelson, B. (2004b, September 23). *Lights out!* Retrieved November 2, 2004, from http://www.snopes.com/horrors/madmen/lightout.asp

Mikkelson, B. (2005, September 27). *Killer dolphins.* Retrieved November 22, 2005, from http://www.snopes.com/Katrina/rumor/dolphins.asp

Mikkelson, B., & Mikkelson, D. P. (2004, August 23). *Verses, foiled again.* Retrieved November 25, 2005, from http://www.snopes.com/politics/bush/bibleverse.asp

Miller, D. L. (1985). *Introduction to collective behavior.* Belmont, CA: Wadsworth.

Miller, M. W. (1991, May 1). Computers: 'Prodigy' headquarters offered peeks into users' private files. *The Wall Street Journal,* p. B1.

Mirvis, P. H. (1985). Negotiations after the sale: The roots and ramifications of conflict in an acquisition. *Journal of Occupational Behaviour, 6*, 65–84.

Modic, S. J. (1989, May 15). Grapevine rated most believable. *Industry Week, 238*(10), 11.

Monday, Monday. (2002, October 1). Retrieved December 16, 2005, from http://www.snopes.com/rumors/fema.htm

Monge, P. R., & Contractor, N. S. (2000). Emergence of communication networks. In F. M. Jablin & L. L. Putnam (Eds.), *The new handbook of organizational communication: Advances in theory, research, and methods* (pp. 440–502). Thousand Oaks, CA: Sage.

Morin, E. (1971). *Rumour in Orléans.* New York: Pantheon Books.

Mullen, B. (1989). *Advanced BASIC meta-analysis.* Hillsdale, NJ: Erlbaum.

Mullen, P. B. (1972). Modern legend and rumor theory. *Journal of the Folklore Institute, 9*, 95–109.

Newman, M. E. J. (2003). The structure and function of complex networks. *SIAM Review, 45*, 167–256.

Newstrom, J. W., Monczka, R. E., & Reif, W. E. (1974). Perceptions of the grapevine: Its value and influence. *Journal of Business Communication, 11*, 12–20.

Nisbett, R., & Ross, L. (1980). *Human inference: Strategies and shortcomings of social judgment.* Englewood Cliffs, NJ: Prentice-Hall.

Nkpa, N. K. U. (1977). Rumors of mass poisoning in Biafra. *Public Opinion Quarterly, 41*, 332–346.

Noon, M., & Delbridge, R. (1993). News from behind my hand: Gossip in organizations. *Organization Studies, 14*, 23–36.

Ojha, A. B. (1973). Rumour research: An overview. *Journal of the Indian Academy of Applied Psychology, 10*, 56–64.

Pendleton, S. C. (1998). Rumor research revisited and expanded. *Language & Communication, 18*, 69–86.

Peters, H. P., Albrecht, G., Hennen, L., & Stegelmann, H. U. (1990). "Chernobyl" and the nuclear power issue in West

German public opinion. *Journal of Environmental Psychology, 10,* 121–134.

Peterson, W. A., & Gist, N. P. (1951). Rumor and public opinion. *American Journal of Sociology, 57,* 159–167.

Pettigrew, T. F. (1979). The ultimate attribution error: Extending Allport's cognitive analysis of prejudice. *Personality and Social Psychology Bulletin, 5,* 461–476.

Petty, R. E., & Cacioppo, J. T. (1981). *Attitudes and persuasion: Classic and contemporary approaches.* Dubuque, IA: Brown.

Petty, R. E., & Wegener, D.T. (1998). Attitude change: Multiple roles for persuasion variables. In D. T. Gilbert, S. T. Fiske, & G. Lindzey (Eds.), *The handbook of social psychology* (4th ed., Vol. I, pp. 323–390). Boston: McGraw-Hill.

Pezzo, M. V., & Beckstead, J. (2006). A multi-level analysis of rumor transmission: Effects of anxiety and belief in two field experiments. *Basic and Applied Social Psychology, 28,* 91–100.

Pinsdorf, M. K. (1987). *Communicating when your company is under siege: Surviving public crisis.* Lexington, MA: Lexington Books.

Ponting, J. R. (1973). Rumor control centers: Their emergence and operations. *The American Behavioral Scientist, 16,* 391–401.

Popper, K. R. (1962). *Conjectures and refutations: The growth of scientific knowledge.* New York: Basic Books.

Porter, E. G. (1984). Birth control discontinuance as a diffusion process. *Studies in Family Planning, 15,* 20–29.

Pound, J., & Zeckhauser, R. (1990). Clearly heard on the street: The effect of takeover rumors on stock prices. *Journal of Business, 63,* 291–308.

Prasad, J. (1935). The psychology of rumour: A study relating to the great Indian earthquake of 1934. *British Journal of Psychology, 26,* 1–15.

Prasad, J. (1950). A comparative study of rumours and reports in earthquakes. *British Journal of Psychology, 41,* 129–144.

Pratkanis, A. R., & Aronson, E. (1991). *Age of propaganda: The everyday use and abuse of persuasion.* New York: Freeman.

Pratkanis, A. R., & Aronson, E. (2001). *Age of propaganda: The everyday use and abuse of persuasion* (Rev. ed.). New York: Freeman.

Pratkanis, A. R., & Greenwald, A. G. (1989). A socio-cognitive model of attitude structure and function. In L. Berkowitz (Ed.), *Advances in experimental social psychology* (Vol. 22, pp. 245–285). New York: Academic Press.

Priester, J. R., & Petty, R. E. (1995). Source attributions and persuasion: Perceived honesty as a determinant of message scrutiny. *Personality and Social Psychology Bulletin, 21,* 637–654.

Quist, R. M., & Resendez, M. G. (2002). Social dominance threat: Examining social dominance theory's explanation of prejudice as legitimizing myths. *Basic and Applied Social Psychology, 24,* 287–293.

Rajecki, D. W. (1990). *Attitudes* (2nd ed.). Sunderland, MA: Sinauer Associates.

Rawlins, W. (1983). Openness as problematic in ongoing friendships: Two conversational dilemmas. *Communication Monographs, 50,* 1–13.

Robinson, S. L. (1996). Trust and breach of the psychological contract. *Administrative Science Quarterly, 41,* 574–599.

Rose, A. M. (1951). Rumor in the stock market. *Public Opinion Quarterly, 15,* 461–486.

Rosenberg, L. A. (1967). On talking to a newspaper reporter: A study of selective perception, distortion through rumor, professional gullibility, or how to ride the zeitgeist for all it is worth. *American Psychologist, 22,* 239–240.

Rosenthal, M. (1971). Where rumor raged. *Trans-Action, 8*(4), 34–43.

Rosenthal, R. (1979). The "file drawer problem" and tolerance for null results. *Psychological Bulletin, 86,* 638–641.

Rosenthal, R. (1991). *Meta-analytic procedures for social research* (Rev. ed.). Newbury Park, CA: Sage.

Rosenthal, R., & Rosnow, R. L. (1991). *Essentials of behavioral research: Methods and data analysis* (2nd ed.). New York: McGraw-Hill.

Rosnow, R. L. (1974). On rumor. *Journal of Communication, 24*(3), 26–38.

Rosnow, R. L. (1980). Psychology of rumor reconsidered. *Psychological Bulletin, 87,* 578–591.

Rosnow, R. L. (1988). Rumor as communication: A contextualist approach. *Journal of Communication, 38,* 12–28.

Rosnow, R. L. (1991). Inside rumor: A personal journey. *American Psychologist, 46,* 484–496.

Rosnow, R. L. (2001). Rumor and gossip in interpersonal interaction and beyond: A social exchange perspective. In R. M. Kowalski (Ed.), *Behaving badly: Aversive behaviors in interpersonal relationships* (pp. 203–232). Washington, DC: American Psychological Association.

Rosnow, R. L., Esposito, J. L., & Gibney, L. (1988). Factors influencing rumor spreading: Replication and extension. *Language & Communication, 8,* 29–42.

Rosnow, R. L., & Fine, G. A. (1976). *Rumor and gossip: The social psychology of hearsay.* New York: Elsevier.

Rosnow, R. L., & Foster, E. K. (2005, April). Rumor and gossip. *Psychological Science Agenda, 19*(4). Retrieved April 21, 2005, from http://www.apa.org/science/psa/apr05gossip.html

Rosnow, R. L., & Georgoudi, M. (1985). "Killed by idle gossip": The psychology of small talk. In B. Rubin (Ed.), *When information counts: Grading the media* (pp. 59–74). Lexington, MA: Lexington Books.

Rosnow, R. L., & Kimmel, A. J. (2000). Rumor. In A. E. Kazdin (Ed.), *Encyclopedia of psychology* (Vol. 7, pp. 122–123). New York: Oxford University Press & American Psychological Association.

Rosnow, R. L., Yost, J. H., & Esposito, J. L. (1986). Belief in rumor and likelihood of rumor transmission. *Language & Communication, 6,* 189–194.

Ross, L., Lepper, M. R., & Hubbard, M. (1975). Perseverance in self-perception and social perception: Biased attributional processes in the debriefing paradigm. *Journal of Personality and Social Psychology, 32,* 880–892.

Ross, L., Lepper, M. R., Strack, F., & Steinmetz, J. (1977). Social explanation and social expectation: Effects of real and hypothetical explanations on subjective likelihood. *Journal of Personality and Social Psychology, 35,* 817–829.

Rothbaum, F., Weisz, J. R., & Snyder S. S. (1982). Changing the world and changing the self: A two-process model of perceived control. *Journal of Personality and Social Psychology, 42,* 5–37.

Rousseau, D. M., Sitkin, S. B., Burt, R. S., & Camerer, C. (1998). Not different after all: A cross-discipline view of trust. *Academy of Management Review, 23,* 393–404.

Rousseau, D. M., & Tijoriwala, S. A. (1999). What's a good reason to change? Motivated reasoning and social accounts in promoting organizational change. *Journal of Applied Psychology, 84,* 514–528.

Roux-Dufort, C., & Pauchant, T. C. (1993). Rumors and crisis: A case study in the banking industry. *Industrial and Environmental Crisis Quarterly, 7,* 231–251.

Rudolph, E. (1971). *A study of informal communication patterns within a multi-shift public utility organizational unit.* Unpublished doctoral dissertation, University of Denver, Denver, Colorado.

Rudolph, E. (1973). Informal human communication systems in a large organization. *Journal of Applied Communication Research, 1,* 7–23.

Ruscher, J. B. (2001). *Prejudiced communication: A social psychological perspective.* New York: Guilford Press.

Sabini, J., & Silver, M. (1982). *Moralities of everyday life.* New York: Oxford University Press.

Salancik, G. R., & Pfeffer, J. (1977). A social information processing approach to job attitudes and task design. *Administrative Science Quarterly, 23,* 224–253.

Scanlon, T. J. (1977). Post-disaster rumor chains: A case study. *Mass Emergencies, 2,* 121–126.

Schachter, S., & Burdick, H. (1955). A field experiment on rumor transmission and distortion. *Journal of Abnormal and Social Psychology, 50,* 363–371.

Scheper-Hughes, N. (1990). Theft of life. *Society, 27*(6), 57–62.

Schweiger, D. M., & DeNisi, A. S. (1991). The effects of communication with employees following a merger: A longitudinal field experiment. *Academy of Management Journal, 34,* 110–135.

Sedikides, C., & Anderson, C. A. (1992). Causal explanations of defection: A knowledge structure approach. *Personality and Social Psychology Bulletin, 18*, 420–429.

Sedikides, C., & Skowronski, J. J. (1991). The law of cognitive structure activation. *Psychological Inquiry, 2*, 169–184.

Sedivec, D. J. (1987). *Network analysis of the accuracy process within the grapevine.* Unpublished master's thesis, North Dakota State University, Fargo.

Seligman, M. E. P., Abramson, L. Y., Semmel, A., & von Baeyer, C. (1979). Depressive attributional style. *Journal of Abnormal Psychology, 88*, 242–247.

Shadish, W. R., & Haddock, C. K. (1994). Combining estimates of effect size. In H. Cooper & L. V. Hedges (Eds.), *The handbook of research synthesis* (pp. 261–282). New York: Russell Sage Foundation.

Shanker, T. (2004, March 23). U.S. team in Baghdad fights a persistent enemy: Rumors. *The New York Times*, p. A1.

Sherif, M. (1936). *The psychology of social norms.* Oxford, England: HarperCollins.

Shibutani, T. (1966). *Improvised news: A sociological study of rumor.* Indianapolis, IN: Bobbs-Merrill.

Sinha, D. (1952). Behaviour in a catastrophic situation: A psychological study of reports and rumours. *British Journal of Psychology, 43*, 200–209.

Sinha, D. (1955). Rumours as a factor in public opinion during elections. *The Eastern Anthropologist, 8*, 63–73.

Skarlicki, D. P., & Folger, R. (1997). Retaliation in the workplace: The roles of distributive, procedural, and interactional justice. *Journal of Applied Psychology, 82*, 434–443.

Slackman, M. (2003, June 14). A tale of two cities. *The Gazette* (Montreal, Quebec, Canada), p. F1.

Smeltzer, L. R. (1991). An analysis of strategies for announcing organization-wide change. *Group and Organization Studies, 16*, 5–24.

Smeltzer, L. R., & Zener, M. F. (1992). Development of a model for announcing major layoffs. *Group and Organization Studies, 17*, 446–472.

Smith, E. R. (1994). Social cognition contributions to attributional theory and research. In P. G. Devine, D. L. Hamilton, & T. M. Ostrom (Eds.), *Social cognition: Impact on social psychology* (pp. 77–108). San Diego, CA: Academic Press.

Smith, G. H. (1947). Beliefs in statements labeled fact and rumor. *Journal of Abnormal and Social Psychology, 42*, 80–90.

Smith, L. C., Lucas, K. C., & Latkin, C. (1999). Rumor and gossip: Social discourse on HIV and AIDS. *Anthropology & Medicine, 6*, 121–131.

Steele, C. M. (1988). The psychology of self-affirmation: Sustaining the integrity of the self. In L. Berkowitz (Ed.), *Advances in experimental social psychology* (Vol. 21, pp. 261–302). San Diego, CA: Academic Press.

Stevens, L. E., & Fiske, S. T. (1995). Motivation and cognition in social life: A social survival perspective. *Social Cognition, 13*, 189–214.

Struthers, C. W., Menec, V. H., Schonwetter, D. J., & Perry, R. P. (1996). The effects of perceived attributions, action control, and creativity on college students' motivation and performance: A field study. *Learning and Individual Differences, 8*, 121–139.

Sugiyama, M. S. (1996). On the origins of narrative: Storyteller bias as a fitness-enhancing strategy. *Human Nature, 7*, 403–425.

Suls, J. M., & Goodkin, F. (1994). Medical gossip and rumor: Their role in the lay referral system. In R. F. Goodman & A. Ben-Ze'ev (Eds.), *Good gossip* (pp. 169–179). Lawrence: University Press of Kansas.

Tabachnick, B. G., & Fidell, L. S. (1996/2001). *Using multivariate statistics* (4th ed.). Boston: Allyn & Bacon.

Teenager arrested after cyber hoax causes chaos. (2003, April 3). Retrieved May 22, 2003, from http://www.thestandard.com.hk/thestandard/txtarticle_v.cfm?articleid=38028

Terry, D. J., Tonge, L., & Callan, V. J. (1995). Employee adjustment to stress: The role of coping resources, situational factors and coping responses. *Anxiety, Stress, and Coping, 8*, 1–24.

Tesser, A., & Rosen, S. (1975). The reluctance to transmit bad news. In L. Berkowitz (Ed.), *Advances in experimental social psychology* (Vol. 18, pp. 193–232). New York: Academic Press.

Tommy rumor: The truth behind the rumor. (1999, January 11). Retrieved April 15, 2005, from http://www.tommy.com/help/rumor/rumorOprah.jsp

Trope, Y., & Liberman, A. (1996). Social hypothesis testing: Cognitive and motivational mechanisms. In E. T. Higgins & A. W. Kruglanski (Eds.), *Social psychology: Handbook of basic principles* (pp. 239–270). New York: Guilford Press.

Trope, Y., & Thompson, E. P. (1997). Looking for truth in all the wrong places? Asymmetric search of individuating information about stereotyped group members. *Journal of Personality and Social Psychology, 73,* 229–241.

Turner, P. A. (1993). *I heard it through the grapevine: Rumor in African-American culture.* Berkeley: University of California Press.

Turner, R. H. (1964). Collective behavior. In R. E. L. Faris (Ed.), *Handbook of modern sociology* (pp. 382–425). Chicago: Rand McNally.

Turner, R. H. (1994). Rumor as intensified information seeking: Earthquake rumors in China and the United States. In R. R. Dynes & K. J. Tierney (Eds.), *Disasters, collective behavior, and social organization* (pp. 244–256). Newark: University of Delaware Press.

Turner, R. H., & Killian, L. M. (1972). *Collective behavior* (2nd ed.). Englewood Cliffs, NJ: Prentice-Hall.

Tybout, A. M., Calder, B. J., & Sternthal, B. (1981). Using information processing theory to design marketing strategies. *Journal of Marketing Research, 18,* 73–79.

Unger, H. (1979, June). Psst—heard about Pop Rocks? Business rumors and how to counteract them. *Canadian Business,* p. 39.

U.S. Department of State Bureau of International Information Programs. (2005, January 14). *The 4000 Jews rumor.* Retrieved December 18, 2005, from http://usinfo.state.gov/media/Archive/2005/Jan/14-260933.html

Van der Linden, P., & Chan, T. (2003). *What is an urban legend?* Retrieved August 2003 from http://www.urbanlegends.com/afu.faq/index.htm

Van Dijk, T. A. (1987). *Communicating racism: Ethnic prejudice in thought and talk.* Newbury Park, CA: Sage.

Van Groezen, B., Leers, T., & Meijdam, L. (2002). The vulnerability of social security when fertility is endogenous. *Journal of Institutional and Theoretical Economics, 158,* 715–730.

Verma, S. K. (2003, February 21). I would rather die than eat beef, says PM. *The Statesman* (India). Retrieved March 3, 2003, from LexisNexis database.

Victor, J. S. (1989). A rumor-panic about a dangerous Satanic cult in western New York. *New York Folklore, 15,* 23–49.

Vigoda, R. (1993, November 5). Heard about the headlights? The big lie comes sweeping into town. *Philadelphia Inquirer,* pp. B1, B8.

Walker, C. J. (1996, March). *Perceived control in wish and dread rumors.* Poster presented at the Eastern Psychological Association Meeting, Washington, DC.

Walker, C. J. (2003, January). *If you can't say something good, say something bad.* Paper presented at the 4th annual meeting of the Society for Personality and Social Psychologists, Los Angeles, CA.

Walker, C. J., & Beckerle, C. A. (1987). The effect of anxiety on rumor transmission. *Journal of Social Behavior and Personality, 2,* 353–360.

Walker, C. J., & Blaine, B. (1991). The virulence of dread rumors: A field experiment. *Language & Communication, 11,* 291–297.

Walker, C. J., & Struzyk, D. (1998, June). *Evidence for a social conduct moderating function of common gossip.* Paper presented to the International Society for the Study of Close Relationships, Saratoga Springs, NY.

Walton, E. (1961). How efficient is the grapevine? *Personnel, 38,* 45–49.

Weenig, M. W. H., Groenenboom, A. C. W. J., & Wilke, H. A. M. (2001). Bad news transmission as a function of the definitiveness of consequences and the relationship between communicator and recipient. *Journal of Personality and Social Psychology, 80,* 449–461.

Wegner, D. M., Coulton, G. F., & Wenzlaff, R. (1985). The transparency of denial: Briefing in the debriefing paradigm. *Journal of Personality and Social Psychology, 49,* 338–346.

Wegner, D. M., Wenzlaff, R., Kerker, R. M., & Beattie, A. E. (1981). Incrimination through innuendo: Can media questions become public answers? *Journal of Personality and Social Psychology, 40,* 822–832.

Weinberg, S. B., & Eich, R. K. (1978). Fighting fire with fire: Establishment of a rumor control center. *Communication Quarterly, 26,* 26–31.

Weinberg, S. B., Regan, E. A., Weiman, L., Thon, L. J., Kuehn, B., Mond, C. J., et al. (1980). Anatomy of a rumor: A field study of rumor dissemination in a university setting. *Journal of Applied Communication Research, 8,* 156–160.

Weiner, B. (1985). An attributional theory of achievement motivation and emotion. *Psychological Review, 92,* 548–573.

Weiss, W. H. (1982). *The supervisor's problem solver.* New York: American Management Association.

Werner, W. P. (1976). *The distortion of rumor as related to prejudice and stereotypes.* Unpublished thesis, Montclair State College, Montclair, NJ.

Wert, S. R., & Salovey, P. (2004). A social comparison account of gossip. *Review of General Psychology, 8,* 122–137.

Wheelan, S. A., Verdi, A. F., & McKeage, R. (1994). *The Group Development Observation System: Origins and applications.* Philadelphia: PEP Press.

White, R. W. (1959). Motivation reconsidered: The concept of competence. *Psychological Review, 66,* 297–333.

Wilke, J. R. (1986). *Rumor as a social phenomenon: An analysis of three crisis rumors of the 1970's.* Unpublished master's thesis, Auburn University, Auburn, AL.

Wood, W. (1999). Motives and modes of processing in the social influence of groups. In S. Chaiken & Y. Trope (Eds.), *Dual process theories in social psychology* (pp. 547–570). New York: Guilford Press.

Wood, W. (2000). Attitude change: Persuasion and social influence. *Annual Review of Psychology, 51,* 539–570.

Worth, R. F. (2005, September 1). *Stampede: 950 die as Iraqi crowd panics.* Retrieved September 1, 2005, from http://www.sltrib.com

Yandell, B. (1979). Those who protest too much are seen as guilty. *Personality and Social Psychology Bulletin, 5,* 44–47.

Zaremba, A. (1988). Working with the organizational grapevine. *Personnel Journal, 67,* 38–42.

Zaremba, A. (1989, September/October). Management in a new key: Communication networks. *Industrial Management, 31,* 6–11.

Zingales, F. (1998, February). What's a company's reputation worth? *Global Finance,* p. 17.

社 会 心 理 学

智力是什么：超越弗林效应

作者：詹姆斯·弗林 ISBN：978-7-111-57383-8 定价：69.00元

记忆碎片：我们如何构建自己的过去

作者：查尔斯·费尼霍 ISBN：978-7-111-55583-4 定价：49.00元

隐性繁荣：社会发展中被遗忘的心理学动力

作者：理查德`莱亚德 ISBN：978-7-111-52749-7 定价：45.00元

利他之心：善意的演化和力量

作者：戴维·斯隆·威尔逊 ISBN：978-7-111-56593-2 定价：39.00元

具身认知：身体如何影响思维和行为

作者：西恩·贝洛克 ISBN：978-7-111-53778-6 定价：39.00元

自私：生命的游戏

作者：弗兰克·施尔玛赫 ISBN：978-7-111-47702-0 定价：69.00元

推荐阅读

社会心理学：阿伦森眼中的社会性动物（原书第8版）

作者：埃略特·阿伦森 等 ISBN：978-7-111-47106-6 定价：80.00元

全球畅销千万册《社会性动物》作者
社会心理学大师埃略特·阿伦森作品

哈佛大学、耶鲁大学、哥伦比亚大学、加州大学伯克利分校
等美国700多所著名大学使用

发展心理学：桑特洛克带你游历人的一生（原书第2版）

作者：约翰 W. 桑特洛克 ISBN：978-7-111-46812-7 定价：70.00元

工程心理学与人的作业（原书第4版）

作者：克里斯托弗 D. 威肯斯 等 ISBN：978-7-111-47198-1 定价：85.00元

心理与行为科学研究方法（原书第11版）

作者：保罗 C. 科兹比 等 ISBN：978-7-111-46852-3 定价：60.00元

心理学与工作：工业与组织心理学导论（原书第10版）

作者：保罗 M. 马金斯基 ISBN：978-7-111-47103-5 定价：65.00元